国家宏观战略中的关键性问题研究丛书

"十四五"时期
重大生产力布局研究

马 涛 等◎著

科学出版社

北 京

内 容 简 介

本书围绕我国"十四五"时期的新要素发展和新环境变化,在总结生产力布局理论演化的基础上,结合相关国家生产力布局和国家战略协同演进实践的经验与教训,深入分析我国生产力布局的发展事实与现状,梳理规律性认识,在充分考虑其对生产力布局影响的前提下,探索生产力布局的理论解释框架。最终依据布局规律性认识与未来发展需求的匹配性分析,探索性地从不同角度提出我国"十四五"时期生产力布局的依据和原则,以期为"十四五"规划和更长期的经济发展目标的实现提供科学性支撑。

本书可供政府相关部门的管理者,地理学、经济学、管理学的研究人员和学生参考。

图书在版编目(CIP)数据

"十四五"时期重大生产力布局研究/马涛等著.—北京:科学出版社,2023.3
(国家宏观战略中的关键性问题研究丛书)
ISBN 978-7-03-071257-8

I.①十… II.①马… III.①生产布局–研究–中国 IV.①F124.5

中国版本图书馆 CIP 数据核字(2022)第 003284 号

责任编辑:马 跃 /责任校对:贾娜娜
责任印制:张 伟 /封面设计:有道设计

科 学 出 版 社 出版
北京东黄城根北街 16 号
邮政编码:100717
http://www.sciencep.com

北京厚诚则铭印刷科技有限公司印刷
科学出版社发行 各地新华书店经销

*

2023 年 3 月第 一 版 开本:720 × 1000 B5
2024 年 1 月第二次印刷 印张:13
字数:262 000
定价:146.00 元
(如有印装质量问题,我社负责调换)

丛书编委会

主 编：

　　侯增谦　副 主 任　　国家自然科学基金委员会

副主编：

　　杨列勋　副 局 长　　国家自然科学基金委员会计划与政策局

　　刘作仪　副 主 任　　国家自然科学基金委员会管理科学部

　　陈亚军　司 　 长　　国家发展和改革委员会发展战略和规划司

　　邵永春　司 　 长　　审计署电子数据审计司

　　夏颖哲　副 主 任　　财政部政府和社会资本合作中心

编委会成员（按姓氏拼音排序）：

　　陈 　雯　研 究 员　　中国科学院南京地理与湖泊研究所

　　范 　英　教 　 授　　北京航空航天大学

　　胡朝晖　副 司 长　　国家发展和改革委员会发展战略和规划司

　　黄汉权　研 究 员　　国家发展和改革委员会价格成本调查中心

　　李文杰　副 主 任　　财政部政府和社会资本合作中心推广开发部

　　廖 　华　教 　 授　　北京理工大学

　　马 　涛　教 　 授　　哈尔滨工业大学

　　孟 　春　研 究 员　　国务院发展研究中心

　　彭 　敏　教 　 授　　武汉大学

　　任之光　处 　 长　　国家自然科学基金委员会管理科学部

　　石 　磊　副 司 长　　审计署电子数据审计司

　　唐志豪　处 　 长　　审计署电子数据审计司

　　涂 　毅　主 　 任　　财政部政府和社会资本合作中心财务部

　　王 　擎　教 　 授　　西南财经大学

　　王 　忠　副 司 长　　审计署电子数据审计司

　　王大涛　处 　 长　　审计署电子数据审计司

　　吴 　刚　处 　 长　　国家自然科学基金委员会管理科学部

　　徐 　策　原 处 长　　国家发展和改革委员会发展战略和规划司

　　杨汝岱　教 　 授　　北京大学

　　张建民　原副司长　　国家发展和改革委员会发展战略和规划司

　　张晓波　教 　 授　　北京大学

　　周黎安　教 　 授　　北京大学

丛 书 序

习近平总书记强调，编制和实施国民经济和社会发展五年规划，是我们党治国理政的重要方式①。"十四五"规划是在习近平新时代中国特色社会主义思想指导下，开启全面建设社会主义现代化国家新征程的第一个五年规划。在"十四五"规划开篇布局之际，为了有效应对新时代高质量发展所面临的国内外挑战，迫切需要对国家宏观战略中的关键问题进行系统梳理和深入研究，并在此基础上提炼关键科学问题，开展多学科、大交叉、新范式的研究，为编制实施好"十四五"规划提供有效的、基于科学理性分析的坚实支撑。

2019 年 4 月至 6 月期间，国家发展和改革委员会（简称国家发展改革委）发展战略和规划司来国家自然科学基金委员会（简称自然科学基金委）调研，研讨"十四五"规划国家宏观战略有关关键问题。与此同时，财政部政府和社会资本合作中心向自然科学基金委来函，希望自然科学基金委在探索 PPP（public-private partnership，政府和社会资本合作）改革体制、机制与政策研究上给予基础研究支持。审计署电子数据审计司领导来自然科学基金委与财务局、管理科学部会谈，商讨审计大数据和宏观经济社会运行态势监测与风险预警。

自然科学基金委党组高度重视，由委副主任亲自率队，先后到国家发展改革委、财政部、审计署调研磋商，积极落实习近平总书记关于"四个面向"的重要指示②，探讨面向国家重大需求的科学问题凝练机制，与三部委相关司局进一步沟通明确国家需求，管理科学部召开立项建议研讨会，凝练核心科学问题，并向委务会汇报专项项目资助方案。基于多部委的重要需求，自然科学基金委通过宏观调控经费支持启动"国家宏观战略中的关键问题研究"专项，服务国家重大需求，并于 2019 年 7 月发布国家宏观战略中的关键问题研究项目指南。领域包括重大生产力布局、产业链安全战略、能源安全问题、PPP 基础性制度建设、宏观经济风险的审计监测预警等八个方向，汇集了中国宏观经济研究院、国务院发展研究中心、北京大学等多家单位的优秀团队开展研究。

该专项项目面向国家重大需求，在组织方式上进行了一些探索。第一，加强

---

① 《习近平对"十四五"规划编制工作作出重要指示》，www.gov.cn/xinwen/2020-08/06/content_5532818.htm，2020 年 8 月 6 日。

② 《习近平主持召开科学家座谈会强调 面向世界科技前沿 面向经济主战场 面向国家重大需求 面向人民生命健康 不断向科学技术广度和深度进军》（《人民日报》2020 年 9 月 12 日第 01 版）。

顶层设计,凝练科学问题。管理科学部多次会同各部委领导、学界专家研讨凝练科学问题,服务于"十四五"规划前期研究,自上而下地引导相关领域的科学家深入了解国家需求,精准确立研究边界,快速发布项目指南,高效推动专项立项。第二,加强项目的全过程管理,设立由科学家和国家部委专家组成的学术指导组,推动科学家和国家部委的交流与联动,充分发挥基础研究服务于国家重大战略需求和决策的作用。第三,加强项目内部交流,通过启动会、中期交流会和结题验收会等环节,督促项目团队聚焦关键科学问题,及时汇报、总结、凝练研究成果,推动项目形成"用得上、用得好"的政策报告,并出版系列丛书。

该专项项目旨在围绕国家经济社会等领域战略部署中的关键科学问题,开展创新性的基础理论和应用研究,为实质性提高我国经济与政策决策能力提供科学理论基础,为国民经济高质量发展提供科学支撑,助力解决我国经济、社会发展和国家安全等方面所面临的实际应用问题。通过专项项目的实施,力图实现以下目标。一方面,不断探索科学问题凝练机制和项目组织管理创新,前瞻部署相关项目,产出"顶天立地"成果;另一方面,不断提升科学的经济管理理论和规范方法,运用精准有效的数据支持,加强与实际管理部门的结合,开展深度的实证性、模型化研究,通过基础研究提供合理可行的政策建议支持。

希望此套丛书的出版能够对我国宏观管理与政策研究起到促进作用,为国家发展改革委、财政部、审计署等有关部门的相关决策提供参考,同时也能对广大科研工作者有所启迪。

侯增谦

2022 年 12 月

前　言

　　围绕我国"十四五"时期的新要素发展和新环境变化，在总结生产力布局理论演化的基础上，结合相关国家生产力布局和国家战略协同演进实践的经验与教训，深入分析我国生产力布局的发展事实与现状，梳理规律性认识。在充分考虑其对生产力布局影响的前提下，探索生产力布局的理论解释框架，最终依据布局规律性认识与未来发展需求的匹配性分析，探索性地从不同角度提出我国"十四五"时期生产力布局的依据和原则，以期为"十四五"规划和更长期的经济发展目标的实现提供科学性支撑。

　　本书成果基础来源于由国家自然科学基金委员会管理科学部、国家发展和改革委员会等联合发布的国家自然科学基金"国家宏观战略中的关键问题研究"专项项目"'十四五'时期重大生产力布局研究"（项目批准号：71950001）。项目研究与成稿出版历时三年，得到了许多专家学者与项目团队的帮助。感谢项目合作者中国科学院地理科学与资源研究所金凤君研究员、孙东琪副研究员，北方工业大学祖岩教授，哈尔滨工业大学洪涛教授、刘劼教授、张紫琼教授、周义明副教授、李峰副教授、刘旭东副教授联合团队为项目研究提供了生产力布局理论与实践经验的相关研究支撑。感谢孙久文教授、米志付教授、赵作权教授、唐杰教授、安虎森教授、石敏俊教授、赵鹏军教授、陈雯研究员等多位专家学者等以研讨会、讲座等形式给予我们的合作支持。感谢在项目立项、中期交流、结题过程中国家发展和改革委员会、财政部和审计署等部委代表，专项项目评审组专家在评审研讨环节拨冗指点，为项目顺利进行提供了宝贵意见与建议。感谢课题组谭乃榕、黄印、陈东旭、王晓磊、王昊、方辉、任昊翔、李超伟、周明希、张凡凡、常晓莹等同学在项目过程中与书稿写作阶段付出的艰辛努力，常晓莹、陈东旭、方辉、齐天骄、卢思涵、李子愚、李骏朕、钟化鑫、赵可心、王瀛等同学在校稿阶段的认真负责，感谢科学出版社编辑团队在出版阶段给予的帮助。

目　录

第一篇　生产力布局研究

第1章　生产力布局的学术体系与规律性认识 ······················· 3

1.1　生产力布局研究的基础理论脉络 ······························ 3

1.2　集聚与生产力布局 ······································· 8

1.3　城市规划、空间管控与生产力布局 ························· 15

第2章　生产力布局的事实演进与规律性认识 ······················ 19

2.1　美日欧苏等主要经济体典型生产力布局事实及其规律性认识 ··· 19

2.2　我国要素布局现状刻画 ································· 28

2.3　我国现阶段产业布局现状刻画 ··························· 41

2.4　数字新要素与生产力布局 ······························· 60

第3章　生产力布局对国家战略的落实与支撑研究 ················· 66

3.1　我国的生产力布局政策 ································· 66

3.2　区域协调发展战略 ····································· 69

3.3　创新驱动发展战略 ····································· 81

3.4　可持续发展战略 ····································· 100

3.5　乡村振兴战略 ······································· 113

3.6　军民融合战略 ······································· 125

3.7　科教兴国战略 ······································· 133

3.8　人才强国战略 ······································· 144

第二篇　"十四五"时期生产力布局调整思路及对策

第4章　布局区域多级动力系统，助推区域协调发展 ············· 153

4.1　激发经济优势地区主动力作用 ························· 153

4.2 优势地区与其他地区的联动发展 ················· 155

第5章 "十四五"生产力布局形成双循环新发展格局思路 ········· 157

5.1 将超大规模经济优势转化成可持续创新的超大规模产业体系 ····· 157

5.2 着力构建国际需求的国内替代体系 ················· 160

5.3 建设跨区域协作对外开放平台,以制度开放提升企业"引进来"和
"走出去"质量 ·············· 162

第6章 通过加强优势地区要素集聚持续提高全国生产力总体质量 ········ 164

6.1 盘活城市存量与农村城市用地,优化土地要素配置与转换 ····· 164

6.2 引导人口规模优势转化为人口质量优势 ············· 166

6.3 推进资本要素由优势地区集聚向关键环节集聚转变 ········· 168

6.4 形成多层级创新主体联动,加快发展技术要素市场 ········· 169

第7章 通过数字经济改造生产力的质量、组织形式与空间布局 ········ 172

7.1 增强数字经济对要素、产业和市场组织形式的改造能力,突破国土
空间对生产活动的承载约束 ············· 172

7.2 形成传统基础设施—数字经济—新基础设施的累积发展机制,通过
数字经济推动国内国际双循环格局 ············· 173

7.3 以数字经济为依托推进优势地区参与国际高价值链环节 ······· 173

7.4 在全国范围内统筹"中心—区域—边缘"数字功能中心布局 ····· 174

7.5 打造数字交易新机制,加速数字要素市场化配置 ········· 175

第8章 推动区域间合作,提升重大生产力布局质量 ············ 176

8.1 促进优势地区与非优势地区的分工深化 ············· 176

8.2 通过提升产业链布局质量增强产业安全和产业竞争优势 ······· 177

8.3 发挥新要素在提升区域合作、促进生产力高质量布局中的作用 ···· 179

参考文献 ························ 182

第一篇　生产力布局研究

第 ❬1❭ 章

生产力布局的学术体系与规律性认识

1.1 生产力布局研究的基础理论脉络

生产力布局研究的学术体系既植根于区域经济、城市经济等空间经济研究中，也是人文与经济地理等研究的关注热点。新中国成立后，在消化、吸收苏联经济布局理论与政策的基础上，围绕工业化和城镇化中的布局需求，逐渐形成了中国生产力布局研究的框架。本章仅从基本理论脉络上简要梳理生产力布局研究基本理论关系、主要研究变量与典型理论解释。

1.1.1 区域经济学研究脉络

古典区位理论主要围绕农业和工业进行静态、微观区位研究。早期区域经济学研究主要围绕企业、产业、城市区位选择、空间行为和组织结构等，重点聚焦于区位理论的形成与初步扩展。德国农业经济学家约翰·海因里希·冯·杜能（Johann Heinrich von Thünen）的《孤立国同农业和国民经济的关系》（1826 年）奠定了农业生产力布局的理论基础，将对德国北部麦克伦堡平原农场的观察现实简化为直观的经济模型，形成以城市为中心呈同心圆状分布的农业地带理论，即杜能环。杜能探索了农业生产方式的空间布局原则，即随着市场距离的增加，土地利用呈现由耕作地向畜牧地、荒地过渡的现象，形成了农业生产集约程度逐渐降低的农业生产力布局地理空间形态特征，开创了经济学分析空间因素的典范。

新古典区位理论贡献了产业集聚分析方法。1909 年德国经济学家阿尔弗雷德·韦伯（Alfred Weber）在农业区位论基础上，发表了《工业区位论》一书，并据此提出了工业区位论（industrial location theory）。韦伯的工业区位论首次提出运费、劳动力成本及集聚理论概念，得到了工业产业布局是由分散走向集聚，再由集聚走向分散的工业区位布局规律性认识，梳理补充了集聚经济现象的形成机理、动力机制、集聚类型、竞争优势等内容。工业区位论强调区位因素在生产活动中的重要性,区位会直接作用于产业选址,使企业集聚在生产费用最低、经济效益最大的区域。在这一过程中韦伯明确了三条区位法则:运输区位法则、劳动区位法则和集聚或分散法则。新古典经济学家阿尔弗雷德·马歇尔(Alfred Marshall)在《经济学原理》中提出了劳动力市场的共同分享、中间产品的投入与分享和技术外溢,这三个基本定义是研究产业集聚现象的理论基础。区位理论以成本—效益分析为主,论证土地利用方式存在着客观规律性和优势区位相对性。

区位理论扩展出市场体系与地区经济关系。在区位理论基础上,理论逐渐向市场体系、地区经济联系等方向深化。沃尔特·克里斯塔勒(Walter Christaller)在《德国南部中心地原理》中建立了中心地理论,将区位理论扩展到聚落分布和市场研究,阐述一个区域中各中心地的分布及其相对规模。中心地理论初次把演绎思维方法引入地理学,由传统区域个性描述走向对空间规律和法则的探讨。奥古斯特·勒施(August Losch)在《经济空间秩序》中,将利润因素引入中心地理论。从宏观一般均衡角度考察工业区位问题,建立了以市场为中心的工业区位论和作为市场体系的经济景观论。此外,关于地区经济联系的理论开始形成。伯尔蒂尔·奥林(Bertil Ohlin)在《地区间贸易和国际贸易》(1933年)中,将区位研究同贸易和区域分工研究结合起来,提出一般区位理论。另一位瑞典经济学家帕兰德(Palander)在《区位理论研究》(1935年)中,通过对市场区范围深入研究,提出了市场区竞争区位理论。在20世纪40年代,美国经济学家埃德加·M.胡佛(Edgar Malone Hoover)扩展了韦伯"运输成本"(仅指线路运输费用)的概念,提出了转运点区位理论。

区域经济增长逐渐成为区域经济学的研究重点。伴随全球区域经济快速增长,区域间增长差异问题也逐渐显著,区域经济学研究重点开始转向区域经济发展和区域政策问题。输出基础理论主张区域增长取决于其输出产业增长,区域外生需求扩大是区内增长的主要原动力,最初由诺思(North)在1955年提出,后经蒂布特(Tiebout)、佩洛夫(Perloff)、博尔顿(Bolton)等发展而逐步完善。基于静态比较分析的外贸乘数概念,增加区域输出基础即区域所有输出产业和服务,将启动一个乘数过程,其乘数值等于区域输出产业与非输出活动收入或就业量之比。增长极理论强调增长首先出现在一些增长点或增长极上,然后通过不同渠道向外扩散,对整个经济产生不同的终极影响,由弗朗索瓦·佩鲁(Francois Perroux)提出,是围绕经济发展过程归纳推理而得出的包含社会系统、经济和地理空间中增长及结构变化的一般性概念。布德维尔(Boudeville)注重区域增长中不同地区扮演的角色,把佩鲁增长极概念扩展到内容更为广泛的区域范畴,认为区域增长极是指区位在一个城市区,并在其影响范围内引导经济活动进一步发展的一系列推进型产业。至此,弗里德曼(Friedman)、罗德温(Rodwin)以及其他学者用"集中的分散化"思想进一步阐述了这一理论。

进一步关注区域增长不平等的形成与发展。默达尔（Myrdal）在《经济理论与不发达地区》中提出循环与累积因果原理，认为市场力量通常倾向于增加而不是减少区际不平等。默达尔认为在批判新古典主义经济发展理论传统静态均衡分析方法的基础上，市场机制能自发调节资源配置，从而使各地区经济得到均衡发展。因此，提出集聚经济会使发达地区因市场的作用而持续、累积地加速增长，并同时产生扩散效应和回吸效应。这两种效应对落后地区存在双向影响，不均衡的互动过程会形成两极化发展差异。卡尔多（Kaldor）、狄克逊（Dixon）和瑟尔沃尔（Thirlwall）等进一步发展了默达尔的思想，提出了具体的累积因果模型。

新古典区域增长模型运用标准的新古典国家增长理论来分析区域增长问题。早期新古典区域增长模型，以供给为出发点把区域看作一个总生产单元，认为通过要素市场顺利运转，将实现收入和就业均衡，不平衡仅仅反映了市场对均衡调整的滞后和自身的不完善。实际上，这是把国家增长理论简单地移植到区域层面。20 世纪 60 年代以后，一些区域经济学家开始把需求、规模报酬递增、新技术、集聚经济以及支持投资的公共部门影响等因素引入新古典区域增长模型，使其逐步完善。美国著名区域经济学家理查森（Richardson）把区域内部空间结构的变动对区域增长的影响引入新古典增长理论，提出了融合空间维度的区域经济增长模型。

1.1.2　经济地理学研究脉络

经济地理学是以人类经济活动的地域系统为中心内容的一门学科，它是人文地理学的一门重要分支学科，包括经济活动的区位、空间组合类型和发展过程等内容。在联系有关因素时，把地理环境摆在重要地位，着重探讨经济活动和地理环境的关系。

生产力布局具有鲜明的地域指向，即经济活动分布不均匀。经济地理学所研究经济活动的地域系统，既包括各经济部门在地域上的布局，也包括各地区经济部门的结构、规模和发展，以及地域布局和部门结构的相互联系。从经济地理学科来看，人们对生产力布局的认识经历了"经济现象—生产发展条件及分布—生产力布局—区域经济联系机制"的演变过程。经济地理学研究主要分为"记述—分类—说明"三个阶段。在不同发展阶段，经济地理学研究的对象不同。记述阶段主要研究经济活动现象。从分类到说明阶段，研究对象从区域产业发展条件及分布演变为区域生产力结构与生产力布局的空间演变规律，从而进一步研究区域生产力布局的空间动力机制。

同时，经济地理学相关理论的完善与更新迭代，不断加深了研究者对生产力布局的规律性认识。克里斯塔勒中心地理论认为城市及城市群具有明显的等级结构系统。由三个中心地构成的三角形中低级中心地布局区位点，以及各等级间的中心地数量、距离和市场区域面积呈几何数变化的特点，符合当时对生产力布局特征中的中心地布局规律性认识。

生产力布局是逐步演变的结果，通过演化方法研究布局发展轨迹脉络，提炼生产力布局演变规律是生产力布局研究的重要内容。演化方法在经济地理学中的应用由来已久。演化经济地理学（evolutionary economic geography，EEG）强调经济景观过去的发展轨迹对未来产生的影响，是对本地集群、全球价值链、全球和区域生产网络分析框架的有益补充。演化经济地理学理论融合了企业演化论、达尔文多样性理论、选择和遗传概念等一系列理论方法。因为演化经济地理学理论与应用的多元性，尚未形成针对区域尺度布局演变的系统理论框架，从任何单一方面进行的研究都缺乏客观性和完整性。近年来，演化经济地理学模型在经济学及区域经济和城市经济等学科中应用越发广泛，研究内容包括国家、区域及城市层面的生产力布局与经济发展情况、产业结构调整和竞争力演变。

近年来自然地理条件和资源禀赋对生产力布局及产业区位产生了越来越重要的影响。进入 21 世纪，经济全球化、工业化与城市化快速推进，带来了气候变暖、资源能源枯竭与生态环境破坏等全球性危机。环境因素对生产力布局产生了重要影响，将环境问题纳入经济地理分析框架下的环境经济地理学（environmental economic geography）应运而生。2004 年，在德国科隆举行的环境经济地理学会议上首次提出环境经济地理学概念，其最初是指采用演化制度主义理论与绿色技术-经济范式，将环境因素融入经济地理分析，以修复自然地理与人文地理的裂痕，克服环境与经济的零和博弈难题，为缓解全球环境危机以及实现经济绿色的生产力布局提供了新视角。

环境问题与经济空间布局的互动关系是环境经济地理学学科研究的起点。主要研究内容包括两个方面，即环境问题对经济活动和产业布局的影响以及经济活动与产业布局的环境效应。一方面，环境问题对全球价值链、全球生产网络的空间布局重塑起到了关键作用。企业与流动性要素的环境质量偏好日益增加，激励其实现全球、跨区域空间新布局，全球低端污染产业链向东南亚、非洲等欠发达地区转移成为全球性大趋势。其中，最具代表性的现象是气候经济学领域中提出的"污染避难所效应"。Nordhaus（1991）将气候变化纳入内生经济增长模型，从多区域框架和球面空间角度阐明碳排放与气候变化对空间内生经济的影响，也为研究环境影响经济空间布局提供了有益的理论启示。另一方面，经济布局也对环境产生了深刻的影响。《2009 年世界发展报告：重塑世界经济地理》指出，经济产业布局意味着经济密度的增加与产业空间的集聚，带来了运输与制度成本的降低及市场分割的消除，在进一步提高地区专业化水平以及生产效率的同时，对降低全球碳排放和保护生态环境起到了正向作用。此外，Essletzbichler（2012）也强调了在多区域尺度下，制度和技术创新对环境与经济产业布局的作用重大。

1.1.3　城市经济学研究脉络

城市经济学、区域经济学及其他相关经济学分支的融合已经成为重要的发展趋势。城市经济学的发展大致经历了古典区位理论—新城市经济—新兴古典城市理论三个阶段。杜能古典区位理论在完全竞争和规模报酬不变的市场框架下解释了不同的农业生产活动的空间分布情况，其核心机制在于地租是经济活动布局的离散力，但没有对城市经济活动的集聚现象和城市的形成等问题进行解释。此后的韦伯工业区位论、中心地理论等也存在这一不足，韦伯工业区位论以工业配置的区位条件为研究对象，提出生产、流通、消费三大经济活动综合下的最小费用点是产业布局的最佳区位；中心地理论从市场角度分析产业布局的区位条件，认为产业的等级、服务范围和交通条件等决定了其城市空间分布的层级和结构。

从广义上讲，城市经济学是指对城市地区及其相关经济现象进行经济研究的学科，包含住房、城市交通、教育、犯罪等多个方向。从狭义上说，城市经济学的核心是研究城市形成和城市空间结构问题，城市土地利用是其关键，其与区域经济学的区别在于：一是研究单元空间尺度不同；二是区域经济学通常不包含土地要素，而城市经济学研究中土地是最核心的要素，三是区域经济学关注区域间贸易成本，而城市经济学关注通勤成本。但这三点的区别在近年来的研究中已经不断模糊，城市经济学与区域经济学之间的区别已显著弱化。Tombe 和 Zhu（2019）等研究在区域经济学模型中纳入外生土地要素。更进一步地，Hsu 和 Ma（2021）在 Melitz（2003）的模型框架中嵌套了单中心城市结构，从而使其同时包含了贸易成本、要素流动成本和城市内通勤成本三种空间摩擦形式。

1964 年，威廉·阿朗索（William Alonso）出版的《区位和土地利用——地租的一般理论》（*Location and Land Use: Toward a General Theory of Land Rent*），提供了一个能够将各方面机制整合在一起的研究框架，标志着城市经济学正式成为一门具备统一理论基础的独立学科。在此基础上构建起的 Alonso-Mills-Muth（AMM）模型成为新城市经济代表性成果。AMM 模型构建的是经典的单中心城市均衡模型，主要描述了城市内部空间结构，对不同区位房地产租金或价格、人口密度以及不同群体类型的空间选择差异进行了解释。AMM 模型核心在于地租和通勤成本平衡，但仍然没有就城市内部的各类经济活动的集聚进行解释。此后，相关研究进一步在 AMM 模型基础上，从通勤模式差异、城市内部便利性差异、多中心空间结构、土地利用规划、基础设施投资等方面进行了拓展。Rosen-

Roback 模型是城市经济学领域关于解释城市间收入、地租等差异的基础模型，其构建的是人口自由流动且不存在贸易成本的均衡模型，核心机制在于收入、便利性和地租间的平衡。

20 世纪 80 年代后，集聚经济理论、新经济地理理论和现代微观计量方法兴起。集聚经济理论为人口、就业等经济活动在城市空间中的集聚现象以及城市为什么会存在的问题提供了解释，并对集聚经济的共享、匹配、学习三条机制的来源进行了大量探讨和实证检验。新经济地理理论在规模报酬递增和垄断竞争市场框架下解释了城市的出现、城市规模分布、城市增长差异等问题，与 AMM 模型和 Rosen-Roback 模型框架相比内生性显著提升。夜间灯光、基于卫星遥感的土地利用、基于气溶胶光学厚度推断的空气污染等新型数据以及断点回归等计量方法也使城市公共政策评估、城市多中心形态、城市污染等方面的问题得到广泛关注。关于城市的量化空间均衡模型为估计政策冲击对城市内经济活动空间分布的影响提供了新的研究范式，并能够在更微观的尺度上刻画城市内各可观测及不可观测经济变量的空间分布情况，典型的应用有柏林墙的建立和拆除对附近经济活动集聚的影响、蒸汽火车的发明导致伦敦城内首次大规模的工作地和居住地的分离及各自的集聚等。

1.2　集聚与生产力布局

集聚又称汇合、集合，经济学意义上的集聚就是集聚效应，又称集聚经济。集聚是导致城市形成和不断扩大的基本因素。集聚效应指经济活动在空间汇聚中产生的经济效果，集聚经济包括集聚收益和集聚成本，而经济学上的集聚经济是指净效用。空间集聚与经济活动的关系难解难分，地理区域由于其本身固有的自然属性不能为所有的经济活动和地方发展提供一致的机会。空间非均质造成了区位差异性，这种差异性对不同类型的经济行为主体具有不同的吸引力。同类型经济主体或活动被共同的区域吸引，这种吸引加上集聚经济内在的报酬递增效应和累积循环效应，必然在一定的区位上形成集聚，从而使生产要素、产业、企业等资源在空间上重新布局或聚集，影响城市经济、生产力发展和布局。

1.2.1　集聚与布局的基本理论关系

集聚是一种司空见惯的空间现象，是指人口、企业和技术等在空间上的集中。这一现象背后蕴含的理论基础就是空间异质性。简单地讲，集聚理论就是研究异质性的理论。根据空间不可能定理，在没有空间不可分性和收益递增的条件下，一旦抽象掉空间异质性，那么任何存在运输成本的竞争性均衡结果只会是产生若干完全自给自足的区位，人们在这些区位中进行仅满足自身消费的小规模生产，从而无法解释城市和贸易的存在。因此，集聚理论的存在和发展本质上是为了更好地理解异质性。

集聚外部性视角下的理论演进。集聚经济的概念最早由新古典区位论提出，强调要素供给和市场需求等外部因素对产业区位的作用。杜能在农业区位论中，揭示了地租是影响农业生产集聚的主要因素。韦伯在工业区位论中提出了集聚指向论，力求成本最小化，并将集聚因素分为单个企业的规模经济和多个企业的空间集聚。此后的市场学派更加关注于利润最大化。克里斯塔勒的中心地理论认为，产业集聚的规模取决于不同层级的中心地的市场规模。奥古斯特·勒施的市场区位论将区位的集聚分为点状集聚和面状集聚。Isard（1956）探讨了工业集聚、规模经济和经济区规模等集聚形式。

城市与区域经济学对集聚经济内涵的丰富。马歇尔提出，同一产业内的企业聚集在特定区域，可以共享专业化的劳动力市场、上下游联系和知识溢出。Hoover（1937）区分了三种集聚经济类型，即企业内部规模经济、同行业企业的集聚以及多行业企业的集聚。Jacobs（1970）认为，技术外溢更可能发生在多样性产业之间，企业能从一个地区的多样性产业结构中获得外部性收益。Glaeser 等（1992）将集聚外部性分为马歇尔-阿罗-罗默外部性（Marshall-Arrow-Romer 外部性，MAR 外部性）、雅各布斯外部性（Jacobs 外部性）、波特外部性（Poter 外部性）。根据 Duranton 和 Puga（2004）的观点，集聚经济的发生得益于共享、匹配和学习等三种渠道。

新经济地理学、演化经济地理学对集聚经济的发展与解释。藤田昌久（Masahisa Fujita）、保罗·克鲁格曼（Paul Krugman）、安东尼·J. 维纳布尔斯（Anthony J. Venables）等主流经济学家在 20 世纪 90 年代试图把空间因素纳入一般均衡理论的分析框架中。通过改变传统的空间竞争、规模报酬不变假设，采用不完全竞争、规模报酬递增等假设，解释企业如何通过理性决策实现效用最大化而促进集聚的发生和持续。新经济地理学理论认为，当运输成本下降到这样一个临界点，即企业和消费者都认为集聚在一个区域要比分散在多个区域能获得更多的收益，集聚便开始发生。运输成本的临界点的决定因素包括：集聚发生时企业获得的外部规模经济、企业集聚产生的商品多样性及其带来的效用增加、运输成本（Krugman，1991a）。集聚过程一旦发生，便具有放大、路径依赖和不可逆转等特征。演化经济地理学从下述方面发展了集聚经济理论。第一，将产业集聚看成一个演化过程，企业集聚可能是地方企业衍生的结果，而不是集聚效应导致的（Boschma and Wenting，2007）。第二，提出了演化集聚经济理论，认为处于不同产业生命周期的企业会从不同的集聚经济中受益。处于产业生命周期早期的企业需要多元化的环境，而处于成熟期的企业可能更需要从专业化经济中获益（Potter and Watts，2011）。第三，引入技术关联的概念，深化集聚经济的技术溢出效应的机制，认为知识溢出容易发生在具有技术关联的产业之间。

Melitz（2003）等将企业异质性理论引入集聚经济研究中。在异质性假设下，企业区位选择变得更加复杂：一方面，可能存在落后地区的高效率企业转移到发达地区，即主动选择效应；另一方面，也可能存在发达地区的低效率企业转移到落后地区，即被动选择效应或分类效应。在此背景下，一个城市的生产率提高可能是由集聚效应引发的，也可能是由于高效率企业自主选择大城市，还有可能是因为低效率企业被挤出了市场。因此，集聚经济对企业和城市生产率提高的影响作用可能被高估（Ottaviano，2011）。企业异质性理论逐渐发展为"新"新经济地理学理论（von Ehrlich and Seidel，2013）。

网络外部性视角下的理论演进。英国经济学家罗宾逊（Robinson）出版的《不完全竞争经济学》一书中对地方化经济进行了区分，提出了静止的与流动的外部经济，认为静止的外部经济取决于当地特定产业的规模，而流动的外部经济取决于一个国家乃至整个世界的产业规模，并且可以由所在地以外的企业共享。20世纪70年代，城市经济学家 Alonso（1973）基于邻近城市之间的相互作用提出了"借用规模"（borrowed size）概念。在21世纪初，跨越地理边界的集聚经济得到快速发展。

20世纪70年代，Alonso（1973）基于邻近城市之间的相互作用提出了"借用规模"概念，即如果一个城市（既可以是小城市，也可以是大都市）接近其他人口集中的大城市会表现出一些更大规模的特征。他建议较小的城市借用其较大"邻居"的部分集聚外部性，在借用规模的过程中能够减少集聚成本。Meijers 等（2016）进一步将借用规模细分为借用功能（borrowed function）和借用绩效（borrowed performance）。孙斌栋和丁嵩（2016）基于长江三角洲地区的分析发现邻近大城市有助于促进小城市的经济增长，空间相互作用的方向更多体现为高等级城市对低等级城市的影响。Meijers 等（2016）认为借用规模是早期关于网络外部性的探索，他们将集聚经济中的城市化经济置于邻近城市范围内进行考量。邻近城市的可达性和网络连通性是借用规模发生的先决条件。随着区域经济一体化的加快，人们越来越认识到集聚效益和成本可能是区域化的，即集聚经济发生的范围在扩大。集聚外部性不应该局限于城市的节点内部，而是城市及其外部空间构成的区域，这被称为"集聚外部性域"（agglomeration externality fields）（Phelps et al，2001）或"区域外部性"（regional externalities）（Parr，2002）。

Capello（2000）将经济学中的"网络外部性"概念与城市规模相结合，并引入到集聚经济的研究中。网络外部性的原意是"个体消费者的效用随着消费同一商品的消费者数量的变化而变化"的现象（Katz and Shapiro，1985）。Capello（2000）认为在集聚经济中的网络外部性是指城市之间因功能网络的存在而产生的协同效应和互补性。城市网络可以存在于区域、国家甚至全球尺度，其外部性的流动性越来越强。城市的绩效越来越依赖于它们在城市网络中的地位。McCann 和 Acs（2011）认为，城市在国家和国际尺度的网络连通性对于城市绩效的影响大于城市自身规模产生的影响。特别是中小城市通过在城市网络中处于有利的地位而能够内化大城市的某些好处。Fujita 和 Hamaguchi（2016）通过对 Apple 手机的供应链关系网络的分析，认为企业和区域的发展在很大程度上取决于特定的企业和区域在全球生产网络中战略联系及耦合能力。可见，有关集聚经济的研究已逐渐成为经济地理学、区域经济学等领域理解区域和产业发展、企业区位的重要视角之一，对城市经济、企业、产业和区域经济效应都存在影响（Glaeser et al.，1992；Henderson，2003；Jofre-Monseny et al.，2014）。

区域性要素的集聚包括区域内要素向不同层次极点的聚集，也包括区外要素向区内的聚集过程。区域性要素的聚集以要素流的形式出现，如人口流、物质流、技术流、信息流、资金流等。这种要素流在空间上的集聚一般可能表现为两种方式：一种表现为一定空间形态上要素的聚集程度的提高，另一种是一定的空间形态上要素流级别发生变化。

经济集聚并没有权威的统一定义，在城市经济学、区域经济学和经济地理学领域中多被称为集聚（agglomeration 或 clusters）（Duranton et al.，2015；Duranton and Puga，2004；Behrens and Robert-Nicoud，2015），在产业经济学中一般被称作产业集聚或集聚。故本书沿用既有文献释义，不对经济集聚、集聚、产业集聚等作具体区分，将其统称为经济集聚，表示经济活动在一定地理空间单元上呈现出的集中现象，经济集聚度表示经济活动在单位面积上的集中程度。经济集聚本质上反映的是各类要素在空间上疏密度的差异，如城市就是人口、资本、技术、信息等要素的集聚载体。克鲁格曼把空间问题引入经济分析之中，是继马歇尔之后第一位把区位问题和规模经济、竞争、均衡这些经济学研究的问题结合在一起的主流经济学家。Krugman（1991a，1991b）开创性地以 Dixit 和 Stiglitz（1977）垄断竞争一般均衡分析框架为基础，借鉴国际贸易理论、新增长理论，利用 Samuelson（1954）的"冰山"型运输成本（iceberg trade costs）理论、历史演进及计算机模拟技术，把空间概念引入一般均衡分析框架中，提出了著名的核心—边缘（core-periphery）模型，使空间问题进入了主流经济学研究的视野。1999 年，藤田昌久、克鲁格曼、维纳布尔斯合著的《空间经济学：城市、区域和国际贸易》出版，自此建立了一个新的统一的空间经济学研究框架。这一框架比较清晰地展现了集聚区位决定的微观机制，精巧地解释了各个层次地理空间上的经济集聚现象及其集聚力的来源，从而为新贸易理论、新增长理论等提供了一个思想和经验的实验室（梁琦，2004）。从经济集聚表现来看，可以从规模和密度两个层面观察，因此一些文献中采用单位面积的产出水平、人口密度（就业密度）来测度经济集聚。经济集聚度高的地区汇聚了大量的生产要素、厂房和企业等，因此经济集聚度高的地区产出规模较大，如特大城市的生产总值远高于中小城市和乡村地区。经济集聚度高的另一个表现是较高的经济密度，即单位空间的要素、企业、人口、资本数量相对较高，具体可表现为较高的人口密度、较高的资本密度。

根据不同的空间尺度可将经济集聚划分为不同的类型。从微观层面上看，企业是经济活动的主体，经济集聚主要指企业在空间上的集中，表现为某些地区的企业数量较多，而另外一些地区的企业数量较少。从中观层面来看，经济集聚也可表现为各类产业的集聚，如制造业集聚、服务业集聚、石油化工产业集聚等，一般采用地区相应产业类型的产出增加值或就业人数占比、区位熵、空间基尼系数、EG 指数、赫芬达尔指数等测度。与经济集聚紧密相关的另一个概念是"集聚经济"，需要指出的是两个概念虽然紧密联系但又有所区别，经济集聚主要是指要素资源在空间上的集中，属于区位选择的范畴。集聚经济是在既定的生产条件下，通过生产要素的集聚产生规模经济效应，获得一定的经济收益，产生各类外部性。从因果关系上来看，经济集聚是因，集聚经济是果。

1.2.2 产业集聚对生产力布局的影响

产业集聚体现在两个层次。第一，形成产业集聚的微观企业组织的集聚。以中小企业为主的企业集聚一般形成专业化区域，这种专业化区域一方面可以充分利用地方组合资源优势和相似的基础设施，另一方面更为重要的是类似的企业集聚得以在空间上形成和发展，有利于发挥规模聚集效应以及促进彼此的学习和创新，雅各布斯（Jacobs）和卢卡斯（Lucas）指出，当地化信息和知识溢出既是经济活动在城市集聚的原因，也是促使城市经济增长的基本原因。"研究与开发以及其他知识溢出不仅会产生外部性，而且也有证据表明企业倾向于在新知识产生的地区集聚"这种思想也得到了实证研究的验证，Ke 等（2014）指出，生产性服务业集聚不仅对地区制造业空间分布有影响，还与周边地区制造业集聚存在协同效应。席强敏等（2015）也指出生产性服务业的不同集聚模式对周边城市工业劳动生产率存在程度各异的空间外溢效应。特定区域内企业集聚导致相同企业和相关配套企业在空间上聚集与发展，在一定程度上带动区域经济发展。王缉慈（2001）认为产业集群是某些或某一产业的资本、劳动力、技术和企业家有组织地集中，成长能力非常强，市场发展十分迅速，因而它必然对集群外企业和组织非常有吸引力，相关企业和组织如果有条件一定会向集群地区迁移，这将增强地区经济实力，提高地区的经济增长速度。第二，在历史和自然共同限定的区域内，建立在企业集聚基础上的产业集聚表现为中小企业积极的相互作用，企业群与社会融合，促使区域与外部经济空间建立持久与广泛的联系，培育特色产业、发展专业化产业区。产业集聚在一定程度上能够有效促进区域经济发展以及区域竞争力的提高，而这种产业聚集也会因为产业自身升级要求发生区域产业结构演进。马歇尔在 1890 年出版的《经济学原理》一书中研究了英国产业集聚现象，发现企业追求外部规模经济的动机导致产业集聚的形成，专业化劳动力、中间投入品和知识溢出效应是最主要的集聚利益。Martin 和 Ottaviano（2001）综合了克鲁格曼的核心—边缘模型和罗默的新增长理论，建立了经济增长和经济活动的空间集聚的自我强化模型，证明了区域经济活动的空间集聚降低了创新成本，从而刺激了经济增长。反过来，由于向心力使新企业选址倾向于该区域，经济增长推动了空间集聚，也进一步验证了默达尔的循环因果积累理论。企业偏好市场规模扩大地区，而市场扩大与地区企业数量相关。

Krugman（1991a）在以规模收益递增、不完全竞争和存在运输成本为假设前提的理论分析框架下，提出经济活动空间集聚能够形成规模效应，降低生产和运输成本。在高度空间集聚的情况下，人力资本、基础设施以及技术等生产要素会形成溢出效应和集聚效应，地区间生产活动优势互补能够促进全要素生产率和经济发展水平的提升。同时，各地区土地供应、基础设施以及环境等承载力有限，经济活动空间集聚会产生拥挤效应，导致生产要素向外围分散，全要素生产率也会下降。空间集聚的过程是向心力与离心力共同作用的综合效应，向心力体现为集聚的正外部性收益，离心力反映在集聚的负外部性成本上。孙久文等（2015）认为，中国城市产业集聚虽能带动城市经济增长效率的提升，但过度集中会带来拥挤效应，且对城市经济效率的影响显著为负。Henderson（1987）采用 1960~1990 年 70 个国家的数据建立动态面板模型，发现集聚与生产率的交叉项负相关，集聚对生产率没有显著影响。唐根年等（2009）发现制造业集聚过度会造成生产要素的拥挤迹象，生产要素配置存在输入剩余和输出亏空，从而降低了生产要素的配置效率。韩中（2010）的实证研究表明生产要素会从低集聚区向高集聚区流动，并通过促进区域技术进步来抵消技术效率下降带来的损失。

马歇尔于 1890 年首次提出外部规模经济概念，提出规模经济的三个外部性：劳动力市场共享、中间投入品共享和知识溢出。之后，越来越多的学者开始研究集聚经济及其影响效应。基于集聚经济理论的研究指出，集聚区的企业可以通过匹配、共享和学习获取集聚经济效应，直接促进生产率提高（Combes et al.，2012）。当更多的劳动力进入城市并逐渐成为城市居民时，城市人口规模随之扩大。由此产生的集聚效应又会促使城市生产率的进一步提升，从而导致人口的更大规模迁移和集聚（Lee，2015）。

传统集聚理论在界定相关概念时，忽视了地理区位因素的影响。Weber（1909）提出影响区位的因素，包括影响工业集中的集聚因素和影响工业分布的区域因素。随着产业集聚与主流经济学结合，空间经济学研究理念加入主流经济学范式。克鲁格曼做出了开拓性的工作，建立了新经济地理学派。Krugman（1991a）认为产业之所以形成集聚现象，归功于运输成本、生产要素移动、企业规模报酬递增三者的相互作用，并在此基础上提出了核心—边缘模型。产业集聚研究关注的另一重点是如何测量产业集聚程度。Krugman（1991a）提出利用空间基尼系数来测量美国制造业集聚程度。该空间基尼系数适用于同一产业集聚的情况。Ellison 和 Glaeser（1997）定义了地理集中 EG 指数作为产业间空间集聚程度的度量方法，并将其应用于美国制造业地理集中度的测量。

国内学者运用产业集聚理论从不同角度论证产业布局与经济增长的关系。孙晓华等（2018）研究发现，随着地区间要素成本差异的扩大，沿海发达地区制造业呈现出向周边次发达地区转移的洼地效应，中西部落后省份的生产要素则向区域经济中心不断汇聚，形成新的比较优势。季书涵等（2016）将产业集聚因素纳入资源错配理论研究框架，研究发现产业集聚能够在资本配置过度和劳动力配置不足时改善资源错配，产业集聚对集聚程度较高的东部地区改善效果更好，集聚程度较低的中西部地区改善范围更广。这些研究都为优化我国产业布局、提高资源利用效率和平衡地区发展提供了政策依据。

由于中国产业空间聚集并非完全基于市场机制自然演化，从某种意义上来说，集聚经济理论不能完全适用于解释中国经济活动在空间上的分布。在中国，经济资源的自由流动与配置，存在来自制度层面的种种约束与限制（李世杰等，2014）。以开发区为代表的政府产业政策对产业集聚产生了重要影响。刘瑞明和赵仁杰（2015）通过国家开发区数据和地级市数据发现，国家开发区不仅可以驱动经济发展，通过对其合理布局还有助于缩小地区间的经济发展差距。Wang（2013）研究发现，开发区对外国直接投资和城市生产率均有显著的提升作用，并推动了工人的工资增长。赵勇和魏后凯（2015）研究表明，在空间功能分工受到抑制的情况下，政府干预会抑制地区差距加剧，实现经济增长与地区差距平衡。

随着信息技术的发展，产业集聚形式也将发生变化。新一代信息技术使得企业之间的空间关联效应减弱。企业之间可能会从原先以地理空间集聚的形式转变为以数字要素和信息共享为核心的虚拟集聚形式。虚拟产业集聚的概念产生于 1997 年，由欧盟（EU-SACFA 计划）组成的研究课题组率先提出。该课题组认为虚拟产业集群（virtual industrial cluster）是由某些具有一定特长的企业构成的集合体。该集合体可以调节成员企业的核心能力，参与虚拟企业运作过程，从而使集合体内的成员企业可以分享市场机遇。国外学者将虚拟集聚命名为 e-cluster、virtual cluster、virtual agglomeration、virtual high tec cluster 等，国内学者关注较多且惯常的表述多为虚拟（产业、企业）集群、虚拟集聚、虚拟商圈以及高新技术产业集群。自虚拟集聚概念形成以来，学者从不同角度描述了虚拟转型给产业集群带来的新的变化。王如玉等（2018）将新一代信息技术对产业集聚的影响概括为五个方面：一是新技术会影响集聚的物流和运输成本；二是降低集聚的信息匹配和选择成本；三是使集聚的知识溢出不再依赖于地理邻近性；四是降低集聚的交易成本；五是降低集聚的拥塞效应。陈小勇（2017）的研究结果表明，虚拟转型使产业集群可以利用现代化的信息技术将其内部各企业间互动的距离缩短至零，并能通过社区化运作，利用社区中正式制度和非正式制度的融合优势来有效缩短各行为主体间的心理距离。宋华和卢强（2017）对金融业的研究表明，通过虚拟供应链搭建的产业互联网平台能够实现虚拟产业集群中所有企业间的业务闭合，优化交易流程模式。这些研究表明，信息技术正在改变传统的产业集聚形式，并影响产业集群对经济增长的作用路径。因此，我们在根据产业集聚理论布局时要考虑信息技术水平的影响，将信息技术水平纳入布局因素。

1.3　城市规划、空间管控与生产力布局

利用规划引导生产要素配置，统筹区域开发活动与发展时序是生产力布局的重要方式之一。我国的规划体系经历了从土地等单要素配置、"底线"与"总量"空间管控，到"区域"与"要素"统筹布局的发展演变。

1.3.1　我国规划体系形成

自新中国成立以来，我国逐渐形成了包括城市规划、土地利用规划、国土规划在内的城乡土地利用体系（林坚和赵晔，2019）。

从规划发展模式参照来看，城市规划和土地利用规划参照苏联模式，前者以计划体制下的空间安排为重点，后者针对农村和国有农场的规划设计与土地整理；国土规划依托荷兰、日本等的国土开发整治经验，提出我国国土开发整治战略和生产力布局构想；主体功能区规划则是充分借鉴欧洲空间规划理念和经验，确定我国主体功能区发展思路和空间开发结构（赵冰等，2019）。

从规模体系来看，城市规划包括市域城镇体系规划、总体规划和详细规划。城镇体系规划强调"一战略、三结构、一网络"；中心城区规划确定城市规模、结构、布局、三区四线；土地利用规划强调耕地、基本农田、建设用地规模"三线"控制和基本农田边界、城乡建设用地边界"两界"控制；主体功能区强调四类分

区；生态功能区划强调三级区划。2018 年国家机构改革决定推进"多规合一"，我国空间规划体制发生重大改革（董祚继，2020），《中共中央 国务院关于建立国土空间规划体系并监督实施的若干意见》明确提出了"科学有序统筹布局生态、农业、城镇等功能空间，划定生态保护红线、永久基本农田、城镇开发边界等空间管控边界以及各类海域保护线"。从城市总体规划与土地利用规划"两规合一"，到"三规合一""多规合一"，再到当前的国土空间规划，我国已建立了相对完善的规划体系。

1.3.2　土地利用规划

土地利用规划的代表是 Alonso（1964）出版的《区位和土地利用——地租的一般理论》，贡献在于提出了竞租曲线（bid-rent curve）理论，并指出单中心城市土地利用模式会包括一系列的杜能环，创新按区位经济价值选择和决定土地利用理论与规划方法。Fujita（1991）在阿朗索的基础上提出了完整的单中心城市土地利用结构模型推导。Mcdonald（2012）延伸了阿朗索模型，证明了城市土地是混合利用，土地利用模式并不完全符合杜能环。从 1976 年开始，联合国粮食及农业组织（Food and Agriculture Organization of the United Nations，FAO）出版了一系列著作，包括 *A Framework for Land Evaluation*（1976 年）、*Guidelines for Land-Use Planning*（1993 年）、*Our Land，Our Future*: *A New Approach to Land Use Planning and Management*（1996 年）等，为发展中国家土地评价与规划提供了方法和指南（蔡玉梅等，2005）。

我国土地利用规划体系日臻完善，规划的内容包括：可持续发展导向的土地资源分配与再分配；用地结构调整与布局；土地开发、利用、保护、整治的总体协调；基本农田保护区规划；城市土地利用规划及土地整理规划等（吴次芳和叶艳妹，2000）。

1.3.3　城市规划

城市规划一般包括城镇体系规划和城市总体规划两大部分。城镇体系的规模等级结构表示城市之间的大小—数量关系，基本内容包括节点城镇和节点间的相互关系。1949 年齐普夫（Zipf）提出了城市等级规模法则（law of urban hierarchy size），认为由位序和规模组成的图形成了一个完美的等轴双曲线（rectangular hyperbola）。位序-规模律是测度城镇体系最常用的方法，此外，洛特卡（Lotka）公式、帕累托（Pareto）公式也是常用的测度方法。在我国，有关城镇体系的研究成果较多，周一星（1996）、顾朝林和张勤（1997）、王凯（2007）等学者对城镇体系进行了较为深入的探索。城镇体系中的结构包括地域空间结构、等级规模结构和职能结构，节点间相互关系包括城镇集聚与扩散和城镇网络体系，城镇体系的地域空间结构是经济、社会、自然环境在空间布局的投影。

霍华德所著的《明日的田园城市》（*Garden Cities of Tomorrow*）是现代城市建设的思想之源，书中强调"田园城市是一个城市和乡村的结合体，若干个田园城市（3 万人）围绕中心城市（5.8 万人）呈圈状布局，城市之间布置农业用地；田园城市的中央布置公园，六条主干道从中心向外辐射，建设环形的林荫大道，城市外围地区建设工厂、仓库"，这体现了早期城市布局的思想，并对后来城市用地布局的有机疏散理论、卫星城镇理论等都具有深刻的影响。随后，刘易斯·芒福德等为城市规划、城市与技术研究开拓了崭新的领域。一般来讲，城市用地布局包括对外交通用地、工业用地、居住用地、公共设施用地布局等内容。Handy 等（2002）指出，土地利用通常是指对空间活动的分配，包括不同活动的区位和密度，活动类别大体可以分为住宅、商业、办公室、工业和其他活动。从城市结构上来看，Pacione（2001）将城市结构分为中央商务区、城区、中心城市、大都市区和外围地区，同时考察了北美不同的城市结构，包括同心圆结构、扇形结构、多中心结构、都市结构以及卫星城。

从我国城市规划的布局研究来看，作为研究我国城市化的开山之作，吴友仁（1979）指出城市化是工业化的必然结果，我国工业布局要积极建设郊区工业区和工业小城镇，做好布局规划并合理控制规模。吴良镛（1991）提出城市规划在物质规划层面的作用，解释了物质环境规划的相关概念。物质环境规划就是城乡物质环境建设的空间布局规划，注重通过开发与建设、形式与功能、空间布局等来指导城市建设，也是第二次世界大战后西欧、美国运用的规划方式。胡序威（1998）系统研究了我国沿海城镇密集地区的空间积聚与扩散，指出都市连绵区沿综合交通走廊展开空间形态，反映了经济组织和生产力布局沿阻力最小的方向发展的基本原理。张庭伟（2001）分析了我国城市空间结构的变化，提出我国特大城市向外扩张郊区化模式，城市内外空间变化呈现同心圆用地模式。

城市土地利用的本质特征是由其交通管理方式决定的。城市的演变是用地交通一体的演变，发展某种特定的用地模式可以导致某种相应的交通模式。Miller 等（1999）利用土地利用模型、交通运输模型、开发商模型建立了交通与土地利用综合规划模型。

1.3.4　空间规划体系

中国当前的空间规划反映了国土空间不平衡背景下的治理需求。国土空间的内涵有着区域型和要素型特性之分，目前也存在分别以主体功能区制度为代表的区域型和以土地用途管制为代表的要素型两类国土空间开发保护制度，需要统筹两类国土空间异质性的需求，前者侧重区划与功能定位，主要处理区域协调问题，后者侧重划界与用途分类，主要处理资源要素配置问题。国土空间异质性表现在资源要素的国土空间分布差异上，资源环境对区域国土空间开发建设具有基础性、决定性作用，不同等级、不同区域自然环境适宜性集聚与分散特性差异显著。在此基础上，人口、资本等要素在空间上非均衡流动加剧，欠发达地区"未富先老"与发达地区累积集聚的双向极化现象加剧。

面对我国在发展中出现的区域差距持续扩大、空间开发无序、生态环境恶化等问题，"十一五"期间提出的主体功能区建设，被认为是我国区域发展理论和空间规划基于国外空间治理先进理念和我国国情的一次重大理论创新。2010 年 12 月，国务院发布《全国主体功能区规划》，明确了各区域主体功能，确立了促进人口、经济、资源环境相协调的国土空间开发导向，有重点地制定评价机制，有效引导区域按照科学目标合理开发和建设。在主体功能区建设过程中，控制国土功能空间开发总量是政府防止开发失衡的重要调控方法。主体功能区划着眼于制度、战略、规划和政策等政府管理需求，充分兼顾每个区域综合发展的可能性和合理性，将一个地域发挥的主要作用界定为主体功能。主体功能区是根据不同类型资源禀赋和功能定位将特定区域确定为特定主体功能定位类型的一种空间单元，不同空间单元主体功能总量与核算具有差异，在考虑经济活动的同时，还须深入研究资源环境与社会人口活动的相互影响。2014 年以来，中央推进大规模"多规合一"改革试点，认可划定永久基本农田、生态保护红线、城镇开发边界三条主要控制线。地理信息技术的发展使得国家对自然资源的管理能力趋向精细化，从单要素管理迈向"山水林田湖草沙"生命共同体综合管制。

第 2 章

生产力布局的事实演进与规律性认识

2.1 美日欧苏等主要经济体典型生产力布局事实及其规律性认识

总结重大生产力布局的规律性认识，面向"十四五"时期我国保障产业安全，培育形成国家竞争优势战略目标，梳理美欧日等发达国家和地区产业竞争优势形成、国家战略引导与呈现出的布局特征，更新现阶段生产力布局的理论认识，为我国各类功能区不同阶段发展目标、产业形态和要素体系的空间布局提供新的决策依据。

2.1.1 面向"十四五"国家战略建立重大生产力布局的规律性认识

我国生产力格局形成中呈现自然地理与经济发展等多重规律性叠加特征。国家各时期的重大方针、战略及政策，都是从"旧存量"和"新问题"中确定的生产力布局战略思路和方针。新中国成立以来，我国生产力布局格局经历过四次较为明显的变动，每次都是在国家生产力、生产关系出现重大转变时期发生。从改革开放前的由"沿海"向"内地"转移、"大三线"建设，到改革开放以来"向沿海地区倾斜""四大板块""三个支撑带"等重大区域布局战略变动，塑造了我国区域开发格局和经济格局。改革开放以前受国内外环境限制，我国区域政策考虑国防安全较多，引导经济社会结构变迁的总体性、长期性布局思路较少。改革开放以后我国逐步形成了以总体效益为导向的"T"字型战略，以区域协调为目标的"四大板块"战略，以全球化和区域一体化为指引的"三个支撑带"战略，以资源环境承载为核心的主体功能区战略和以网络化、扁平化为特征的多中心网络空间总体性布局思路，并以此为指引提出并实施了一系列重大区域发展政策和措施。

我国初始生产力布局受到苏联生产力布局实践和工业项目援助,吸收借鉴了举国体制在布局实践中的经验思路。在举国体制影响下,我国在"一五"时期以区位条件、自然资源、工业发展基础为布局选择的主要因素,利用资本、设备、人员、技术等要素在全国范围内进行"156"项(实际为154项)工业基本建设,在四川、湖北、甘肃、陕西、贵州等地展开了十余年的三线建设。部分工业项目如长春、十堰汽车制造业,至今仍对区域经济发展具有支柱性作用。大规模的生产力布局项目不仅在当地的工业发展中发挥了重要作用,也为东部沿海地区开辟了资料来源和市场。我国内陆地区拥有丰富的自然资源,包括煤炭、原油、天然气、硫铁矿、铝土、铜等资源,并大量供给给沿海的加工企业,促进了沿海地区冶炼、加工及消耗金属材料的机械制造等工业的发展。"西电东输""西煤东运"等大规模工程举措至今仍影响着我国的区域能源供需格局。举国体制下生产力布局虽然提高了国家的国防能力,改善了我国的国民经济布局,推进了中西部落后地区经济社会发展,但是由于举国体制过于强调政府规划和国家意志,缺乏对经济规律与自然规律的遵循,很多工业项目基础未能有效完成产业积累与升级。在新发展时期,我国面临国内外的不确定风险增加,国际间合作关系突变为竞争关系,国家战略安全、边疆安全、粮食安全逐步上升为主要战略,如何再次在超前布局重大设施、发展重点环节、应对重大突发事件中发挥举国体制的作用成为新时期我国生产力布局的重要思路。

我国现阶段生产力布局应将保障产业安全、培育产业优势作为重大生产力布局优化调整、提升质量的出发点和落脚点。随着我国交通和通信基础设施的不断完善,以及人工智能、工业互联网等新技术的快速发展,地区之间的时空距离不断被压缩,跨空间的功能联系不断增强;国际竞争环境、气候变化、生态环境资源约束等态势严峻;制造业由规模扩张转向质效提升。此外,与自然地理和空间区位因素相比,经济规律对区域经济空间布局的影响逐渐占据主导,因此单纯地以地理板块为单元作为国家区域发展战略的布局模式已逐渐无法满足新时期我国构建主体功能明显、优势互补、高质量发展的区域经济布局的需求。

面向"十四五"的区域发展战略要进一步提高政策的针对性和有效性,打破区域板块的限制。顶层设计的区域发展战略需要通过实践转变为现实,各地区也要根据顶层设计确定的方向和大致路径积极探索微观实践措施,既要考虑自然地理和空间区位因素,也要根据区域的发展阶段和发展特征因地制宜地制定区域政策,并从地理区位和功能联系两方面入手来加强区域之间的分工协作,统筹考虑地理特征和经济规律的空间特性对生产力布局的影响, 充分发挥要素与产业集聚优势,使生态优势加快向经济优势转化,形成优势互补的全域动力系统。

2.1.2　主要经济体典型生产力布局的发展事实与理论内涵

新经济地理、演化经济地理、城市群、都市圈等区域和城市经济理论从不同角度对区域经济发展的要素、产业、空间问题进行了剖析，但其主要适用于分析局部或处于特定发展阶段地区的发展问题，缺少与中国全局性的发展事实和布局现状的深度结合，对中国宏观层面的区域战略部署指导作用不强。与区域经济理论和具体的政策措施不同，生产力布局寻求的是将水、土等资源条件，城市发展条件，社会经济的协作条件等结合起来并能够表明空间等级关系的模式和理论，为国家战略决策提供可供研判的明确的点、线、面关系，层次关系和轻重缓急权衡关系。

1. 在国土空间开发活动的初期，自然资源与地理区位引导生产力布局的初始格局，更容易形成基于自然资源禀赋的区域分工

由自然地理因素形成的东中西部差异对社会经济活动影响巨大。现阶段生产力布局以三大自然区与以地势三大阶梯为标志的自然地理格局为基础，未来经济社会格局都应遵循自然规律。生产力布局的理论基础主要是区位论、资源禀赋学说和地域分工理论，认为区域资源禀赋所带来的要素供给差异是决定产业分布的根本原因。古典区位理论在各个国家和企业的生产力布局中发挥了重要的作用。随着生产规模的不断扩大和工业化进程的加快，市场的空间形式与功能要素不断促进区位理论的演进与发展。区位论、地域生产综合体理论以及经济区划、区域规划等经济地理理论的发展均围绕着产地、原料地及市场的关系而展开。

苏联的国土空间生产力布局战略与政策体系形成于该国经济初始阶段。初衷是提高社会生产效率，解决矿产资源与工业生产能力空间分布不匹配、不平衡问题，其在后续的发展阶段也起到了关键作用。苏联地域生产综合体作为生产力布局理论的重要实践，利用生产地、原料地和市场的邻近原则形成生产力布局的集中与分散。在地域生产综合体理论的指导下，建立了多个大型综合工程项目。从最初原料地指向布局，到存量因素对后来布局产生的经济规律，经济体制的变化因素再次影响了苏联东部地区的经济。呈现出的布局特征使得新工业城市出现、人口聚集演变为劳动力流失、城市衰退，苏联西部再次成为城市与人口聚集的区域。

最初期的生产力布局理论是在苏联进行大规模电气化建设计划的探索过程中形成的。通过地带发展战略，按东西两大地带配置生产力布局（图 2-1）。首先，西部拥有大量煤、石油、有色金属等原材料，苏联提出了工业接近原料、燃料产地与消费地的布局原则，并快速发展了机械制造、木材和造船以及食品等产业。20 世纪 30 年代至 50 年代生产力布局向东推移，形成了"乌拉尔铁矿、库兹涅茨炼焦煤和卡拉干达动力煤"的工业生产综合体的雏形，使得东部地区成为全苏联的

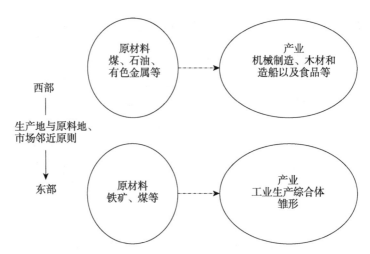

图 2-1　原材料与苏联两大地带产业分布关联示意图

能源基地和原材料基地，生产力分散催生了部分生产地和消费地，从而使三者在宏观上产生分离。交通基础设施网络的形成与完善，加速了人口流动与产业发展，导致生产力在地理格局上集聚与分散，使得生产综合体开始呈现出多样化的类型。随着工业化、市场化发展，规模效应促使生产要素趋向集聚。生产力向自然资源、燃料与原料条件、区位与交通条件或其他社会经济条件更为优越的地方集中，形成了工业枢纽、交通枢纽、经济区以及城市群等。与此同时，沿交通轴线生产力分散的趋势也在发生。苏联的生产活动由条件较好的西部欧洲地区开始向中部、南部以及大中城市和铁路沿线集聚，形成了具备全国生产制造中心功能的工业生产基地、农业生产基地、综合交通枢纽以及特大城市等。苏联解体之后，外部需求和国土空间生产力组织受到较大影响，俄罗斯在原来地域生产综合体的工业基础上又形成了圣彼得堡工业区、莫斯科工业区、乌拉尔工业区、新西伯利亚工业区等。当经济集聚导致要素成本过高、资源承载过度时，生产又趋向分散发展。在西部较发达的经济区限制耗能、耗原材料多的企业发展，在东部新区域或西部一些经济潜力较大的地区鼓励发展城市群或新建工业（图 2-2）。

市场规模与范围扩大形成大国整体性市场经济，使市场经济规律诱致生产力形成国土空间全域布局，并经由布局实现生产要素的有效流通与经济结构的效率改善。培育要素市场和产品市场，生产力布局应遵循市场规律并充分发挥市场作用。规模经济与贸易成本的相互作用使经济活动集中在少数市场通达性较好的区域。美国国家经济一体化演进中，生产力空间布局也主要呈现为原料供应与加工中心的分工关系。依托发达、高密度的路网，制造业高度集中于东北地区，而生产资源在全国其他地区开采后，长距离向东北部制造业地带运送加工，再把

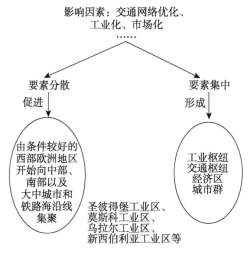

图 2-2　苏联生产力布局演化示意图

工业制成品从东北地区运往各地。交通设施的发展与区域经济差异存在阶段性倒"U"形关系。在交通条件欠佳地区，交通成本较高，因而经济活动比较分散，差距较小。交通条件改善在一定时期内可能促使经济活动的进一步集中，从而扩大区域经济差异。在交通高度发达地区，经济活动可能相对分散，内部差异趋于缩小。市场调控使得生产要素向回报率高的地区集聚，强化极化过程，扩大地区经济差异。市场化通过市场主体、组织方式、生产关系的多元化提升了生产效率，经济增量发展成为诸多地区的经济增长动力。市场体系的发展完善，降低了商业风险和交易成本，提升了区域吸引境外资源的竞争力，因而经济市场化程度拉大了区域经济差距。

2. 生产力规模增长接近承载阈值时，总量退载、结构优化与恢复提升生态系统功能等生态经济规律开始影响国土空间生产力布局效率

大国国土空间的生态环境是生产力规模快速增长的功能承载，而由于生产活动的负外部性，接近阈值时又对生产力增长呈现出刚性约束。现阶段国土开发布局与资源环境承载力不匹配。京津冀、长江三角洲、珠江三角洲等地区国土开发强度接近或超出资源环境承载能力，而自然禀赋相对较好的中西部地区尚有较大的潜力。长江、黄河流域跨越了多个省区市，联结了我国生态脆弱区至经济高度密集区。国土空间承载了多种由彼此相互作用，且内在机理相互关联的复杂要素系统。

流域及其重要三角洲和湾区等地理单元是国家生产力布局政策的重要类型。从国际经验看，现代工业化的历史，都是由沿海地区先发展起来，然后沿内河而上开发，这是普遍的经济规律。许多发达国家在现代化进程中，都把流域经济的

开发作为战略重点。通过兴建水利工程充分挖掘沿江、沿河流域巨大的能源蕴藏量，依托水源、土地以及其他自然资源打造具有一定规模、分工合理、陆海联动、互补互给的产业密集带，从而带动整个流域的经济发展。德国莱茵河、美国密西西比河等流域均已发展成为世界著名的人口、产业和城市密集带。以自然基础、经济布局特点和综合发展潜力为基础提出的"T"字型战略是已经被我国长期的经济发展事实证明行之有效的生产力布局思路。"T"字型战略认为我国国土开发和经济布局的战略重点应该是沿海地带和沿长江流域。经过多年的发展，"T"字型架构地区已经成为我国综合实力最强、战略支撑作用最大发展轴带，也仍是中国未来中长期经济增长潜力最大的地区。"T"字型战略重点考虑的是国土空间开发效率，随着流域生态环境对经济发展的约束作用加强，区域资源环境承载力的概念逐渐形成。在中长期规划时，注重恢复和保持生态系统的完整性，遵循生态经济规律，就成为"T"字型战略提高我国生产力布局效率的首要问题。

从持续发展角度来看，要兼顾现在、未来的可持续发展，以及过去遗留下来的治理问题。工业化、城市化过程中莱茵河流域走向开发与保护相结合、发展与环境相协调的发展路径（图2-3）。1850年以后，莱茵河沿岸人口增长和工业化加速，莱茵河周边建起密集的工业区，以化学工业和冶金工业为主，导致莱茵河流域先后出现了严重的环境污染和生态退化问题。多年来，莱茵河流域以煤炭资源和水电为基础，不断进行产业发展和转型升级。下游鲁尔区曾经集中了大部分的钢铁与煤炭，通过产业结构多样化与轻型化对煤炭开采和钢铁两个支柱产业进行集中化和合理化再调整和重新布局。德国莱茵河流域经济区形成了点—线—面的产业布局。"点"是指沿河港口城市；"线"是指内河网、公路、铁路等运输线；"面"是指"点"和"线"结合构成经济带和经济区。19世纪以来沿莱茵河各国就把内河整治和航运作为开发的首要目标，既防灾抗涝，又通过干支流直达、河海港口相连的航道网，实现了流域经济与国际市场的联结。之后又陆续在莱茵河沿岸修筑铁路、公路，铺设油气管道，形成公路、铁路、水路、管道整体衔接和贯通的综合物流网络体系，兴建物流园区和国际航运中心，带动港口经济的发

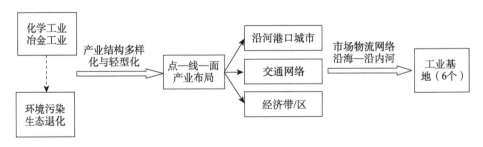

图2-3　莱茵河流域经济区产业调整演化示意图

展。沿莱茵河干流形成了巴塞尔—米卢斯—弗莱堡、斯特拉斯堡、莱茵—内卡、莱茵—美茵、科隆—鲁尔以及鹿特丹—欧洲港区等 6 个世界闻名的工业基地，其发展基本遵循沿海、沿内河而上的开发规律。莱茵河流域不仅是欧洲"黄金水道"，也是欧盟"香蕉"经济轴线主体。

我国长江经济带工业布局的持续发展受到了较为明显的生态经济规律的制约。长江是货运量位居全球内河第一的黄金水道，承担了沿江地区 85%的煤炭、铁矿石以及中上游地区 90%的外贸货运量①。长江经济带几乎承载了全国近半数的化工企业，是我国化学工业的主要分布区域。化学工业既是区域支柱产业，也是工业污染物排放强度最高的产业之一。长江下游尤其是沿海地区形成了有机化工工业高度集聚的布局。在国家发展和改革委员会发布的《石化产业规划布局方案》（发改产业〔2014〕2208 号）中，上海漕泾、浙江宁波、江苏连云港等入围国家重点打造的七大石化产业基地。2019 年，美国墨西哥湾沿岸地区石化公司的销售收入占美国石化工业的 25%，炼油能力和乙烯产能分别占美国总能力的 44%和 95%。日本太平洋沿岸化工产业带集中了日本 85%的炼油能力和 89%的乙烯产能。长江中上游两大主要无机化工产品分别基于原材料和市场发展而来。依托当地丰富的磷矿资源，长江上游的云南、贵州、四川地区逐渐发展成为全国性的磷肥与硫酸基地。在沿海地区布局大规模石油化工基础产品产能，生产废水符合排放标准后排放入海，将对长江水环境的影响降到最低。

3. 相较自然地理优势的生产成本降低，源于经济分工的贸易成本降低在地区间比较优势的发挥中起到了更加明显的作用

在人均收入迈过 1 万美元门槛，跨越中高收入国家转型时期，要素集聚、生产与协同的经济规律性对生产力布局起到更重要的作用。早期以资源开发为主的国土空间开发活动呈现较为明显的自然地理布局特征，要素禀赋有利于部分产业部门的发展。但我国制造业整体的高度集聚态势难以用要素禀赋论来解释。以自然资源禀赋为例，我国资源富集区主要分布在中西部地区，但资源密集型部门的空间分布却呈现出沿海化趋势。但是受到地理格局中远距离约束，大尺度生产力布局格局不会改变。我国西北地区在缩小与东南地区经济差距的过程中，不仅受限于水资源及交通运输能力差异等因素，还更加受限于与国内外消费市场距离的长短。

德国莱茵河流域多中心均衡发展，形成了优势互补的区域分工。德国莱茵河

---

① 《使黄金水道产生黄金效益——努力实现新时代长江航运高质量发展》，http://www.gov.cn/zhengce/2018-05/01/content_5287276.htm[2022-11-20]。

流域经济区与法国和英国以大巴黎和大伦敦为特大中心城市的非均衡发展不同。德国 60%以上工业都集中在莱茵河流域经济带上,并打造出了多个沿河都市圈,多中心均衡发展。具体来说,莱茵河流域中心城市规模差别不大,特大型城市极少。整个德国超百万人口的城市也就只有柏林、汉堡、慕尼黑、科隆。这一都市圈发展模式的优点在于各中心城市致力于发展具有自身特色的功能,而不是一味地求大求全。各城市之间善于也愿意借助和利用其他周边城市的功能来补自身的不足。因此,城市和经济区之间的合作多于相互竞争,产业和城镇体系相对均衡。从德国工业发展和地理布局来看,德国的工业相对比较集中,重点培育德国工业增长极。由于工业主要集中在巴伐利亚地区,德国莱茵河流域经济区是连接欧洲南北和东西贸易的主要通道,辐射能力极强。德国政府充分利用地理优势,在巴伐利亚地区设置了 19 个工业产业群,而且这 19 个工业产业群主要包括了生物技术、纳米技术、汽车工业技术、环境保护技术、卫星技术、航空航天技术、现代信息与通信技术、医疗卫生技术、新型能源技术、新型工业原材料、铁路技术、传感和电子电力技术、机电整合和自动化技术及智能技术等。通过这些工业能力的建设,德国工业表现出了强劲的经济推动作用和国家发展推动作用。

4. 国际开放与竞争正推动我国产业结构和生产力布局结构协同变化

随着经济发展和收入水平的提高,制造业一般都会经历综合成本上升的压力,须通过产业升级实现向价值链高端的攀升(表 2-1)。国际竞争与经济全球化带来的外在冲击加速了产业周期与结构调整。美国东北部和中西部的资源能源依赖型传统工业衰退既是能源结构由燃煤向石油的转变,日本、西欧等外部力量冲击的结果,也是工业区域在发展周期作用下的结果。"冰雪带"经历了深层次的产业结构转型,高技术产业和以生产性服务业为主导的服务业迅速崛起,逐渐取代传统制造业,发展成为"冰雪带"经济中的主导部门。这种产业结构转型,加速了区域经济的调整,是美国去工业化的突出特点。匹兹堡的经济曾高度依赖钢铁,但由于 20 世纪 80 年代,西欧、日本钢铁业的崛起,加速了其发展周期的结束。到 20 世纪 90 年代,教育和医疗取代钢铁业,成为匹兹堡就业的主要行业。当以生产者为主导的生产方式逐步向以消费者为主导的生产方式转变时,美国中西部依托过去雄厚的工业基础,即高水平劳动力(工程师与技术工人)与大学要素优势,将原本来自西欧、日本的行业冲击,通过产业升级,出口更高端的制造产品,转化为竞争优势。到 1991 年,美国中西部出口 1000 亿美元制造业产品到 80 多个国家,其中有94 亿美元的制造业产品出口到了日本,56 亿美元的产品出口到了德国,中西部出口增长速度相当于全国平均水平的 2 倍。

表 2-1　美国先进制造业集群空间分布

地区	产业集群
华盛顿州	航空航天产业集群
加利福尼亚州	信息技术、生物医药、装备制造、国防和航空、新材料等产业集群
得克萨斯州	石油化工产业集群
密西西比州	航空航天产业集群
佛罗里达州	航空航天产业集群
北卡罗来纳州	航空航天、生物技术、电子信息等产业集群
宾夕法尼亚州	机器人产业集群
佛蒙特州	生物医药产业集群
印第安纳州	食品加工产业集群
密歇根州	汽车产业集群

　　政府政策在产业的升级过程中可以引导优势地区要素集聚，加快形成国家整体产业竞争优势。日本依托漫长的海岸线、港口优势与矿产资源（表 2-2），通过填海建设临海工业地带，逐步组建化学工业、机械工业和电子工业等。1962 年日本政府提出"据点开发"的全国综合开发计划，确定了 15 个新产业都市和 6 个工业装备特别区域，新产业都市的选址面向北海道、四国、九州等企业数量较少区域，工业装备特别区域集聚向东京、大阪等经济发达区域布局；通过鼓励和引进外国新技术，对本国企业进行设备更新，并不断培育本国的大批科技人员和技术工人进行技术转化，同时对技术进行吸收、改进和不断创新，日本广泛利用世界先进技术为本国工业提供了巨大的要素基础。技术引入、吸收和运用使日本的石油化学、钢铁工业、造船工业、有色金属、电气机器都处于世界级水平，为第二次世界大战后日本经济的快速恢复提供了坚实基础保障，这一时期的工业布局集中向太平洋沿岸地带东京、大阪等发达地区转移。随着国际市场需求不断攀升，日本政府通过提供低息贷款等多种刺激性政策，使得汽车产业、钢铁产业、电子计算机、原子能、数控车库等高端装备制造业在国际市场占有重要地位，使日本成为世界最发达的经济体之一。2001 年日本政府分别实施了"产业集群计划"和"知识集群计划"，将高技术型企业布局在北海道等轻工业地区，对信息技术、环境能源、生物技术等领域的创新型企业进行重点培育（表 2-3）。

表 2-2　日本港口与矿产资源

港口分类	数量/个（截至 2017 年）	资源种类	产量（截至 2019 年）
国际战略港口	5	石油	47 万吨
国际枢纽港口	18	天然气	252 400 万平方米
重要港口	102	主要金属矿	
地方港口	808	金银	9 780 千克
"56 条港口"	61	其他金属	3 450 吨

表 2-3 日本产业集群分布

项目阶段	地区	产业集群
第一阶段	北海道地区	札幌生物技术产业集群
	仙台地区	先进预防保健服务产业集群
	富山/石川地区	北陆健康科学创新集群
	长野地区	信州智能设备产业集群
	琵琶湖南部地区	志贺医疗和工业协作制造集群
	东京地区	纳米技术制造产业集群
	静冈滨松地区	滨松光电产业集群
第二阶段	关西地区	生物医药产业集群
	京阪奈地区	环境纳米技术产业集群
	福冈北九州地区	先进系统大规模集成电路技术产业集群
创新阶段	久留米地区	尖端医疗技术产业集群
	山口地区	绿色材料产业集群
	德岛地区	健康和医药产业集群
	富士山地区	富士药谷产业集群
	福岛地区	新一代医药产业集群
	釜石地区	新钴合金产业集群
	函馆地区	函馆滨海生物产业集群

2.2 我国要素布局现状刻画

本节的主要内容是基于前文对生产力布局理论与文献梳理所形成的生产力布局理论脉络,以当前我国经济发展的客观事实、数据为基础,从生产要素、产业部门以及定量空间均衡三方面定量刻画出我国生产力布局的阶段性特征。以要素—产业二维生产力布局刻画方法作为认识我国重大生产力布局特征的基础,进一步地,探讨识别包括地区生产率在内的不可直接观测变量对生产力布局的影响。从而识别出各阶段重大生产力布局存在的问题,总结提炼出重大生产力布局经验教训,以期为生产力布局调整思路提供科学依据。

基于要素—产业二维生产力布局刻画方法,对我国重大生产力布局格局的演变历程进行定量刻画。具体从人口、土地、资本、能源和数据五个要素维度进行刻画;产业部门从农业、工业和服务业三个部门进行刻画。总体来看,我国重大生产力布局现阶段存在以中心城市作为新时期经济增长动力源的优势布局形势,并进入新一轮集聚周期,经济增速呈现出"中西部快于东部和东北"的格局。同时存在南北差异、各省内部及区域内部差异不断加大的问题,对我国生产效率及国家经济发展产生了重要影响。从要素布局层面进行分析，人口、资本等传统要素的当期存量、流动趋势与区域经济和产业发展关系紧密，同样具备南北分异的特征。数据和信息等新要素已形成多区域集聚发展、第一梯队领先优势明显的格局。中心城市和城市群正在成为承载发展要素的主要空间形式和区域经济增长的动力源，但内外发展不协调、城市群差距仍在不断加大。从产业布局层面进行分析，产业区域分散化与集聚并存，新兴产业和新经济发展规模迅猛增长，核心基础设施建设正在全面加速，智能制造业由技术主导下生产率的进步到平台化、规模化的发展，但新基建布局缺乏精确化的总体规划，再次从侧面印证了新经济发展加剧了南北差异的事实。

除依据现存统计数据对生产力布局进行初步刻画与分析外，经济社会系统中的一些不可直接测度的潜变量也对区域生产力布局产生了重大影响。本书选择定量空间均衡模型对经济系统中难以直接观测的经济变量的空间分布情况进行刻画。具体通过生产率、异质性偏好、实际工资率、价格指数四个指标分别指代地区生产率、人口吸引力、产业竞争力和经济带动能力。其中，生产率是刻画区域重大生产力布局的关键核心变量，本书将现存的关于生产率测度的研究推进到更为精细的地级市尺度。以期通过更小尺度的定量测度，更加准确地刻画出重大生产力布局，为总结生产力布局问题与调整思路提供科学依据。

通过对我国重大生产力布局的刻画与分析发现，我国不同区域的经济发展处于不同水平，因此对生产力的布局需要有所侧重，刻画生产力布局演进趋势、布局问题识别与布局政策建议导向三者之间相互推进。过去尚未从要素、产业及生产率等综合领域刻画与识别布局的合理集聚和集聚形态等，或是在此类问题上尚未实现精细化刻画与动态演进。本节将资源条件、城市发展条件、社会经济的协作条件等结合起来，嵌入到生产力布局和区域发展影响过程中，构建能够表明空间等级关系的理论，给决策者及实施者以明确的合理的发展时序关系。

2.2.1 人口要素

1. 人口迁徙与流动规律

1949 年以来，中国人口迁移主要分为三个阶段，跨省人口迁移呈现出从"孔雀东南飞"到回流中西部的现象。

改革开放前，人口流动受限，重工业基地东北地区为全国人口集聚的核心。由于人口流动受限，全国城市化进程在 1959 年后基本停滞，人口迁移主要受政治影响，如基于国防考虑的三线建设、知识青年上山下乡运动等。但经济因素也发挥了一定的作用，因重工业布局，东北成为该时期全国人口集聚的核心。

1953~1978 年,东北地区生产总值份额从 12.6%增至 13.2%,人口从 4173 万人增至 8673 万人,人口占比从 7.2%增至 9.0%,此外,内蒙古、新疆人口占比分别上升 0.9 个、0.5 个百分点,福建、江西、广东、广西、贵州、云南、陕西、青海、宁夏等人口占比均提升 0.1~0.2 个百分点。

改革开放后至 2010 年左右,城市化快速推进,中西部地区人口大规模向出口导向型的沿海发达地区流动,形成"孔雀东南飞"格局。1978~2010 年,中国城市化率从 17.9%快速提升至 49.9%,5 亿人从乡村进入城市。沿海地区出口导向经济率先发展,大量人口从中西部向珠江三角洲、长江三角洲以及京津流动,特别是在 20 世纪 90 年代中期,乡镇企业衰落、2001 年中国加入世界贸易组织以及人口流动进一步放开后,跨省人口迁移规模从 1985~1990 年的年均 221 万人快速增至 2005~2010 年的年均约 1100 万人。1978~2010 年,珠江三角洲、长江三角洲、京津的地区生产总值份额占比从 27.8%增至 37.7%,人口占比从 18%增至 22%;与其相对应的是,中西部地区人口增长放缓,安徽、江西等地人口在 1995~2000 年负增长,湖南人口在 1995~2005 年负增长,湖北人口在 2000~2005 年负增长,四川人口在 2000~2010 年负增长。改革开放前人口集聚的核心——东北地区逐渐衰落,黑龙江、吉林人口明显外流,但因自然增长,此时常住人口尚未减少。

2010 年以来,随着沿海地区产业转型升级、中西部地区产业承接以及老一代农民工老龄化,部分人口逐渐回流中西部,东北地区人口开始负增长。在这一趋势下,在东部地区就业的农民工规模在 2012 年达到峰值,省外就业的外出农民工规模、人户分离人口规模、流动人口规模均在 2014 年达到峰值后下降,2015 年人口抽样调查表明 2010~2015 年的跨省迁移人口已较 2005~2010 年下滑。一方面,珠江三角洲、长江三角洲、京津 2017 年的经济份额为 36.8%,较 2010 年下滑 0.9 个百分点;2017 年人口占比为 22.3%,仅提高 0.3 个百分点,表明人口仍在集聚但已放缓。其中,长江三角洲人口占比下滑 0.1 个百分点。另一方面,中西部农民工输出大省常住人口增长明显加快,四川、湖北、贵州等之前人口一度负增长的地区逐渐重回正增长。东北地区衰落趋势未得扭转,2018 年经济份额降至 6.7%,较 1978 年下滑 6.5 个百分点,黑龙江、辽宁、吉林人口先后从 2014 年开始陷入负增长。

随着产业、资金等要素突破行政边界流动,人口集聚也形成了以都市圈为主体的多层级城镇空间格局。在全域层面,一线、二线城市人口持续流入,三线城市流入流出基本平衡,四线城市持续流出。1982~2018 年,一线、二线城市人口年均增速均显著高于全国平均水平,且一线城市增速更高,表明人口长期净流入,且向一线城市集聚更多。其中,1991~2000 年、2001~2010 年、2011~2018 年,一线城市人口年均增速分别为 3.9%、3.4%、1.5%,二线城市分别为 1.9%、1.8%、1%,

这表明 2011 年以来一线、二线城市人口流入放缓但仍保持集聚，放缓的原因包括京沪控人、老龄化的农民工回流等。上述三个时期，三线、四线城市合计人口年均增速分别为 0.63%、0.29%、0.44%，而全国人口平均增速为 1.04%、0.57%、0.52%，表明 2011 年以来人口虽有回流但仍在持续净流出。其中，2001~2010 年、2011~2018 年三线城市人口年均增速分别为 0.50%、0.44%，基本持平于全国 0.57%、0.52%的人口增速；四线城市人口年均增速均为 0.14%、0.38%，明显低于全国平均水平。与一般的三线、四线城市明显不同，发达城市群的三线、四线城市人口仍稍有流入。从人口密度来看，京津冀、长江三角洲、珠江三角洲三大城市群的人口密度最高，此外中原地区人口也较为密集，重庆、成都也存在两个人口高密度点，可见，人口向少数地区、向大城市大都市圈集聚。2011~2018 年全国有 225 个地区人口净流出，较 2001~2010 年的 192 个明显上升，人口净流出地区的数量占比从 53.6%增至 62.8%；而人口净流入地区的数量从 166 个降至 113 个。

目前，中国已经形成长江三角洲、珠江三角洲、京津冀、山东半岛、粤闽浙沿海、哈长、辽中南、中原、长江中游、成渝、关中平原、北部湾、山西中部、呼包鄂榆、黔中、滇中、兰州—西安、宁夏沿黄、天山北坡等 19 个城市群。19 个城市群土地面积合计约 240 万平方公里，占全国的 1/4。1982~2018 年，19 大城市群常住人口从 7.1 亿人增至 10.5 亿人，人口占比从 70.3%增至 75.3%。

相比相对独立的都市圈形态，都市连绵区有着更多的极点、更高的尖峰、更均质的网络，梯度分布、网状联通的一体化格局为新移民的涌入提供了持续不断的动力。长江三角洲内部两大高强度联系网络已然成型：一是"合肥—马鞍山—芜湖—宣城—南京—滁州—镇江—常州—无锡"，二是"湖州—苏州—上海—嘉兴—杭州—绍兴—宁波"。

2. 人口南北集聚差异日趋明显

第一，"南北均衡"转向"南快北慢"。19 个城市群承载了全国近八成人口。根据计算可得，2010~2015 年，城市群人口增长的南北比重大致为 4∶3。2015~2017 年，南方 8 个城市群人口增长均有提速，年均新增人口 578.5 万人，占全国城市新增人口的 66.1%。尤其是珠江三角洲城市群，其新增人口比重（15.8%）比 2010~2015 年提高 9.5 个百分点。同期，11 个北方城市群年均新增人口 138.7 万人，只占全国比重的 15.8%。除中原、山东半岛和兰州—西安城市群之外，京津冀、关中平原、呼包鄂榆等城市群人口增速放缓，辽中南和哈长城市群人口明显下滑。2015~2018 年南北城市群新增人口之比已骤变为 4∶1。

第二，人口南移趋势明显，从"东西差距"转变为"南北差异"。随着各大城市群的形成，传统的"孔雀东南飞"逐渐成为历史。中西部城市群中的郑州、武汉、重庆和成都等中心城市，人口吸引力开始逐步增强，东部和中西部人口净流入差距正在加速缩小。

进一步选取典型城市样本进行观测。从人口规模来看，2018 年北方地区[①]15 座城市常住人口约 1.38 亿人，其中北京、天津、石家庄、哈尔滨、郑州、西安位居前六，常住人口均超过 1000 万人，汇聚了北方 15 城中 57%的人口。北京、天津两市人口占比超过 1/4，且 2008 年至 2018 年常住人口分别增加 459.2 万人、383.6 万人，在北方各城市中人口吸引力最强。在强省会战略的推动下，郑州、西安、济南作为人口大省的省会城市，近年来有大量人口涌入，尤其是本省内人口。哈尔滨、长春常住人口不增反降，沈阳、大连、太原、呼和浩特、银川等城市人口增长缓慢，平均每年人口增加不超过 10 万人，对外地人口的吸引力较弱。同时，南方地区[②]19 座城市常住人口约 2.03 亿人，平均而言南方各城市人口更多。其中，重庆常住人口数量最大，超过 3100 万人，其次是上海、成都、广州、深圳、武汉、苏州，均是千万人口大市，此 7 市人口之和占南方 19 市总人口的六成。南方地区明星城市众多，不仅沪广深等一线城市人口增长名列前茅，成都、重庆、合肥、武汉、杭州、苏州、长沙等城市也备受青睐，平均每年人口增加超过 15 万人。

从人口规模和增量来划分，可将南北地区城市分为四个梯队。第一梯队：人口规模大，增长快，人口规模超过 1000 万，2008~2018 年年均增长超过 15 万人，包括南方地区 7 市（重庆、上海、成都、广州、深圳、武汉、苏州），北方地区 4 市（北京、天津、郑州、西安）。第二梯队：人口规模大，增长慢，人口规模超过 1000 万人，但 2008~2018 年年均增长不足 15 万人，包括 2 座城市，均在北方地区[石家庄、哈尔滨（负增长）]。第三梯队：人口规模不大，增长较快，人口规模小于 1000 万人，但 2008~2018 年年均增长超过 10 万人，有 5 座城市，与一线城市相比可谓"小而美"，分别是杭州、长沙、合肥、厦门、济南，除了济南其余 4 市均在南方地区。第四梯队：人口规模不大，增长较慢，人口规模小于 1000 万人，且 2008~2018 年年均增长不足 10 万人，包括北方地区[青岛、保定、沈阳、长春（负增长）、大连、太原、呼和浩特、银川]和南方地区（南京、宁波、福州、南宁、昆明、南昌、贵阳、海口）各 8 市。

---

① 北方地区城市为北京、天津、石家庄、保定、青岛、济南、郑州、太原、西安、银川、呼和浩特、沈阳、大连、长春、哈尔滨。

② 南方地区城市为上海、南京、苏州、杭州、宁波、合肥、武汉、重庆、成都、贵阳、长沙、南昌、福州、厦门、广州、深圳、南宁、海口、昆明。

2.2.2　土地要素

（1）调整完善产业用地政策，创新建设用地使用方式，推动不同产业用地类型合理转换，探索增加混合产业用地供给这类"新生产力"，以解决建设用地不足问题。

本书重点对 1980~2018 年全国土地利用类型遥感监测数据进行了提取分析。从全国土地利用类型分类总体来看（表 2-4），截至 2018 年末，全国耕地、林地、草地、水域、建设用地和其他用地分别为 178.218 万平方公里、227.406 万平方公里、265.425 万平方公里、29.334 万平方公里、26.855 万平方公里和 222.193 万平方公里。在 1980~2018 年，草地面积自 304.51 万平方公里减少至 265.425 万平方公里，在 2018 年急剧下降的多是转变为其他用地类型的沙地和戈壁等二级用地类型。2000~2018 年，全国范围内的草地和耕地面积减少最多，分别减少 2.05 万平方公里和 1.45 万平方公里，建设用地增长最多，增长 4.94 万平方公里。

表 2-4　全国土地利用类型分类说明

编号	用地一级类型	用地二级类型
1	耕地	水田、旱地
2	林地	有林地、灌木林、疏林地、其他林地
3	草地	高覆盖度草地、中覆盖度草地、低覆盖度草地
4	水域	河渠、湖泊、水库坑塘、永久性冰川雪地、滩涂、滩地
5	建设用地	城镇用地、农村居民点、其他建设用地
6	其他用地	沙地、戈壁、盐碱地、沼泽地、裸土地、裸岩石质地、其他

从不同地区的土地利用情况来看，优势地区建设用地面积占比在 25%~30%，显著高于相对优势地区 20% 左右的建设用地面积占比。建设用地在优势地区作为生产力的基础资源要素之一，其开发利用程度已经趋于饱和状态，尤其工业用地趋紧。中国区域增长极地区与东部沿海地区的城镇建设用地开发基本饱和，城镇土地利用增长向中西部/欠发达/困难地区、建制镇偏移。区域上向中西部地区偏移：2009~2014 年，中部、西部地区城镇土地增幅分别达到 27.8% 和 32.6%，均明显高于全国总增幅。东部、东北部地区增幅较低，分别为 14.7%、19.3%。

从土地用途结构看住宅用地基本饱和，土地用途持续向工矿、商服用地倾斜。2009~2014 年，全国城镇各类土地中，工矿仓储用地和商服用地增幅最大，分别达到 36.1% 和 38.3%，大大超过全国城镇建设用地总增幅。城镇住宅用地增幅呈放缓趋势，增长向中西部地区、中小城市偏移。

（2）为提升区域土地供给质量，更好地服务于区域生产力布局与产业布局，以开发区为代表的土地集约利用以增加混合产业用地供给方式，在一定程度上缓解了区域建设用地不足的问题。

为提升开发区土地供给质量，更好地服务于区域生产力布局与产业布局，以《关于 2019 年度国家级开发区土地集约利用监测统计情况的通报》为基础对开发区的土地集约利用情况进行分析，国家级开发区总体情况显示土地利用程度显著提高。参评国家级开发区扣除河流、湖泊、山体等不可建设土地后，共有可开发建设土地 47.80 万公顷，其中达到"三通一平"（建设项目在正式施工以前，施工现场应达到水通、电通、道路通和场地平整等条件）供应条件的土地为 42.32 万公顷，土地开发率为 88.53%，土地建成率为 93.30%，土地供应率为 92.74%，土地利用程度的三个指标都较高。参评国家级开发区综合容积率为 0.96，工业用地综合容积率为 0.91，建设用地利用方式更趋集约。城镇土地利用效率不断提高，区域上呈现由西到东，由内陆到沿海递增的规律。东北地区开发区土地利用强度最低，工业用地投入持续偏低，综合地均税收处于全国最低水平，2019 年为 330.70 万元/公顷。根据《中共中央 国务院关于促进中部地区崛起的若干意见》《国务院关于实施西部大开发若干政策措施的通知》等文件对国家级开发区区域进行划分，如表 2-5 所示。

表 2-5　国家级开发区区域划分

地区	个数	包含的省区市	不同类型及个数
东部地区	10	北京、天津、河北、上海、江苏、浙江、福建、山东、广东和海南	245=工业主导型 216+产城融合型 29
中部地区	6	山西、安徽、江西、河南、湖北和湖南	112=工业主导型 91+产城融合型 21
西部地区	12	内蒙古、广西、重庆、四川、贵州、云南、西藏、陕西、甘肃、青海、宁夏和新疆	120=工业主导型 73+产城融合型 47
东北地区	3	辽宁、吉林和黑龙江	54=工业主导型 41+产城融合型 13

（3）低效用地或是限制相对优势地区与困难地区经济发展的重要原因之一，应充分运用市场机制盘活低效用地，打破低效用地制约生产与发展的瓶颈。

2019 年，农业农村部依据《耕地质量调查监测与评价办法》和《耕地质量等级》（GB/T 33469—2016）国家标准，组织完成全国耕地质量等级调查评价工作。从全国耕地质量空间分布来看，包括辽宁、吉林、黑龙江全部和内蒙古自治区东北部的东北区，评价为一至三等的耕地面积为 2.34 亿亩，占东北区耕地总面积的

52.01%，约占全国一至三等耕地总面积的 37%，其次为黄淮海区和长江中下游区。黄土高原区评价为七至十等地的耕地面积最大，为 0.92 亿亩，而青藏区该类型耕地占比最高，达 65.79%。从区域总体来看，东北地区、华北地区、长江中下游地区和西南地区耕地质量更高。经济发展优势地区的耕地质量较高，其非主要优势行业产品与经济发展困难地区的主要优势行业产品相比，也具有一定的竞争力。从南北区域来看，较之南方地区，北方地区粮食生产能力脆弱性更高。同时，我国东北地区粮食生产能力最强，西部地区粮食生产能力有限。

2.2.3 资本要素

各个时期资本要素的空间布局代表了当期资本存量与产业基础，而投资空间流向的总体趋势则反映了产业转移的指向性与未来一段时间的区域发展潜力。改革开放之后，凭借邻近国际市场地理优势、历史形成的工业基础以及国家出口导向的开放政策与沿海地区优先发展战略，制造业越来越向上海、江苏、浙江、广东、辽宁、山东等沿海省市集聚，资本积累差异加大。中国制造业集聚东部沿海的重要推动力量是外商资本。中国最初的现代制造业集中在沿海地区的一个重要原因是，制造业中占有很大份额的外资被限制在沿海地区的条约口岸城市。20 世纪 80 年代提出在深圳、厦门、珠海、汕头四个沿海城市建特区，沿海 14 个城市被设为开放城市，20 世纪 90 年代初又设立浦东新区等；根据 1985~1995 年固定资产投资数据，投资总额规模排名较前的城市分别有上海、北京、天津、广州、深圳、重庆、大庆等，大都处于沿海地区。比如，张军等（2004）对省际物质资本存量估算，20 世纪 70 年代，上海是全国固定资本形成最快的地区；在 1990 年到 1995 年广东和江苏的资本形成不论在数量上还是速度上都居全国之最；另一些省份，资本存量则长期很低。例如，1999 年提出并实施西部大开发，2003 年开始实施振兴东北老工业基地的发展战略，2006 年国务院又推出了中部崛起的发展规划。成都、武汉、沈阳、哈尔滨等中西部、东北部城市投资规模上升。

当前时期的区域战略旨在以中心城市引领城市群发展、城市群带动区域发展，通过具有增长极的地区近带动、远辐射作用实现全域发展。例如，2014 年提出京津冀协同发展战略；2016 年印发《长江经济带发展规划纲要》，提出"以长江黄金水道为依托，发挥上海、武汉、重庆的核心作用"和"充分发挥中心城市的辐射作用，打造长江经济带的三大增长极"；2019 年又进一步明确了长江三角洲区域一体化、粤港澳大湾区发展规划。固定资产投资数据显示，2015 年固定投资聚集较多的城市群为长江三角洲城市群、长江中游城市群、中原城市群、京津冀城市群、成渝城市群，较 2010 年有从东部沿海向中西部地区转移的趋势。长江中游城市群因城市间实际联系较弱，尚不具备成为整体性城市群的条件，长株潭、武汉城市圈更适合作为独立的城市群。武汉等大城市的发展势头良好，但区域增长极仍需要进一步增强中心作用，加强与周边节点城市的联动性，从都市圈向跨省级行政区域的经济单元转变。

根据固定投资总额情况，固定投资较多的城市群包括长江三角洲城市群、长江中游城市群、中原城市群、京津冀城市群、成渝城市群。考虑到国家五年计划的制定与实施，投资增长率基本呈现每五年为一个周期的波动，从"十一五"时期以来，投资增长率波动减小；其中受到 2008 年全球金融危机影响与产业结构升级影响，2009 年以来投资增速呈持续下降趋势。

外国直接投资通过技术外溢影响了经济增长，同时通过投资差异也加大了区域差异。由于地理位置以及人为政策上的原因，我国的中西部地区长期以来很少能吸收到国外的直接投资，有相当比例的技术引进项目不能很好地发挥作用，或者引进的技术已经落后。这种外国直接投资在区域间的不平衡分布加剧了地区间的不平衡发展。因此，需要提高资金供应配套能力和技术吸收能力，加强市场开拓，利用高铁、5G（5th-generation mobile communication technology，第五代移动通信技术）等基础设施建设降低成本，实现技术带来的逆梯度转移。

当前我国正在扭转以往通过技术贸易方式引进技术的格局，通过自主创新促进技术进步，促进技术要素与资本要素融合发展，积极探索通过天使投资、创业投资、知识产权证券化、科技保险等方式推动科技成果资本化。鼓励商业银行采用知识产权质押、预期收益质押等融资方式，为促进技术转移转化提供更多的金融产品服务。

中国资本市场改革发展的总体目标是建立健全定位清晰、功能互补、开放包容、约束有力的多层次资本市场体系，满足不同类型、不同发展阶段企业的股权融资需求，不断提高市场配置资本资源的效率。上海要打造全球性的金融中心，需要提高对全球资本的配置能力。根据不同时期的资本要素布局，总结出如下原则（表2-6）。

表 2-6　资本要素布局原则

与国民经济和社会发展需求契合	投资效率最优	国家可持续发展	创新驱动发展	保证国家安全
工业化	缓解区域不平衡	经济	保证产业链安全	国防安全
信息化	适应全球一体化	人口	发展关键技术	民族稳定
城镇化	利用国际与国内市场	资源	"卡脖子"	粮食安全
公共服务均等化	整合全球、全国要素资源	环境	促进产业升级	生态安全

2.2.4　能源要素

在分析能源消费的空间变化时，进行如下划分，北方地区包括黑龙江、吉林、辽宁、河北、北京、天津、内蒙古、新疆、甘肃、宁夏、山西、陕西、青海、山东、河南；南方地区包括江苏、浙江、上海、安徽、湖北、湖南、江西、四川、重庆、贵州、云南、广西、福建、广东、海南、西藏。

东中西部和东北地区的划分沿用国家统计局的划分方法。东部地区包括北京、天津、河北、上海、江苏、浙江、福建、山东、广东和海南；中部地区包括山西、安徽、江西、河南、湖北和湖南；西部地区包括内蒙古、广西、重庆、四川、贵州、云南、西藏、陕西、甘肃、青海、宁夏和新疆；东北地区包括辽宁、吉林和黑龙江。

1. 能源（电力）消费增长率与生产力布局

能源消费增长率与区域生产总值增长率存在一定的相关性，能源消费增长率的空间分异也反映出生产力发展的空间分异趋势，从数据上看与以往研究结论相符合。当前电力消费增长率的空间差异与国内生产总值的空间差异在地理形态上基本吻合，尽管各地区电力强度在不同年度会存在较大的变化，但整体而言，电力消费增长率总是围绕国内生产总值增长率上下波动的。

与传统观点不同的是，电力消费增长率空间分异变化呈现出新趋势（图 2-4），即由东部与中西部差异逐渐转换到南北地区分异，这实际上是经济南北分异的表现之一。以东中西区域划分，尽管中国电力需求主要集中在经济发达的省份，但用电增长较快的省份主要位于中西部地区，这主要受中西部工业快速发展的带动。以南北区域划分，并不存在差距缩小的趋势。

2. 能源（电力）消费总量与生产力布局

地区能源消费的差异在一定程度上取决于地区间经济发展水平、产业结构、技术、制度等，中国各省区市的电力需求空间分布与其经济总量空间分布相一致（图 2-5）。从电力消费总量来看，电力用量与经济发展水平密切相关，电力资源是经济发展的重要支撑。经济总量越高的省份，其电力需求也相对较高，如图 2-5所示。中国负荷中心与经济中心的分布基本吻合，主要分布在华北、华东以及南方地区。

电力消费总量的区域演进呈现出重心向南迁移的特征，1986 年北方地区电力消费总量普遍高于南方地区，占全国发电量的比重为 53.6%，辽宁为 370.43 亿千瓦时，黑龙江为 218.49 亿千瓦时，山东为 300.88 亿千瓦时，河北为 275.65 亿千瓦时，

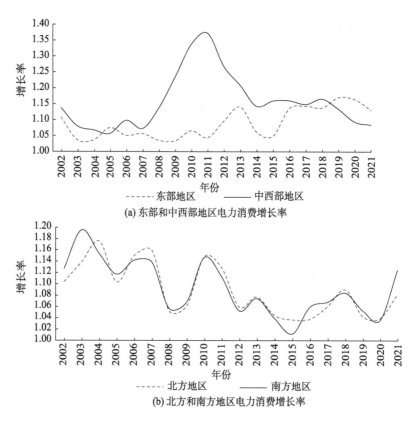

(a) 东部和中西部地区电力消费增长率

(b) 北方和南方地区电力消费增长率

图 2-4   我国各地区电力消费增长率

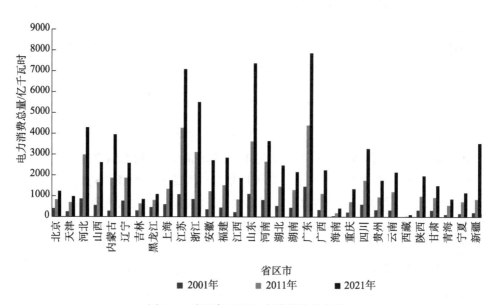

图 2-5   我国各地区电力消费总量变动

而南方电力消费较高的四川为 256.83 亿千瓦时，广东为 201.58 亿千瓦时。
1985~1995 年，以广东为代表的南方省份用电量逐渐增加，南方用电量占全国用电
量的比重为 50.4%，实现反超，1995 年广东电力消费总量为 787.66 亿千瓦时，高于
山东的 741.07 亿千瓦时，自此之后形成电力消费总量南方高于北方的基本格局。

3. 能源生产与生产力布局

我国各地区发电量变动，如图 2-6 所示。从发电量来看，电力资源主要分布
在西部地区，负荷则主要分布在东部地区，由此造成中国电力工业供电成本高昂、
输电损耗严重等窘况。

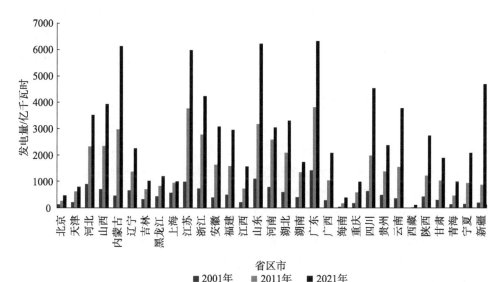

图 2-6　我国各地区发电量变动

可再生能源、清洁能源的生产是未来影响生产力布局的重要因素。一方面，
不同地区清洁能源的资源禀赋差异将重构能源生产格局。另一方面，发展清洁能
源可以促进经济结构升级，实现经济可持续增长，实现生产力空间布局的转变。

4. 区域能源调度与生产力布局

从跨省电力交易来看，中国跨区跨省电力交易整体上呈现快速增长态势，但
各个地区对外输送和调入的增长呈现较大差异。全社会用电量中跨区跨省供应的
电力比例正逐步上升，输电模式在中国电力资源跨区域优化配置中的地位正逐步
提高，电力输送的地区差异也逐渐拉大。

高调入电量的省份经历了由东西分异到南北分异的演进。1995 年之前，受制

于电力传输技术和基础设施，各省份调入电量分布较为均匀，但也呈现出东部地区省份对外部电力调入的需求高于西部地区省份的现象。1995~2000 年，以辽宁、北京为代表的北方地区对外部电力调入的需求凸显，2005 年后，则形成了以广东地区为代表的南方地区对外部电力调入的高需求特征。

2.2.5　数字要素

基础设施、资本、人才等优势决定了数据、信息要素率先在发达地区产生，同时政策引导是欠发达地区依托数据、信息要素形成新生产力的有力手段。我国大数据产业集聚区主要位于经济比较发达的地区。在中国分区域大数据发展指数中，东部地区大数据发展水平最高，2017 年大数据发展总指数为 470.51，占中国大数据发展总指数的 43.25%；西部地区排名第二，2017 年大数据发展总指数为347.13，占比为 31.91%；其后是中部地区和东北地区，大数据发展总指数分别为185.53 和 84.62，在中国大数据产业发展总指数中的占比分别为 17.06%和 7.78%。北京、上海、广东是发展的核心地区，这些地区拥有知名互联网及高新技术企业、高端科技人才、国家强有力的政策支撑等良好的信息技术产业发展基础，形成了比较完整的产业业态，且产业规模仍在不断扩大。除此之外，以贵州、重庆为中心的大数据产业圈，虽然地处经济比较落后的西南地区，但是贵州、重庆等地依托政府为大数据产业发展提供的政策引导，积极引进大数据相关企业及核心人才，力图占领大数据产业的制高点，带动区域经济新发展。

中国大数据发展已形成多区域集聚发展、第一梯队领先优势明显的格局。2017 年中国大数据发展总指数为 1087.8，同比增长 179.32%；各省区市增长的平均值为 5.78。其中，浙江和重庆的大数据发展指数增长均超过 10，北京、江苏、广东、浙江、上海位列大数据产业发展的第一梯队，大数据指数增长平均值为 8.13。京津冀地区依托北京，尤其是中关村在信息产业的领先优势，培育了一大批大数据企业，是目前我国大数据企业集聚最多的地方。不仅如此，部分数据企业扩散到了天津和河北等地，形成了京津冀大数据走廊格局。珠江三角洲地区依托广州、深圳等地区的电子信息产业优势，发挥广州和深圳两个国家超级计算中心的集聚作用，在腾讯、华为、中兴等一批骨干企业的带动下，珠江三角洲地区逐渐形成了大数据集聚发展的趋势。长江三角洲地区依托上海、杭州、南京，将大数据与当地智慧城市、云计算发展紧密结合，吸引了大批大数据企业，促进了产业发展。从 2013 年，上海发布一系列推动大数据研究与发展的政策文件——《上海推进大数据研究与发展三年行动计划（2013—2015 年）》《上海市大数据发展实施意见》《上海市加快推进数据治理促进公共数据应用实施方案》《上海市数字经济发展

"十四五"规划》《张江数据要素产业集聚区试点建设方案》等，推动大数据在城市管理、民生服务和产业发展等领域的应用。西南地区以贵州、重庆为代表城市，通过积极吸引国内外龙头骨干企业，实现大数据产业在当地的快速发展。从2013年起，贵州率先把握大数据发展机遇，充分发挥其发展大数据产业所独具的生态优势、能源优势、区位优势及战略优势等四大优势，抢占先机率先启动首个国家大数据综合试验区、国家大数据产业集聚区和国家大数据产业技术创新实验区；率先建成全国第一个省级政府数据集聚共享开放的统一云平台；率先开展大数据地方立法，颁布实施《贵州省大数据发展应用促进条例》；率先设立全球第一个大数据交易所；率先举办贵阳国际大数据产业博览会和云上贵州大数据商业模式大赛等。

2.3　我国现阶段产业布局现状刻画

2.3.1　第一产业布局现状

1. 农林牧渔业总体情况

农林牧渔业总产值呈上升趋势（图2-7）。全国农林牧渔业总产值（按可比价格计算）到2018年为113 138.1亿元。2018年，全国农林牧渔业总产值前五名的为山东、河南、江苏、四川、湖北。从发展速度来看，从1996~2018年，全国农林牧渔业总产值年均增长率较快的是贵州、宁夏、黑龙江等地区（图2-8）。从区域差异来看，东部地区一直高于其他地区。从东、中、西、东北地区2000~2015年总产值可见（图2-9），东部地区的农林牧渔业总产值要高于西部、中部、

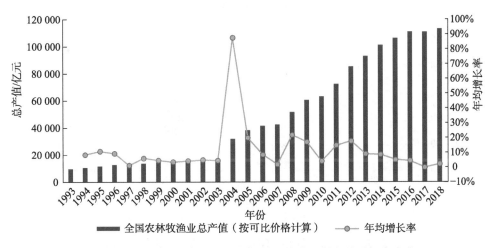

图 2-7　1993~2018年全国农林牧渔业总产值及其年均增长率变化

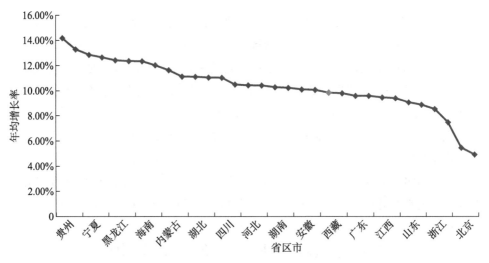

图 2-8   1996~2018 年我国各省区市农林牧渔业总产值年均增长率排名

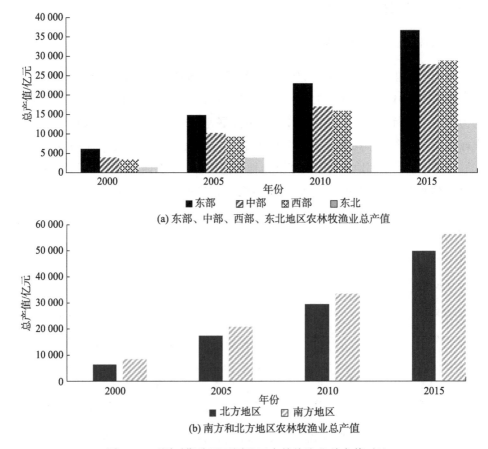

(a) 东部、中部、西部、东北地区农林牧渔业总产值

(b) 南方和北方地区农林牧渔业总产值

图 2-9   不同时期我国不同地区农林牧渔业总产值对比

东北地区。南北方差距是逐渐扩大的，尤其是在 2010~2015 年。从 2000~2015 年农林牧渔业总产值来看，南方地区始终要高于北方地区（图 2-9）。2000 年、2005 年、2010 年、2015 年南方地区与北方地区的差值分别为 2064.8 亿元、3385.9 亿元、4061 亿元、6511.3 亿元。

2. 农业布局概况

农业总产值总体呈上升状态（图 2-10）。从农林牧渔业分项来看，农业总产值（按可比价格计算）到 2018 年为 60 318.2 亿元。在 2006~2010 年年均增长率为 9.16%，2011~2015 年，年均增长率为 8.06%。2018 年，全国农业总产值排名前五名的为河南、山东、四川、江苏、黑龙江。在 2003~2018 年，农业总产值年均增长率较快的是贵州、黑龙江、青海等（图 2-11）。区域差异对比来看，从东部、中部、西部、东北地区可见，东部地区农业总产值要高于西部、中部、东北部地区。从 2005~2015 年农业总产值来看，南方地区要高于北方地区（图 2-12）。2005 年、2010 年、2015 年的差值分别为 456.7 亿元、912.5 亿元、1825.8 亿元。由此可见，南北差距是逐渐扩大的。

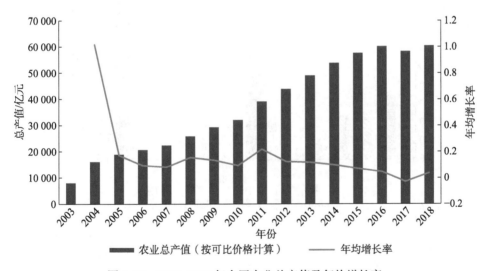

图 2-10　2003~2018 年全国农业总产值及年均增长率

3. 林业布局概况

林业总产值处于逐年上升趋势（图 2-13）。从农林牧渔业分项来看，林业产值（按可比价格计算）到 2018 年为 5305.4 亿元。2018 年，全国林业总产值排名前五名的为云南、广东、广西、湖南、四川。从增长速度来看，在 2002~2018 年，

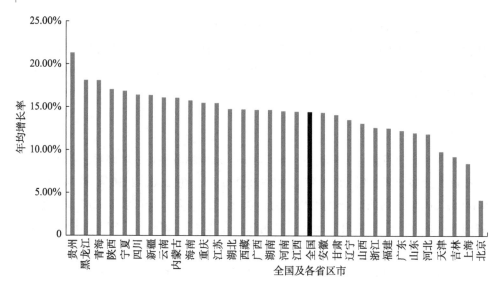

图 2-11　2003~2018 年全国及各省区市农业总产值的年均增长率

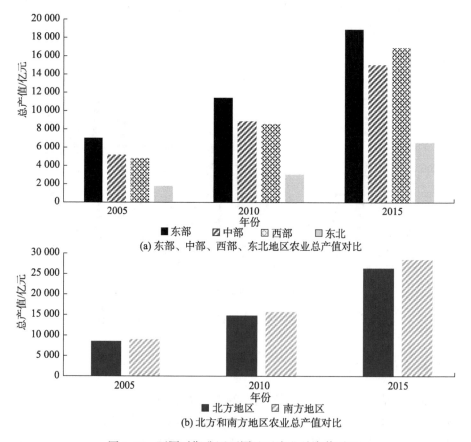

图 2-12　不同时期我国不同地区农业总产值对比

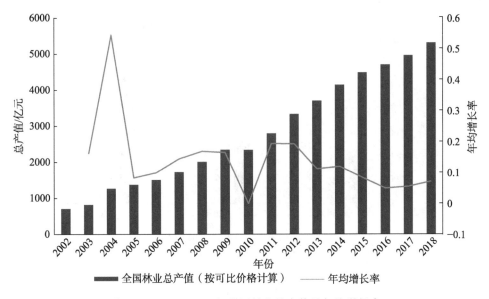

图 2-13 2002~2018 年全国林业总产值及年均增长率

林业总产值年均增长率排名前五名的省区市是贵州、天津、北京、黑龙江、广西（图 2-14）。区域差异对比来看，从 2015 年的数据可见，中部地区林业总产值要高于东部、西部、东北地区。从 2005~2015 年的林业总产值来看，南方地区要高于北方地区（图 2-15）。2005 年、2010 年、2015 年的差值分别为 456.7 亿元、912.5 亿元、1825.8 亿元。由此可见，南北差距是逐渐扩大的。

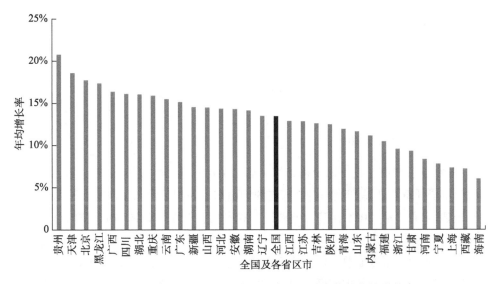

图 2-14 2002~2018 年全国及各省区市林业总产值的年均增长率

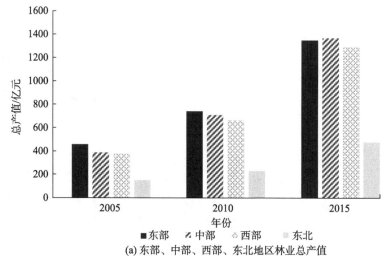

(a) 东部、中部、西部、东北地区林业总产值

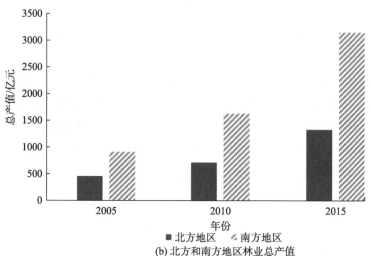

(b) 北方和南方地区林业总产值

图 2-15　不同时期我国不同地区林业总产值对比

4. 畜牧业布局概况

畜牧业总产值（按可比价格计算）到 2018 年为 29 853.2 亿元（图 2-16）。2018 年全国畜牧业总产值排名前五名的为山东、四川、河南、河北、黑龙江。从增长速度来看，从 2001 年到 2018 年，畜牧业年均增长率排名前五位的是贵州、黑龙江、青海、云南、新疆（图 2-17）。从区域差异对比来看，从 2015 年的数据可见，西部地区畜牧业总产值要高于东部、中部、东北地区，而在 2005 年和 2010 年时，东部地区高于其他地区（图 2-18）。畜牧业总产值北方地区逐渐超过南方地

区（图 2-18）。在 2005 年，南方地区畜牧业总产值比北方地区高 328.7 亿元，而
到了 2010 年，北方地区逐渐超过南方地区，在 2010 年和 2015 年分别超过 13.4 亿
元和 1065.2 亿元。

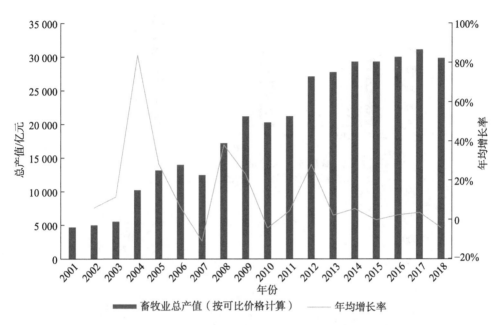

图 2-16　2001~2018 年全国畜牧业总产值及年均增长率

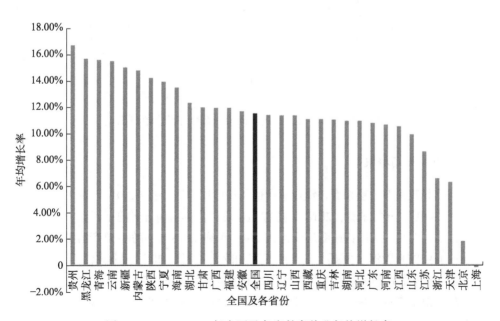

图 2-17　2001~2018 年全国及各省份畜牧业年均增长率

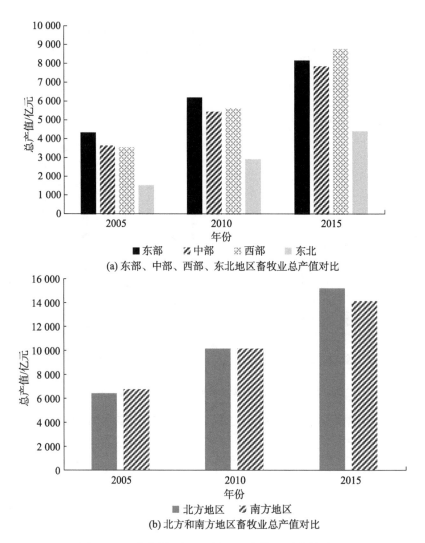

(a) 东部、中部、西部、东北地区畜牧业总产值对比

(b) 北方和南方地区畜牧业总产值对比

图 2-18   不同时期我国不同地区畜牧业总产值对比

5. 渔业布局概况

从农林牧渔业分项来看，渔业总产值（按可比价格计算）2018 年为 11 889.9 亿元（图 2-19）。分省来看，2018 年各省渔业总产值排名前五名的有江苏、山东、广东、福建、湖北。从增长速度来看，从 2001 年到 2018 年，渔业总产值年均增长率排在前五位的是青海、西藏、贵州、云南和陕西（图 2-20）。从区域差异对比来看，东部地区渔业总产值要远高于中部、西部和东北地区（图 2-21）。在 2005~2015 年，渔业总产值南方地区要高于北方地区，但北方地区年均增长率（11.56%）略高于南方地区（10.56%）。

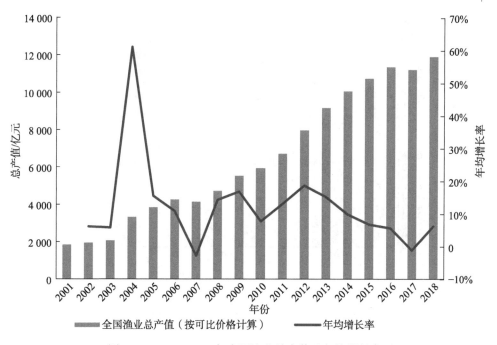

图 2-19　2001~2018 年全国渔业总产值及年均增长率

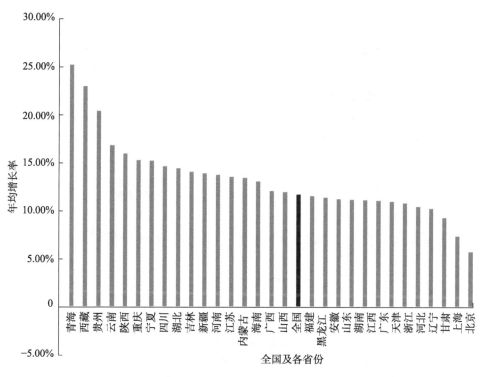

图 2-20　2001~2018 年全国及各省份渔业年均增长率

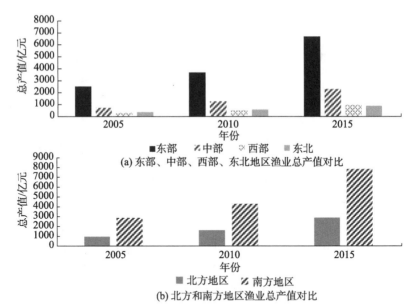

(a) 东部、中部、西部、东北地区渔业总产值对比

(b) 北方和南方地区渔业总产值对比

图 2-21　不同时期我国不同地区渔业总产值对比

2.3.2　工业布局现状

1. 工业发展总体概况

新中国成立以来我国逐渐成为世界第一大工业制造国。1952~2019 年，中国国内生产总值从 679.1 亿元增长到 990 865 亿元，按不变价格计算年均增长率为 11.49%。工业增加值从 120 亿元增长到 317 109 亿元，按不变价格计算年均增长率为 12.48%。工业是各行业门类中增长最快的部门。从工业产值的增速变化来看，我国的工业发展历程可大致分为四个阶段，如图 2-22 所示。

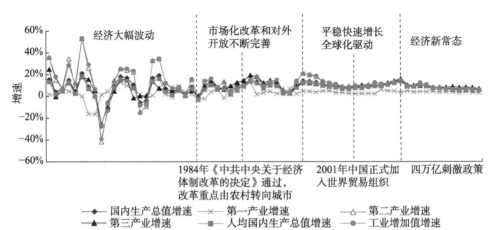

图 2-22　1952~2019 年我国工业增长趋势变化情况

从全社会固定资产投资情况来看，工业全社会固定资产投资极大地推动了我国工业和经济发展，但近年来推动作用有所下降。2003~2017 年，工业全社会固定资产投资从 20 427.12 亿元增加到 232 725.65 亿元亿元，增长 10.39 倍，年均增长 18.98%（按不变价计算），高于同期国内生产总值和工业增加值年均增长率，但增长率呈逐年下降趋势。工业全社会固定资产投资占全社会固定资产投资的比例先升后降（图 2-23），于 2010 年达到 45.8% 的顶点，之后逐渐进入下行周期；15 年间工业投资平均占比为 40.9%，其中制造业平均占比为 31.5%，高出第二位的房地产业 7.38%。从工业分行业投资来看（图 2-24），制造业投资是工业投资的主体且占比稳步提升，由 2003 年的 71.91% 增长至 2017 年的 83.24%，占比逐渐下降的部门包括采矿业与电力、燃气及水的生产和供应业；制造业部门增长最快，年均增长 17.39%，采矿业与电力、燃气及水的生产和供应业分别为 9.82% 和 12.77%（按不变价计算），其中采矿业 2014 年之后增长率由正转负，受政策影响增速波动较大的是电力、燃气及水的生产和供应业。

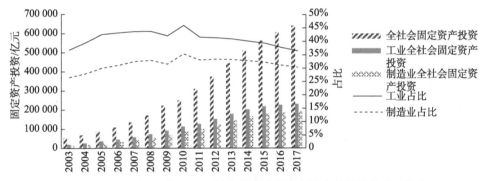

图 2-23　2003~2017 年工业、制造业全社会固定资产投资及其占全社会固定资产投资份额变化情况

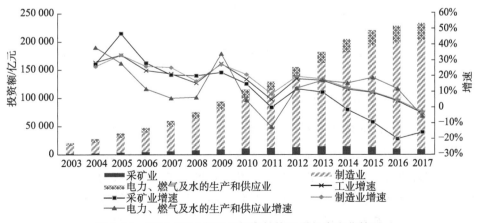

图 2-24　2003~2017 年工业投资结构及增长率变化情况

从工业企业的发展来看，1978~2018 年，我国工业企业数量大幅增加。1978~1995 年，我国工业企业数量稳中有升，但亏损企业占比总体上升，至 1997 年有 20.72% 的企业处于亏损状态，而利润率（利润总额、主营业务收入）由 16% 持续下降至 2.3%，企业经营状态持续恶化。面对工业企业大面积亏损、资源错配的国内环境，外加 1997 年亚洲金融危机对我国出口产生的直接压力，我国于 1998 年推出一系列国有企业改革措施，通过调整产业结构和其他行政手段的方式进行了改革。1998~2001 年，亏损企业占比显著下降，整体利润率也有明显回升。2001 年中国加入世界贸易组织，正式步入全球化时代，之后中国工业企业的营业收入迅速提升，企业规模快速扩大，亏损企业占比整体呈下降趋势，而利润率相对稳定，保持在 6% 左右。2014 年之后，中国经济进入新常态，经济下行压力有所增大，工业企业的主营业务收入受国内外环境影响有所下降，而亏损企业占比和企业利润率尚保持相对稳定（图 2-25）。

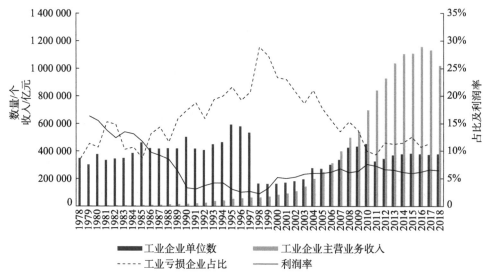

图 2-25　1978~2018 年（规模以上）工业企业数量及经济指标变化情况

2. 区域工业布局演化历程

我国的工业区域布局经历了"沿海—内地""两个大局""四大板块""三个支撑带"的演变历程。以中国加入世界贸易组织为契机，中国依托出口驱动融入全球化，在环渤海、长江三角洲和珠江三角洲地区形成了世界级的制造业中心，区域性产业集聚基本形成。同时为缩小区域差距，我国开始实施区域协调发展战略、长江经济带发展战略和京津冀协同发展战略，以及"一带一路"倡议，区域间产业转移趋势不断加强，区域产业的专业化水平持续提升。在这期间，广东、江苏、山东三省仍保持工业产值上的领先优势，并于 2005 年前后率先突破万亿产值大关，到 2017 年已经增长至 3 万亿元左右；从增长率来看，2000~2017 年，陕西、江西、贵州、宁夏等中西部省区保持较快的工业增长率，中国工业产业开始呈现由沿海发达地区向沿海欠发达地区和中西部地区扩散的趋势（图 2-26），郑州、合肥、西安等中西部省会城市正发展成为新的重要工业中心。

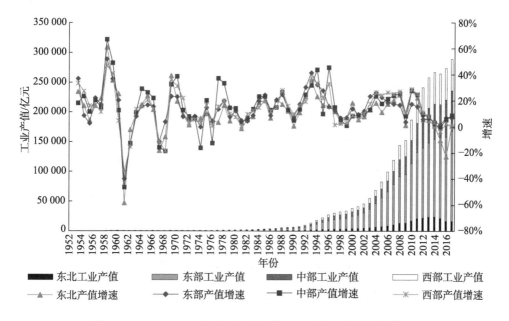

图 2-26　1952~2017 年我国四大板块工业产值及增速变化情况

我国的工业空间布局呈现出明显的"分散—集聚"往复式变化的特征。为进一步考察我国工业空间布局的特征及其变化，本书计算了 1978~2017 年[①]省区市层面工业增加值的空间基尼系数、泰尔指数、赫芬达尔指数等集聚性测度指标（图 2-27）。1978 年以来，我国工业经历了几次较为明显的空间重构过程，表现为明显的"分散—集聚—再分散—再集聚"的阶段性变化特征。1978~1989 年，赫芬达尔指数相对稳定，泰尔指数呈波动状态，但整体也相对稳定，而空间基尼系数出现明显的下降趋势，表明我国工业产值整体集聚水平有所降低；1990~2005 年，泰尔指数由 0.3905 逐渐上升至 0.4960，增幅明显，赫芬达尔指数也有一定程度的上升，而空间基尼系数在 1990~1997 年经历一定程度的下降后，在 1998~2004 年也呈现大幅上升趋势，由 0.127 激增至 0.160，增幅约 26%，表明在这期间我国工业空间

---

① 鉴于 1978 年之前的数据存在缺失，本书从 1978 年开始计算。

分布呈现出显著的集聚趋势；2004~2009 年以后，我国工业空间集聚程度开始缓慢下降，三大指数均呈现下降趋势，中西部地区正在承接沿海地区的劳动密集型产业和资源密集型产业（表 2-7）；空间基尼系数和泰尔指数分别于 2009 年和 2011 年呈现出上升的趋势，区域发展差距可能会由于新的集聚进一步拉大。

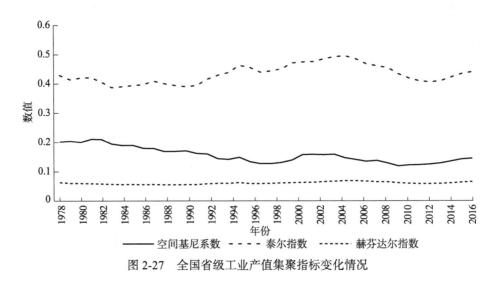

图 2-27 全国省级工业产值集聚指标变化情况

表 2-7 2018 年全国主要工业产品产量排名

主要工业产品大类	主要工业产品	第一名	第二名	第三名	第四名	第五名	第六名
纺织品	布	浙江	江苏	福建	山东	湖北	广东
	化学纤维	浙江	江苏	福建	四川	新疆	河北
	纱	山东	河南	江苏	福建	湖北	浙江
日用品	成品糖	广西	云南	广东	新疆	内蒙古	河北
	机制纸及纸板	广东	山东	浙江	江苏	福建	河南
	卷烟产量	云南	湖南	河南	广东	湖北	山东
	啤酒产量	山东	广东	河南	浙江	四川	辽宁
	原盐产量	山东	江苏	四川	湖北	河南	湖南
家用电器	彩色电视机产量	广东	安徽	山东	江苏	四川	福建
	房间空气调节器产量	广东	安徽	重庆	湖北	浙江	河南
	家用电冰箱产量	安徽	广东	江苏	山东	浙江	湖北
	家用洗衣机产量	安徽	江苏	浙江	广东	山东	重庆
生产资料	粗钢产量	河北	江苏	山东	辽宁	山西	安徽
	发电量	山东	江苏	内蒙古	广东	四川	浙江
	钢材产量	河北	江苏	山东	辽宁	山西	天津

续表

主要工业产品大类	主要工业产品	第一名	第二名	第三名	第四名	第五名	第六名
生产资料	焦炭产量	山西	河北	山东	陕西	内蒙古	河南
	平板玻璃产量	河北	广东	湖北	山东	四川	福建
	钢材产量	河北	江苏	山东	辽宁	山西	天津
	生铁产量	河北	江苏	山东	辽宁	山西	湖北
	水泥产量	广东	江苏	四川	安徽	山东	浙江
	天然气产量	山西	四川	新疆	广东	青海	重庆
	原煤产量	内蒙古	山西	陕西	新疆	贵州	山东
	原油产量	陕西	黑龙江	天津	新疆	山东	广东
机车电器	大中型拖拉机产量	山东	河南	江苏	云南	浙江	天津
	发电机组产量	上海	四川	黑龙江	江苏	浙江	山东
	集成电路产量	江苏	甘肃	广东	上海	北京	四川
	金属切削机床产量	浙江	江苏	山东	辽宁	广东	安徽
	汽车产量	广东	上海	吉林	湖北	广西	重庆
化工肥料	初级形态的塑料产量	江苏	浙江	山东	内蒙古	新疆	广东
	纯碱（碳酸钠）产量	山东	江苏	青海	河南	河北	四川
	化学农药原药产量	江苏	浙江	四川	湖北	山东	河南
	硫酸（折100%）产量	云南	湖北	贵州	安徽	山东	四川
	农用氮、磷、钾化肥产量	湖北	贵州	青海	河南	山东	内蒙古
	烧碱（折100%）产量	山东	江苏	内蒙古	新疆	浙江	河南
	乙烯产量	广东	辽宁	上海	江苏	天津	新疆
电子类	微型计算机设备产量	重庆	江苏	四川	广东	安徽	上海
	移动通信手持机产量	广东	河南	重庆	四川	北京	浙江

2.3.3　第三产业布局现状概述

1. 信息传输、计算机服务和软件业

大城市的第三产业比重远高于非大城市的比重。信息传输、计算机服务和软件业呈现集中分布趋势。2018 年主要集中在北京、上海、成都、深圳、广州、南京、杭州、西安、武汉、济南等地，这些城市占全国该行业就业人口的比例约为 60%（图 2-28），而 2008 年前十名的城市占比仅为 38.8%。北京由 2008 年的 21.58% 下降到 2018 年的 19.04%，而成都、上海、南京、深圳上升较快，分别上升了 6.69 个百分点、4.42 个百分点、3.49 个百分点、3.3 个百分点。

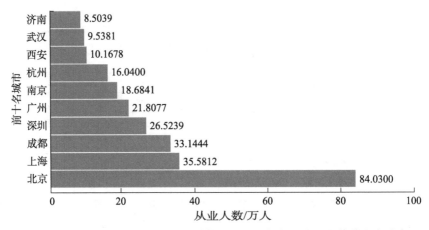

图 2-28 2018 年我国信息传输、计算机服务和软件业从业人数前十名城市

2. 批发零售贸易业

2018 年批发零售贸易业从业人员主要集中在成都、上海、北京、广州、深圳、六安,前二十名的地区主要集中在长江经济带和京津、广深地区(图 2-29),大多集中在大城市地区。与 2008 年相比,成都、上海、六安、攀枝花、广州、襄阳占比上升较快(图 2-30)。

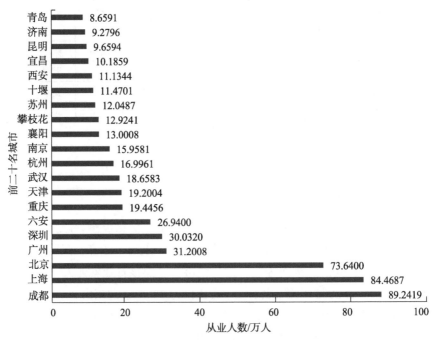

图 2-29 2018 年我国批发零售贸易业从业人数前二十名城市

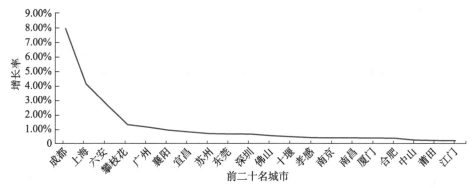

图 2-30　2018 年我国批发零售贸易业从业人员比例增长率前二十名城市

3. 租赁和商业服务业

2018 年租赁和商业服务业从业人员集中在北京、上海、成都、深圳、广州、重庆等地（图 2-31），与 2008 年相比，成都、上海、深圳、东莞、重庆和广州占比上升较快（图 2-32）。

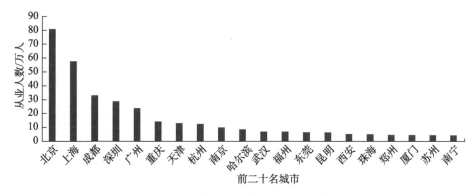

图 2-31　2018 年我国租赁和商业服务业从业人员前二十名城市

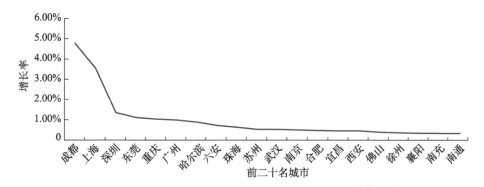

图 2-32　2018 年我国租赁和商业服务业从业人员比例增长率前二十名城市

4. 科研、技术服务和地质勘查业

在 2018 年，科研、技术服务和地质勘查业从业人员主要集中在北京、上海、成都、广州、深圳、西安、天津，与 2008 年相比，从业人员占比增长较快的地区包括成都、深圳、北京、广州等（图 2-33、图 2-34）。

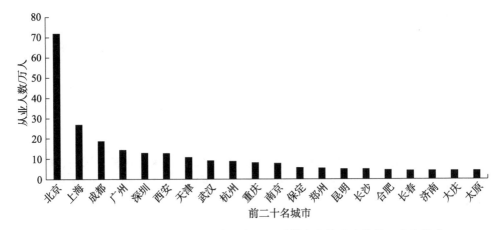

图 2-33　2018 年我国科研、技术服务和地质勘查业从业人数前二十名城市

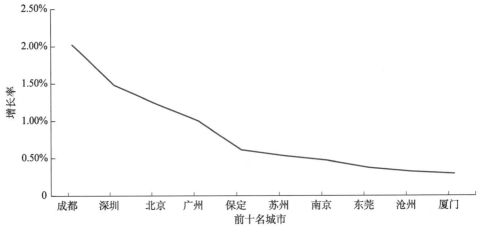

图 2-34　2018 年我国科研、技术服务和地质勘查业从业人员比例增长率前十名城市

5. 居民服务和其他服务业

2018 年，从就业人数来看，居民服务和其他服务业从业人员主要集中在成都、北京、上海、天津，与 2008 年相比，占比上升较快的地区主要在成都，上升26.62%（表 2-8、表 2-9）。

表 2-8　2018 年我国第三产业中不同行业从业人员前二十名城市

行业类型	城市
居民服务和其他服务业	成都、北京、上海、天津、广州、深圳、大庆、厦门、重庆、杭州、昆明、哈尔滨、西安、东莞、孝感、朝阳、十堰、长春、苏州、襄阳
房地产业	北京、上海、深圳、广州、成都、重庆、杭州、天津、武汉、南京、西安、苏州、郑州、厦门、昆明、海口、福州、长沙、佛山、珠海
交通仓储邮电业	北京、上海、成都、广州、深圳、重庆、西安、六安、天津、南京、太原、乌鲁木齐、武汉、昆明、兰州、沈阳、青岛、杭州、合肥、哈尔滨
文化体育和娱乐业	北京、成都、上海、广州、武汉、重庆、南京、深圳、西安、杭州、郑州、天津、长沙、六安、长春、石家庄、福州、济南、哈尔滨、太原

表 2-9　我国第三产业中不同行业从业人员占比增长前十名城市

行业类型	城市
居民服务和其他服务业	成都、东莞、朝阳、孝感、襄阳、保定、苏州、达州、昆明、湛江
房地产业	成都、苏州、广州、西安、南京、东莞、武汉、商丘、佛山、杭州
交通仓储邮电业	成都、六安、深圳、兰州、苏州、贵阳、乌鲁木齐、宜昌、合肥、郑州
文化体育和娱乐业	成都、六安、南京、攀枝花、武汉、北京、深圳、宜昌、上海、孝感

6. 房地产业

2018 年房地产业从业人员在北京、上海、深圳、广州、成都、重庆等大城市较多，与 2008 年相比，该行业从业人员在全国占比上升较快的地区有成都、苏州、广州和西安等（表 2-8、表 2-9）。

7. 交通仓储邮电业

交通仓储邮电业从业人员最多的是北京、上海、成都、广州、深圳、重庆，与 2008 年相比，该行业从业人员在全国占比上升较快的地区包括成都、六安、深圳、兰州、苏州、贵阳等（表 2-8、表 2-9）。

8. 文化体育和娱乐业

2018 年文化体育和娱乐业从业人员主要集中在北京、成都、上海、广州、武汉和重庆，与 2008 年相比，该行业从业人员在全国占比上升较快的地区有成都、六安、南京、攀枝花、武汉、北京等（表 2-8、表 2-9）。

9. 电力煤气及水生产供应业

电力煤气及水生产供应业在全国较为分散，在北方地区特别是东北和西北地区都有较大的优势，区位熵最高的城市为乌海、吴忠和乌兰察布。表 2-10 展示了我国电力煤气及水生产供应业城市区位熵分层情况。

表 2-10 我国电力煤气及水生产供应业城市区位熵分层情况

分类标准：区位熵	城市数量/个
≤1.72	74
1.72~2.43（含）	47
2.43~3.14（含）	17
3.14~3.85（含）	11
>3.85	3

10. 公共管理和社会组织业

公共管理和社会组织业分布范围较广，且区位熵比较高的地区主要为非大城市地区，区位熵较高的城市主要有乌兰察布、铜仁、张家界和贺州。表 2-11 展示了我国公共管理和社会组织业城市区位熵分层情况。

表 2-11 我国公共管理和社会组织业城市区位熵分层情况

分类标准：区位熵	城市数量/个
≤1.55	82
1.55~2.10（含）	74
2.10~2.65（含）	35
2.65~3.20（含）	14
>3.20	1

2.4 数字新要素与生产力布局

数字要素作为数字技术的重要载体，对布局的影响程度与所在区位相关联。依托于信息和通信技术迭代以及信息网络扩张，数字技术的普及减少了距离引致的经济摩擦，影响了经济活动的地理位置选择。数字技术减少了通信成本、运输成本和搜索成本三个相互关联的关键经济摩擦，而减少程度取决于本地偏好、替代品的可用性和补充品的可用性，因此数字技术对于经济活动的影响程度也呈现出区域差异。

2.4.1   数字技术的普及

在 20 世纪 90 年代中期，随着以互联网为代表的信息与通信技术的普及，大数据、数字技术附加功能影响效应增强，改变了各部门的经济活动，为个人和企业带来了巨大转变，并推动了一系列产业的重大重组。

1. 企业对信息与通信技术的采用

Forman 等（2005）的研究表明，技术采用的成本和总收益在不同的地理位置之间可能有很大的差异。例如，数字的最高价值用户可能居住在农村地区和小城市，因为互联网等数字技术有可能降低经济孤立的成本。然而，由于缺乏关键的补充投入，如宽带服务、熟练劳动力和第三方服务，这些地区的数字技术成本也可能最高。对于需要广泛适用和共同开发才能成功使用的先进技术而言，其效益是使用规模的增加。同理，2000 年前后，企业净效益的提升依赖于互联网等数字技术的应用所带来的经济孤立成本的降低，对于无法依赖信息技术技能和其他可能存在于组织中的补充投入、外部市场等资源来促进新信息技术实施的小型、单一企业来说尤其如此。因此，在城市地区，互联网带动的前沿服务的净效益往往更高。

随着数字技术的发展，企业被拆分成不同功能的组合，如总部和生产工厂，并依据功能分布在不同的地理区位中，以便从不同地点特有的属性中获得更大的收益。当空间分离的总部和工厂之间的通信成本很高时，企业仍然保持整合，而当通信成本足够低时，Duranton 和 Puga（2005）表明，总部集中在少数几个大城市，在那里它们的业务主要是企业对企业层面的，而生产工厂则位于专业化和较小的城市，因此城市之间的分工，完成了从业部门专业化到职能专业化的转移。

企业集聚的机制可以分为以下三类：共享、匹配和学习（Duranton and Puga，2004）。它们的共同特点是促进总的生产函数呈现增长的趋势。共享主要是指提供有助于提高企业生产率的地区共享物的机制，如通过信息和通信技术共享的数据以及各种运输基础设施。匹配意味着在拥有不同类型的工人和多样化的客户的市场中，更好地匹配工人、客户与企业，这样可以让员工更专注于他们的核心任务（Kok，2014），企业可以更好地提供服务。尽管由于信息和通信技术的发展，数据的传播变得更加方便，一旦研究产生了新的发现，它们就可以免费、快速地在世界范围内传播。但是，当涉及知识的创造和获取时，邻近效应重新出现（Glaeser，1999；Leamer and Storper，2001）。

2. 个人对信息与通信技术的采用

各种研究表明，在城市和农村（以及小城市）地区，个人互联网采用的程度存在差异（Agarwal et al.，2009）。许多城乡差异似乎是其他因素造成的，如收入、年龄和受教育程度等（Hindman，2000；Mills and Whitacre，2003），这些因素可能与地理位置有关，即使在控制了这些人口统计因素之后，位置特征也可能起着独立的作用，因为数字技术相关因素的可用性存在差异。比如，由于技术平台的不断改进、激烈的竞争等，宽带供应商的供应差异一直存在（Grubesic，2012）。

溢出效应也可能影响个人对互联网技术的采用。例如，Agarwal 等（2009）表明，在同一区域的用户中，采用率是相关的。他们的研究结果有力支持了网络效应的存在，特别是在那些居住密度高的地区和那些处于密集的社会互动网络中的地区。他们还发现了与互联网使用相关的溢出效应影响了个人电脑的采用的证据。Goldfarb（2006）通过对教育水平与互联网使用关系的研究，发现当地溢出效应影响了个人对互联网的采用，即在 20 世纪 90 年代中期上大学的人（和与他们一起生活的人）比其他人高得多。

2.4.2 数字要素与布局

1. 数字要素与地理距离

数字要素对于区位的影响中最常被讨论的模型是 Cairncross（1997）的《距离之死》和 Friedman （2005）的《世界是平的：21 世纪简史》(*The World Is Flat: A Brief Histong of the Twenty-first Century*)所推广的"距离之死"模型。该模型假设互联网是其他通信、运输（或分销）和搜索技术的替代品。因此，电子通信意味着将减少对线下通信渠道（尤其是面对面）的依赖，代之以数字通信。同样，互联网分销取代了货物的实物运输，互联网搜索取代了实物搜索。模型的一个关键含义是，随着互联网的扩散，城市变得不那么重要，与城市内低通信、交通和搜索成本相关的集聚效益的相对价值下降。但是这个模型的一个隐含假设是，所有类型的通信、运输和搜索都将平等地降低使用电子化渠道的成本，且没有强调在某些类型的通信中一个渠道可能比其他渠道享有的比较优势，但在现实中，不同类型的通信的一些属性可能比其他属性更容易获得数字化收益（Brown and Goolsbee，2002）。在运输中，一些货物运用数字化可能不会带来更好的收益（Lal and Sarvary，1999）。即使在交流中，大量文献也显示了面对面交流相对于其他交流形式的独特优势，特别是在交流某种隐性或黏性知识方面（von Hippel，1998）。例如，虽然数字技术可能是协调正在进行的项目和合作的有效手段，但作为建立新的伙伴关系或合作关系的手段，它可能不那么有效（Gaspar and Glaeser，1998；Charlot and Duranton，2006；Glaeser and Ponzetto，2010）。

2. 数字要素与收入差距

数字要素的配置形态、方式和效率影响了传统经济增长模式，对区域间收入差距产生了影响。支持区域间收入趋同的观点强调了数据的传播会导致人口较少和经济孤立地区的就业增长及工资增长。通过信息与通信技术的发展，数字技术对不富裕地区的经济增长贡献最大。持反对观点的学者则强调了数据将为那些拥有高技能人口的大城市和高收入人口的地区带来更多的收益，即数据集聚地区同时也是经济优势地区，数字要素集聚会强化原本的经济虹吸效应，拉大区域间收入差距。由于外部性，大城市的数字技术投资回报可能更高。此外，偏向技能的技术变革理论表明，数字技术投资与熟练劳动力是互补的（Autor et al., 2003），这在城市中更为显著。此外，数字技术投资的生产率收益已被证明对于具有长期数字技术资本投资的信息技术密集型产业来说通常是更高的（Jorgenson et al., 2005）。信息技术密集型企业的数字技术投资对生产力的积极效应在大城市表现得更为突出（Henderson，2003），可见数字带来的产业集聚整体上加剧了收入的不平等。

形式理论为数字技术通过改变传播模式重塑生产力布局提供了一些见解。例如，Gaspar 和 Glaeser（1998）提出了一个模型和一些经验证据，表明尽管数字技术支持的通信可以取代一些面对面的互动，但是增加了对面对面互动的需求，而这种互动不容易通过电子方式进行。这使城市地区对于一些想法复杂且难以进行电子交流的行业或活动更有吸引力，较低的数字通信成本可能会使一些传统的制造行业迁出城市。涉及复杂知识频繁交流，进而产生创新想法的行业可能继续依赖于城市中面对面的互动而持续聚集（Glaeser and Ponzetto，2010）。类似的行业层面差异已经被用来解释像纽约和旧金山这样的创新产业高度集中的城市复苏，以及底特律和克利夫兰等传统制造中心的衰败现象，因此出现了越来越多的单位组织和按功能区划分的专业化城市（Duranton and Puga，2005）。总体而言，有证据表明，数字技术对大城市的积极影响远大于小城市和农村地区。

2.4.3　数字要素与创新活动

较低的信息通信成本可以影响创新的生产率，并影响创新的本地化。创新活动是地方性的（Jaffe et al.，1993），有一个重要的公共政策问题，即通信成本的下降在多大程度上能够实现地理上更加分散的创新。如果与生产的地理集聚相比，数据的扩散对创新的地理集聚有不同的影响，这表明价值链的地理集聚在很长一段时间内会发生重要变化。

数字技术并未加强创新活动的地理集聚。对以合作方式进行研究的科研活动开展时间序列趋势分析后发现，随着时间的推移，合著率在各种各样的领域都有所上升，合著跨越了大学及地理的界限。虽然研究发现合著率有所上升，但研究合作越来越趋向分割或"巴尔干化"。例如，研究人员倾向与有相似偏好的人合作，同时数字技术降低了远距离合作的成本，那么数字技术的扩散将导致社区的"巴尔干化"，即远距离合作的成本下降可能加剧了群体内分离。数字通信和研究合作的兴起之间存在直接的经验联系。Agrawal 和 Goldfarb（2008）研究了BITNET（Because It's Time Network，用于电子的非商业性交流信息以支持研究和教育）的采用如何影响美国大学之间合作的可能性。结果表明，BITNET 不成比例地增加了顶级和中级大学之间的合作，尤其是并列的大学之间的合作。同时，企业研发人员合作关系的加强也与企业对数字技术的投资有关。Forman 和 van Zeebroeck（2012）在研究企业创新活动的过程中，证明了数字技术的采用显著地增加了同一公司中地理位置分散的研究人员之间的研究合作可能性，但对在同一位置的研究人员之间的合作作用不明显。

2.4.4 数字要素与消费者行为

电子商务可以通过更低的价格、更低的搜索成本、更多的产品选择以及更好的便利性使消费者受益。这些好处对于小市场的消费者来说可能特别显著，在小市场中，零售商的数量可能很少，具有特殊偏好或少数偏好的消费者可能享受不到充分的服务。此外，偏好相对不寻常的消费者可能会更加受益，即使他们生活在人口稠密的地区。

数字技术降低了各种消费品的分销成本。首先，可数字化的商品主要依赖于前期的数字基础设施投入，后期边际成本很小。电子音乐、书籍、视频和其他基于数据的商品也受益于接近零的分销成本，可以快速、大量地远距离交易。其次，对于无法数字化的物品，供需双方通过线上渠道直接、快速地沟通也减少了交易的搜索成本。数字技术带来的成本的下降可能会改善经济孤立的消费者的福利。Balasubramanian（1998）在他的商品市场消费者渠道选择模型中构建了消费者在网上购买的固定无用成本（如运输时间或无法实际查看产品特征而产生的不方便成本）和网上购买的运输成本（除了两个渠道之间的价格差异之外）之间的权衡关系。

更低的网上分销成本也使得产品选择范围更广，地理位置偏远的客户福利改善明显。在线零售商有潜力提供比任何实体店都多的产品选择和新的搜索工具，这使寻找利基产品变得更加容易。购买这种利基或长尾产品的消费者倾向于在线渠道，并对本地线下供应不敏感。网上提供线下产品的信息可能导致平均价格降低或价格差异减小，从而改善消费者的线下购买选择。例如，由于电子商务在汽车批发拍卖领域的普及，地理分散的拍卖网站出现了价格趋同现象，同时买家也越来越多地从使用高价拍卖网站转向了使用低价拍卖网站，因为他们可以更容易地观察其他地点的价格。伴随小规模企业的退出，来自在线渠道的竞争也将旅行社、书店和新车经销商等线下行业的市场份额从低端生产者转向高端生产者。

消费者虽然通过数字要素降低了经济孤立的成本，但是也呈现了显著的位置消费偏好。消费者更有可能访问那些和自己地理位置接近的公司所管理的网站，主要是因为这些网站涵盖了更多的本地内容，以及消费者消费偏好呈现地区趋同。消费者可以自行选择适合自己喜好的网站，对于音乐、游戏等依赖个人喜好的数字产品来说尤其如此。除了通信、分发和搜索成本的降低之外，不同区域对数字要素的监管政策也影响了消费者行为。例如，在销售税较高的地方，互联网购买量较高（Einav et al.，2014）。在限制线下广告的地方，互联网广告更昂贵、更有效（Goldfarb and Tucker，2011）。版权会增加国际发行的成本。此外，各地对互联网的监管也各不相同。例如，隐私监管和网络中立监管因国家而异。

2.4.5 数字要素与全球化

数字技术投资通过降低协调成本，促进了经济活动的全球化。Freund 和 Weinhold（2002，2004）通过研究数字技术投资与商品和服务贸易之间的联系，发现网络主机的增加与商品出口的增加和服务出口的更大攀升有关。由于搜索和通信成本降低，服务贸易相较商品贸易增幅更大。

Fort（2017）发现，在生产规范最常以电子格式正式确定的行业中，数字技术投资导致生产的分散。与国外采购相比，电子通信降低了国内生产分散的协调成本。国家层面的数字技术采用也与南北纵向兼并相关，特别是对于常规性低的行业。这可能意味着数字技术投资将促进对远程企业的监控。Blinder（2006）认为，随着时间的推移，可数字贸易的产品的种类与方式一直在稳步增加。数字技术已经改变了远距离交付的服务功能。虽然许多商品和工作形式在当下仍然是不可远距离交付的，但是数字技术投资正在增加交易跨越遥远距离和国家边界的潜力。

第 ❬3❭ 章

生产力布局对国家战略的落实与支撑研究

3.1　我国的生产力布局政策

3.1.1　生产力布局政策呈现出重大区域发展战略齐驱并进、共性与差异性并存的特征

随着中国经济发展进入了新常态，国家开始针对重点区域制定一系列的发展战略，对中国区域经济提出了更加精准的政策措施，逐步推动形成优势互补、高质量发展的区域经济布局。国家先后出台了一系列重大区域发展战略，大力解决流域生态环境恶化和区域发展不平衡等长期性、战略性问题，也提出对京津冀、长江三角洲、粤港澳大湾区等重点区域进行协同发展、一体化发展，并研究打造成渝地区双城经济圈等重要增长极。从宏观层面，针对各地区的发展实际和主要问题制定有针对性的、差异化的宏观区域政策。过去在划分区域单元时更强调地理性，而现在区域经济发展政策越来越集中于以区域经济联系为主，从跨行政边界等更宏观层面来考虑区域经济的要素禀赋和资源配置等问题。在政策实施上，中央先后批准成立京津冀协同发展、长江经济带、粤港澳大湾区、海南全面深化改革开放、长江三角洲区域一体化等多个领导小组，领导小组组长由中央领导同志担任，并在国家发展和改革委员会设立领导小组办公室，承担日常工作。这些都从国家组织层面保证了规划和政策的落实。在政策制定上，更加重视政策的组合应用，促进区域政策与产业、财税、社会政策等政策相衔接，将对口援助、财政转移支付、金融贷款等政策工具组合应用，并出台了一系列的相关配套政策和服务。同时，在区域政策目标上开始由缩小地区生产总值差距转向基本公共服务和基础设施的均等化，从行政管制转向提供公共服务，从主导投资转向维护市场秩序。

3.1.2　生产力布局政策倾向于将优势地区作为全国经济增长的动力源

2015 年《京津冀协同发展规划纲要》发布，标志着京津冀协同发展进入新阶

段。当前，京津冀地区已经建立了一系列的合作框架协议，在交通、生态、产业等领域率先实现合作发展，为成为中国北方地区重要的经济增长极和实现京津冀世界级城市群建设奠定了良好的发展基础。2019 年 12 月，中共中央、国务院印发了《长江三角洲区域一体化发展规划纲要》，指出"推动长三角一体化发展，增强长三角地区创新能力和竞争能力，提高经济集聚度、区域连接性和政策协同效率，对引领全国高质量发展、建设现代化经济体系意义重大"。粤港澳大湾区建设既是新时代推动形成全面开放新格局的新尝试，也是推动"一国两制"事业发展的新实践。2017 年 7 月，《深化粤港澳合作 推进大湾区建设框架协议》在香港签署，粤港澳大湾区的发展建设正式启动。2019 年 2 月，正式印发《粤港澳大湾区发展规划纲要》，粤港澳大湾区将成为中国对外开放程度更高、世界影响力更大、区域经济活力更强的世界级城市群。粤港澳大湾区将成为带动全球经济发展的重要增长极和引领技术变革的领头羊。2020 年中央财经委员会第六次会议决定大力推动成渝地区双城经济圈建设，并有了"两中心两地"的新定位，将成渝地区建设成为具有全国影响力的重要经济中心、科技创新中心、改革开放新高地、高品质生活宜居地，成渝地区双城经济圈将成为西部地区高质量发展的重要增长极。

3.1.3   生产力布局政策兼顾了高质量发展、绿色发展需求

在流域生态环境治理保护上，长江经济带确定了"共抓大保护、不搞大开发"的方针。2016 年印发的《长江经济带发展规划纲要》确定了长江经济带"一轴、两翼、三极、多点"的发展新格局。为支撑长江经济带发展，《长江中游城市群发展规划》《成渝城市群发展规划》《长江三角洲城市群发展规划》等规划也先后获得批复。2017 年印发的《长江经济带生态环境保护规划》提出努力把长江经济带建设成为水清地绿天蓝的绿色生态廊道和生态文明建设的先行示范带。2019 年 9 月，习近平在郑州主持召开黄河流域生态保护和高质量发展座谈会并发表重要讲话，提出"要坚持绿水青山就是金山银山的理念，坚持生态优先、绿色发展，以水而定、量水而行，因地制宜、分类施策，上下游、干支流、左右岸统筹谋划，共同抓好大保护，协同推进大治理，着力加强生态保护治理、保障黄河长治久安、促进全流域高质量发展、改善人民群众生活、保护传承弘扬黄河文化，让黄河成为造福人民的幸福河"[①]。

3.1.4   以区域经济一体化、财税改革实现区域协调发展

当前中国京津冀、长江经济带、珠江三角洲地区三大区域均已实现海关通关一体化，整体贸易便利度大大提升。2018 年 7 月，《长三角地区一体化发展三年行

---

① 《在黄河流域生态保护和高质量发展座谈会上的讲话》，http://www.qstheory.cn/dukan/qs/2019-10/15/c_1125102357.htm[2022-11-20]。

动计划（2018—2020 年）》正式印发，涵盖交通、能源等 12 个领域的一体化合作。同时，国家级新区、自由贸易试验区等的建设在提高区域经济发展的协调性中扮演着越来越重要的角色。通过财税制度改革推进地区基本公共服务均等化，财税制度改革的重要目标就是对中央政府和地方政府在财权与事权上进行重新调整，对地区间发展差距过大的公共服务实施必要的平衡和调节。2018 年《基本公共服务领域中央与地方共同财政事权和支出责任划分改革方案》出台，将义务教育、基本就业服务、基本养老保险、基本医疗保障等 8 大类共计 18 个事项纳入中央与地方共同财政事权范围，并规范指出责任分担方式，标志着财政事权和支出责任划分取得了新的重大进展，有利于提高基本公共服务均等化水平。在健全利益补偿机制方面，中国生态保护补偿方面的顶层制度设计《关于健全生态保护补偿机制的意见》于 2016 年发布，要求到 2020 年基本建立符合我国国情的生态保护补偿制度体系，促进形成绿色生产方式和生活方式。可以预见在财税改革不断推进的基础上，中央政府和各个地方政府将更有力地促进区域经济协调发展的实现。

3.1.5 区域发展过程中缺乏生态环境的协同治理

在区域产业转移过程中，中西部产业承接地区为了促进区域经济发展，承担了发展所带来的能源耗竭与生态环境破坏，而中西部地区的一些省份多处于流域上游地区，这就容易造成流域跨界污染，导致下游地区的生态环境问题。各区域在治理环境的过程中缺乏协同治理，导致环境问题的处理仍被局限在当地解决，生态治理政策的效果有限，造成了资源的浪费。为此，区域政策的制定仍需要加强区域协同治理。

3.1.6 体制改革仍需继续深化，区域政策实施单元和责任主体有待细化

虽然区域发展战略规划纲要以及各地实施方案陆续出台，但相应的资金、配套政策、利益协调机制、立法保障等还有待完善和健全。同时，由于行政壁垒尚未完全破除，不同的地方标准和准入门槛等也不利于统一市场的形成。此外，跨区域协调机制还不健全，区域之间基础设施共享共建、生态补偿协调机制等都在探索之中，体制改革的道路依然漫长。中国区域政策的空间层次界定过于宽泛、尺度过大，易导致政策的普惠性偏差，区域政策执行的责任主体不易明确，应当合理规划区域政策调控的空间尺度。为了更精准地解决区域发展问题，需要强化问题区域所在地方政府和更高一级地方政府履行主体责任，在责任主体权责明晰的情况下探索"共抓、共治、共管"，在政策制定上要探索建立较小空间尺度的调控方法，对各类型问题区域进行动态管理。

3.2 区域协调发展战略

新时代中国社会主要矛盾发生了深刻变化,即转变为人民日益增长的美好生活需要和不平衡不充分的发展之间的矛盾,要求强化实施区域协调发展战略,当前我国区域发展开始逐步进入高质量发展阶段,在理论创新的基础上不断探索总结高质量发展的实现路径。新形势下促进区域协调发展总的思路是:按照客观经济规律调整完善区域政策体系,发挥各地区比较优势,促进各类要素合理流动和高效集聚,增强创新发展动力,加快构建高质量发展的动力系统,增强中心城市和城市群等经济发展优势区域的经济和人口承载能力,增强其他地区在保障粮食安全、生态安全、边疆安全等方面的功能,形成优势互补、高质量发展的区域经济布局。

3.2.1 区域协调发展战略演变

区域协调发展战略的演变过程分为四个阶段,如图 3-1 所示,分别为不均衡发展阶段、低水平协调发展阶段、转型协调发展阶段和高水平协调发展阶段。

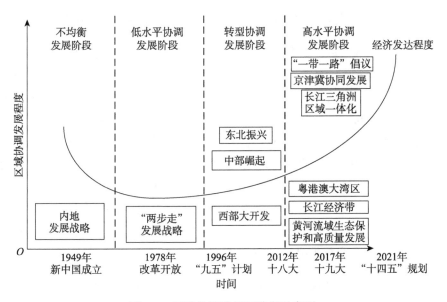

图 3-1 区域协调发展四阶段示意图

1. 从三线建设到战略调整的区域协调发展战略提出背景(1949~1994 年)

从新中国成立初期到 20 世纪 60 年代前期,我国主要实施的是以内地发展战略为核心的区域协调发展战略。由于当时的经济活动和人口多集中于沿海地区,区域协调战略有意识地把建设重点聚焦于内地。到了 20 世纪 60 年代,中国和苏联交恶以及美国在中国东南沿海展开攻势。自 1964 年起,在中国中西部地区的 13 个地区进行了一场以战备为指导思想的大规模国防、科技、工业和交通基本设施建设,即三线建设。三线建设把沿海地区的工业搬到一些山区,这是中国经济史上一次极大规模的工业迁移过程。三线建设的实施,为增强我国国防实力、改善生产力布局以及中国中西部地区工业化作出了极大贡献。但是三线地区社会经济落后,导致建设起来的企业单位在之后很长一段时期内的经营发展出现了困难。20 世纪 70 年代初期,中国恢复在联合国的合法席位。加之 1972 年尼克松总统访华,为中美建立外交关系奠定了基础。20 世纪 70 年代初期一直到改革开放前,我国实施的是战略调整策略,旨在纠正三线建设所产生的问题。

20 世纪 70 年代末期,中国实施以沿海发展战略为核心的改革开放。为推动中国经济快速发展,1978 年,改革开放启动,确立了我国"两步走"的区域发展战略:第一步是先集中发展沿海,内地支持沿海地区的发展;第二步是沿海发展起来之后,沿海地区再支援内地发展。20 世纪 80 年代前后,我国区域经济总体维持一种低水平的均衡状态。

2. 基于缩小区域差距的区域协调发展战略雏形(1995~2000 年)

为了缩小区域差距,提出区域协调发展战略。"两步走"区域发展战略实施后,东部地区利用全球产业的集中转移,发挥自身劳动力成本优势,顺应向沿海倾斜的区域发展战略,经济迅速发展,并在沿海地区形成了我国的制造业基地,进而形成了京津冀、长江三角洲和珠江三角洲这三大都市圈。中西部地区远离海洋,区位条件导致对外开放程度较低,经济发展滞后,逐步拉大了与东部地区的经济发展水平差距。1991~1995 年从"八五"计划开始,我国开始关注区域的协调发展。从"八五"计划到"十一五"规划,每一个计划或者规划都对区域协调发展给予了高度的重视。1995 年到 2000 年,是区域协调发展战略的提出阶段。1996 年 3 月,第八届全国人民代表大会第四次会议通过了《国民经济和社会发展"九五"计划和 2010 年远景目标纲要》,中央有意通过区域协调发展缩小区域差距。

3. 全国区域协调发展总体战略开始形成(2001~2011 年)

如图 3-2 所示,回顾整个区域协调发展战略事件史时间线,为了缩小区域差距实现全国区域协调发展,我国不同地区分别相继提出了地区发展战略,这成为区域协调发展战略的重要组成部分。1999 年中央决定实施西部大开发战略,我国的区域经济发展进入东部支援西部的新的时期。2003 年中央提出实施振兴东北老工业基地战略,核心是对东北等老工业基地进行技术改造,提升发展能力。2004 年中央开始实施中部崛起战略,中部地区以承接产业转移为核心,发展现代制造业。2004 年政府工作报告提出"要坚持推进西部大开发，振兴东北地区等老工业基地，促进中部地区崛起，鼓励东部地区加快发展，形成东中西互动、优势互补、相互促进、共同发展的新格局"①，标志着我国区域协调发展总体战略开始形成，全国进入区域协调发展的新阶段。

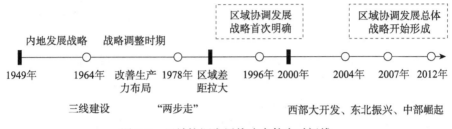

图 3-2　区域协调发展战略事件史时间线

2007 年党的十七大报告在区域发展总体战略基础上，补充了生态文明建设的内容，使经济与生态并列，主体功能区政策配合生态文明建设出台。在这一阶段，中西部地区经济发展开始加速，中西部地区的人均生产总值增长率逐步超过了东部地区。

4. 基于解决不平衡不充分的区域协调发展战略新机制（2012~2019 年）

2012 年党的十八大之后，国家继续深化落实区域协调发展总体战略，这一阶段区域协调发展战略的实施路径呈现出不同的特点。

第一，区域政策不断向更小政策单元方向完善，更加重视跨区域协调发展战略合作，区域协调发展战略逐步转向通过经济带带动区域协调发展的策略。2013年 9 月和 10 月，中国国家主席习近平在出访中亚和东南亚国家期间，先后提出共建"丝绸之路经济带"和"21 世纪海上丝绸之路"的重大倡议②。2015 年国家发展和改革委员会、外交部、商务部联合发布了《推动共建丝绸之路经济带和 21 世纪海上丝绸之路的愿景与行动》，推进"一带一路"建设既是中国扩大和深化对外开放的需要，也是加强和亚欧非及世界各国互利合作的需要②。2014 年 12 月，习近平总书记作出重要批示，强调长江通道是我国国土空间开发最重要的东西轴线，在区域发展总体格局中具有重要战略地位，建设长江经济带要坚持一盘棋思想，理顺体制机制，加强统筹协调，更好发挥长江黄金水道作用，为全国统筹发展提供新的支撑①。2014年2月，京津冀协同发展战略正式提出，核心是京津冀三地作为一个整体协同发展，要以疏解非首都核心功能、解决北京"大城市病"为基本出发点，调整优化城市布局和空间结构，构建现代化交通网络系统，扩大环境容量生态空间，推进产业升级转移，推动公共服务共建共享，加快市场一体化进程，打造现代化新型首都圈，努力形成京津冀目标同向、措施一体、优势互补、互利共赢的中国局部区域协同发展新格局。《中华人民共和国国民经济和社会发展第十三个五年规划纲要》明确提出以区域发展总体战略为基础，以"一带一路"建设、京津冀协同发展、长江经济带发展为引领，形成沿海沿江沿线经济带为主的纵向横向经济轴带，塑造要素有序自由流动、主体功能约束有效、基本公共服务均等、资源环境可承载的区域协调发展新格局。

第二，区域协调发展战略的战略顶层设计和落地实践工作逐步有机统一。2017年党的十九大报告提出"实施区域协调发展战略。加大力度支持革命老区、民族地区、边疆地区、贫困地区加快发展，强化举措推进西部大开发形成新格局，深化改革加快东北等老工业基地振兴，发挥优势推动中部地区崛起，创新引领率先实现东部地区优化发展，建立更加有效的区域协调发展新机制。以城市群为主体构建大中小城市和小城镇协调发展的城镇格局，加快农业转移人口市民化。以疏解北京非首都功能为'牛鼻子'推动京津冀协同发展，高起点规划、高标准建设雄安新区。以共抓大保护、不搞大开发为导向推动长江经济带发展。支持资源型地区经济转型发展。加快边疆发展，确保边疆巩固、边境安全。坚持陆海统筹，加快建设海洋强国"②。

第三，为了解决新时代社会主要矛盾中的"不平衡不充分"发展问题，2018年《中共中央 国务院关于建立更加有效的区域协调发展新机制的意见》指出，"实施区域协调发展战略是新时代国家重大战略之一，是贯彻新发展理念、建设现代化经济体系的重要组成部分"。区域协调发展事件史时间线，如图3-3所示。我国区域发展差距依然较大，区域分化现象逐渐显现，存在无序开发与恶性竞争等，区域发展不平衡不充分问题依然比较突出，区域发展机制还不完善，难以适应新时代实施区域协调发展战略的需要。为全面落实区域协调发展战略各项任务，促进区域协调发展向更高水平和更高质量迈进，需要建立更加有效的区域协调发展新机制。这一阶段，城市群在区域协调发展中的重要作用和平台在区域协调发展

---

① 《推动长江经济带发展领导小组办公室负责人就长江经济带发展有关问题答记者问》，http://www.gov.cn/xinwen/2016-09/11/content_5107449.htm[2022-11-20]。

② 《习近平：决胜全面建成小康社会　夺取新时代中国特色社会主义伟大胜利——在中国共产党第十九次全国代表大会上的报告》，http://www.gov.cn/zhuanti/2017-10/27/content_5234876.htm[2022-11-20]。

中的载体作用越发凸显，产业在区域协调发展中逐步实现跨越式发展。

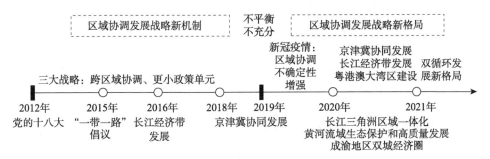

图 3-3　区域协调发展事件史时间线

5. 新时期塑造区域协调发展新格局（2020 年至今）

2020 年受新冠疫情的影响，国内国际产业链条面临断裂，区域协调发展不确定性增强。中国本土供应链受中断影响，复工复产难度大；市场需求放缓，国际订单减少，投资欲望下降，产业发展的动力不足；数字经济在新冠疫情期间获得加速发展。国内外经济环境和疫情对全球的产业转移都产生了巨大影响。新冠疫情之下如何进一步深化落实区域协调发展战略，是新时期需要认真考虑和深入研究的问题。

新时期，以习近平同志为核心的党中央确立了京津冀协同发展、长江经济带发展、粤港澳大湾区建设、长江三角洲区域一体化、黄河流域生态保护和高质量发展、成渝地区双城经济圈等重大区域协调发展战略新格局。同时，以西部、东北、中部、东部四大板块为基础，促进区域间相互融通补充，建设形成以沿海沿江沿线经济带为主的纵向横向经济轴带。我国区域协调发展呈现出开放合作程度加深、产业转型升级加速、效率与公平并重的新特点。深入推进区域协调发展，要坚持以习近平新时代中国特色社会主义思想为指导，切实增强区域内生发展动力，塑造要素有序自由流动、主体功能约束有效、基本公共服务均等、资源环境可承载的区域协调发展新格局。

2020 年 5 月，中共中央政治局常委会会议指出"要深化供给侧结构性改革，充分发挥我国超大规模市场优势和内需潜力，构建国内国际双循环相互促进的新发展格局"①，并纳入 2021 年 3 月的《中华人民共和国国民经济和社会发展第十四个五年规划和 2035 年远景目标纲要》。构建基于"双循环"的新区域协调发展格局是党中央在国内外环境发生显著变化的大背景下，推动我国开放型经济向更

①《习近平主持中央政治局常务委员会会议 分析国内外新冠肺炎疫情防控形势 研究部署抓好常态化疫情防控措施落地见效 研究提升产业链供应链稳定性和竞争力》，http://www.gov.cn/xinwen/2020-05/14/content_5511638.htm[2022-11-20]。

高层次、更深维度的区域协调发展的重大战略部署。

经过多年区域协调发展战略的实施，形成了现阶段较为稳定、合理的区域经济大格局。未来较长的时期内，宏观格局不会进行重大调整。以以三大自然区与地势三大阶梯为标志的功能区为基础，进行空间发展规划与经济布局，是尊重自然规律的重要理念。根本目标是实现人与自然之间的和谐与可持续发展，造就美丽中国，逐步缩小城乡之间生活条件与公共服务之间的差距与人均可支配收入的差距。

3.2.2　区域协调发展战略逻辑分解

如图 3-4 所示，以区域间的一体化及合作的区域战略统筹为核心，以"机制、核心、主体和要素、规划保障"为支撑，构建符合中国区域发展现实特征与发展事实的区域协调发展战略逻辑分解框架。

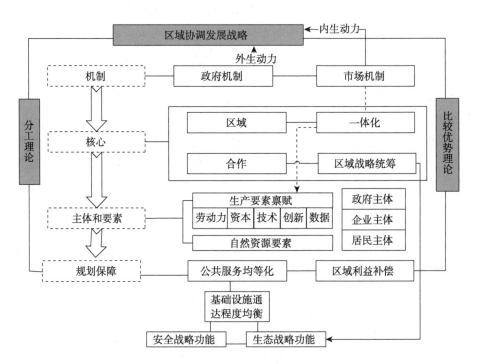

图 3-4　中国区域协调发展战略逻辑分解框架
1. 虚线框突出支撑构成的要素；虚线为间接联系与影响

1. 机制

机制是区域协调发展战略的外生动力与制度保障，由政府机制主导的外生动力转向由市场机制主导的内生动力需要借助市场机制的调节作用。《中共中央关于坚持和完善中国特色社会主义制度 推进国家治理体系和治理能力现代化若干重大问题的决定》中提出:"推进要素市场制度建设,实现要素价格市场决定、流动自主有序、配置高效公平。"《中共中央 国务院关于构建更加完善的要素市场化配置体制机制的意见》的出台,实际上落实了党中央关于建立现代要素市场特别是新型要素市场的基本指导思想。市场机制作为区域协调发展战略的保障机制,需要不断扩大要素市场化配置范围,促进要素自主有序流动,加快要素价格市场化改革,健全要素市场运行机制等。推进要素市场制度建设,提高资源配置效率,推动形成我国经济高质量发展的区域协调发展格局具有十分重大的意义。

2. 核心

根据区域协调发展战略的基本内涵,区域协调发展战略的核心是基于区域合作的区域战略统筹与区域一体化。建立区域战略统筹机制,推动国家重大区域战略融合发展,统筹发达地区和欠发达地区发展,推动陆海统筹发展。近年来,《京津冀协同发展规划纲要》《长江经济带发展规划纲要》《粤港澳大湾区发展规划纲要》《长江三角洲区域一体化发展规划纲要》《成渝地区双城经济圈建设规划纲要》等规划相继出台,彰显了我国区域协调发展战略在区域层面的分解。区域一体化使全国各个地区形成空间优化格局。习近平在中央财经委员会第五次会议上的讲话中对新时代区域协调发展理论进行了明确[①],指出我国经济由高速增长阶段转向高质量发展阶段,对区域协调发展提出了新的要求。不能简单要求各地区在经济发展上达到同一水平,而是要根据各地区的条件,走合理分工、优化发展的路子。要形成几个能够带动全国高质量发展的新动力源,特别是京津冀、长三角、珠三角三大地区,以及一些重要城市群。不平衡是普遍的,要在发展中促进相对平衡。这是区域协调发展的辩证法。《中共中央 国务院关于建立更加有效的区域协调发展新机制的意见》提出,深化区域合作机制,推动区域合作互动,促进流域上下游合作发展,加强省际交界地区合作,积极开展国际区域合作。优化区域互助机制,深入实施东西部扶贫协作,深入开展对口支援,创新开展对口合作。健全市场一体化发展机制,促进城乡区域间要素自由流动,推动区域市场一体化建设,完善区域交易平台和制度。

3. 主体和要素

在高质量发展和生态文明大前提及要求下,广义的区域协调发展包括了人均

---

① 《习近平:推动形成优势互补高质量发展的区域经济布局》,https://www.bjdj. gov.cn/article/4823.html [2022-11-20]。

国内生产总值的区域差距趋于缩小、区域经济发展与自然承载力相适应、区域经济发展的比较优势得以发挥、区域间基本公共服务均等化、基础设施通达程度比较均衡、人民基本生活保障水平大体相当等主要目标。资源要素与参与主体是可持续发展战略的施策对象。2020 年中共中央、国务院提出《关于构建更加完善的要素市场化配置体制机制的意见》是为了深化要素市场化配置改革，促进要素自主有序流动，提高要素配置效率，进一步激发全社会创造力和市场活力，推动经济发展质量变革、效率变革、动力变革，构建更加完善的要素市场化配置体制机制。《关于构建更加完善的要素市场化配置体制机制的意见》提出推进土地要素市场化配置、引导劳动力要素合理畅通有序流动、推进资本要素市场化配置、加快发展技术要素市场和加快培育数字要素市场。区域协调发展战略需要进一步健全市场一体化发展机制，深化区域合作机制，加强区域之间基础设施、环保、产业等方面的合作。

根据地区比较优势形成的区域分工格局是区域协调发展战略的核心，可从战略要素与主体两个方面对地区优势进行比较。根据比较优势理论，各地区根据"两利相权取其重，两弊相权取其轻"的原则，集中生产并出口其具有比较优势的产品，进口其具有比较劣势的产品，也就是区域协调发展战略中表达的"经济发展条件好的地区要承载更多产业和人口，发挥价值创造作用。生态功能强的地区要得到有效保护，创造更多生态产品"①。亚当·斯密的分工理论认为，地区分工有利于区域整体劳动生产率的提升。分工起源于自然资源要素、生产要素禀赋及包括政府、居民和企业在内的参与主体所具有的自然差异，起因于人类天然的交换与易货倾向，劳动力的利益决定于分工。假定一地区乐于专业化及提高生产力，经由剩余产品之交换行为，促使该地区增加财富，此过程将扩大区域整体的社会生产，促进社会繁荣。

因此，新时期我国的区域协调发展战略形成了以区域内城市集群为纽带，东部地区和中西部地区的区域经济发展的横向互补格局。我国经济发展的空间结构正在发生深刻变化，中心城市和城市群正在成为承载发展要素的主要空间形式。以城市群为主体构建大中小城市和小城镇协调发展的城镇格局，是我国城镇化发展的方向。借鉴京津冀城市群、长江三角洲城市群、珠江三角洲城市群、长江中游城市群、成渝城市群等一批城市群推动国家重大区域战略融合发展的成功经验，构建起新的区域发展模式，以中心城市来带动其所在城市群的发展，以此促进区域经济的发展，使不同区域板块之间的经济所依赖的交通、通信等设施能够有所融合，空间组织结构更为紧凑，实现城市群体高度同城化和一体化的目标，有利

---

① 《习近平：推动形成优势互补高质量发展的区域经济布局》，https://www.bjdj.gov.cn/article/4823.html[2022-11-20]。

于建立更加有效的区域协调的新发展格局。

4. 战略一体化

中国以"四纵四横"铁路网络为核心骨架，协同高速公路网络和水运网络构成中国区域发展整体格局，并串联起中国主要的人口密集带、城镇密集带、城市群地区、工业化地区和开放前沿地带。要建设彰显优势、协调联动的城乡区域发展体系，实现区域良性互动、城乡融合发展、陆海统筹整体优化，培育和发挥区域比较优势，加强区域优势互补，塑造区域协调发展新格局。

5. 战略间合作

"一带一路"倡议将区域协调发展战略的作用对象提升至包括欧亚大陆多个国家在内的区域。同时，"一带一路"倡议在合作理念、合作空间、合作领域、合作方式上所展现的开放性、包容性将推动形成全国统一开放、竞争有序的商品和要素市场，"一带一路"区域支点合作积极推进，中国好友圈不断扩大。"一带一路"倡议是中国推动全面对外开放的重要国际合作平台，是深化对外开放的重要战略性举措。在沿线各地区中，通过构建"一带一路"经济走廊，发展基础设施的互联互通，可以大力推进区域战略间的合作。

6. 规划保障

区域协调发展战略的基本战略目标是实现公共服务均等化，公共服务均等化是一个地区区际福利均等化的具象表现。进一步地，实现基础设施通达程度比较均衡。通过区域协调发展战略下的各地区、各部门的各项规划保障，确保承担安全、生态等战略功能的区域基本公共服务均等化。通过区域利益补偿，对部分地区机会损失进行补偿，典型代表是生态补偿相关政策，即对地区牺牲部分经济发展机会所产生的损失及其提供的生态功能正外部性进行补偿与付费。健全区际利益补偿机制，完善多元化横向生态补偿机制，建立粮食主产区与主销区之间的利益补偿机制，健全资源输出地与输入地之间的利益补偿机制。完善基本公共服务均等化机制，提升基本公共服务保障能力，提高基本公共服务统筹层次，推动城乡区域间基本公共服务衔接。

3.2.3　区域协调发展文本分析

《中共中央 国务院关于建立更加有效的区域协调发展新机制的意见》提出"基本公共服务均等化、基础设施通达程度比较均衡、人民基本生活保障水平大体相当"的区域协调发展目标。此外，区域协调发展要求经济发展的差距控制在一个合理的区间，增长动力更加依靠创新驱动，人与自然要和谐共生。

围绕上述要求，将区域协调发展战略分解为 A 区域战略统筹、B 区域利益补偿、C 公共服务均等化、D 一体化、E 要素、F 区域、G 合作、H 规划保障 8 个方面，作为一级编码。区域战略统筹既要关注国家重大区域融合，也要关注欠发达地区和海陆地区统筹，将 A 区域战略统筹一级编码细分为 A1 国家重大区域融合、A2 发达地区和欠发达地区统筹及 A3 陆海统筹 3 个二级编码。区域利益补偿对地区从生态功能区、粮食主产区/主销区和资源输出与输入地区 3 个维度进行划分，把 B 区域利益补偿一级编码细分为 B1 生态补偿、B2 粮食主产区与主销区补偿、B3 资源输出与输入地补偿 3 个二级编码。公共服务均等化根据服务领域至少应包括教育、卫生、文化 3 个方面，把 C 公共服务均等化一级编码细分为 C1 义务教育、C2 基本就业、C3 基本养老、C4 基本医疗与公共卫生、C5 城乡居民最低生活保障、C6 社会保障 6 个二级编码。本书所指 D 一体化具体包括 D1 制度创新、D2 产业协同、D3 基础设施互联互通、D4 生态环境共保联治、D5 公共服务便利共享 5 个方面。根据《关于构建更加完善的要素市场化配置体制机制的意见》，本书提炼出土地、劳动力、资本、技术和数据等生产要素，结合各省区市"十四五"规划建议文本，把 E 要素一级编码在五大基本生产要素的基础上，分解为 E1 人员、E2 技术、E3 资本、E4 服务、E5 信息、E6 数据、E7 土地 7 个二级编码。根据所占土地面积、承载人口与经济发展联系的不同，将 F 区域划分为 F1 城市群、F2 中心城市、F3 大中小城市、F4 小城镇 4 个维度。根据国土空间土地分类与行政区划，将 G 合作划分为 G1 流域合作、G2 省际交界合作、G3 国际合作 3 个二级编码。H 规划保障具体包括 H1 区域规划、H2 监测评估、H3 法律法规 3 个方面。

据此构建出包含 8 个一级编码、34 个二级编码的区域协调发展战略分解指标层级，如表 3-1 所示。通过构建区域协调发展战略分解指标层级，科学、客观地分解和评价区域协调发展战略政策实施效果与区域发展变化，寻找主要短板区域和领域，为制定和调整差别化的区域政策提供更好的依据和支撑。

表 3-1　区域协调发展战略分解指标层级

一级编码	二级编码	备注
A 区域战略统筹	A1 国家重大区域融合	京津冀、长江三角洲、粤港澳大湾区等国家城市群
	A2 发达地区和欠发达地区统筹	
	A3 陆海统筹	
B 区域利益补偿	B1 生态补偿	
	B2 粮食主产区与主销区补偿	
	B3 资源输出与输入地补偿	

续表

一级编码	二级编码	备注
C 公共服务均等化	C1 义务教育	城乡幼托、小学、中学
	C2 基本就业	
	C3 基本养老	
	C4 基本医疗与公共卫生	
	C5 城乡居民最低生活保障	
	C6 社会保障	养老、医疗、伤残等保障；妇女儿童
D 一体化	D1 制度创新	
	D2 产业协同	
	D3 基础设施互联互通	
	D4 生态环境共保联治	
	D5 公共服务便利共享	
E 要素	E1 人员	
	E2 技术	
	E3 资本	
	E4 服务	
	E5 信息	
	E6 数据	
	E7 土地	
F 区域	F1 城市群	省内城市群
	F2 中心城市	省会城市
	F3 大中小城市	
	F4 小城镇	
G 合作	G1 流域合作	长江流域、黄河流域
	G2 省际交界合作	
	G3 国际合作	
H 规划保障	H1 区域规划	
	H2 监测评估	
	H3 法律法规	

　　利用 NVivo 软件，建立区域协调发展战略分解指标层级，将 30 个省区市（新疆数据缺失）的"十四五"规划建议文本录入软件，分别建立区域协调发展战略与"十四五"规划建议文本的材料和节点联系。通过一级编码、二级编码的关键词，找出与之相关的表述，建立 30 个省区市关于区域协调发展战略响应的矩阵代码表。

　　针对区域协调发展战略的 8 个方面作出如下的结果分析和判断。

　　国家中心城市、城市群、都市圈所在省份对战略的响应程度高于其他省份。

从战略响应程度上来看,东南部省份如广东、福建、江西、云南的响应程度最高,属于强响应区域,其次为浙江、安徽、广西、贵州、山东、山西等。从空间分布来看,对区域协调发展战略高响应省份,基本为国家中心城市、城市群、都市圈所在省份。另外,国家重点战略区域之间对区域协调发展战略的响应出现分化,特别是京津冀、长江三角洲、珠江三角洲等城市群的战略响应程度不一。

区域协调发展战略响应程度南北分化明显。2013 年后南方省份的经济总体增长速度开始超过北方,一直持续至今并且差距有不断扩大的趋势,呈现出经济增长南快北慢和经济总量占比南升北降的分化格局,这是因为南方地区对区域协调发展战略的响应程度显著高于北方地区的响应程度。

胡焕庸线两侧地区对区域协调发展战略的响应分化明显。以胡焕庸线为界,以省级行政区为基本单元,将全国分为东南半壁和西北半壁。其中,西北半壁包括新疆、西藏、青海、甘肃、宁夏和内蒙古 6 省份,仅青海的区域协调发展战略响应程度较高,其余均低于全国平均水平。在胡焕庸线两侧,即东南半壁和西北半壁,也出现了一些分化现象,需要引起重视。

3.2.4　结论

针对区域协调发展战略的 8 个方面提出如下建议。

不同区域的资源禀赋、发展条件不同,充分发挥自身优势,实现协同发展,对于提升区域价值、增强区域竞争力具有重要意义。

强化顶层设计,充分发挥各地区比较优势,明确各地功能定位,形成以比较优势为基础,各展所长、优势互补、各得其所的区域经济布局。将交通一体化、生态环境协同保护、产业对接作为区域协同发展的先行领域率先发力,实现各地交通、生态、产业一体化发展。推动市场一体化作为区域协同发展的根本途径,加快推进市场一体化进程,破除限制资本、技术、人才、劳动力等生产要素自由流动和优化配置的各种机制体制障碍,推动各种要素按照市场规律在区域内自由流动和优化配置。

在全球产业分工体系及技术、资本要素流动促进全球化加深的同时,逆全球化浪潮也在全球范围内不断蔓延。

构建以经济走廊、经济圈为主要形态的陆海联动空间结构。发挥海洋国土作为经济空间、战略通道、资源基地、安全屏障的重要作用,打造面向"一带一路"沿线国家的蓝色经济走廊,协同拓展陆上腹地、近远海发展空间。优化构建"一带三圈九区多点"的陆海统筹发展格局。以大江大河流域来统筹推动生态保护和高质量发展,统筹谋划上下游、干支流、左右岸发展,统筹基础设施功能,探索大江大河流域保护性开发新模式。

中心城市和城市群特别是京津冀、长江三角洲、粤港澳大湾区三大地区以及一些重要的城市群，在对外开放、资源配置和产业发展等方面具有较大优势，是区域经济发展的主要引擎。动力源地区要健全创新驱动政策，吸引和汇聚全球创新资源，提升科技创新硬实力，瞄准打造一批世界级、国家级产业集群，制定产业稳定政策，在新场景应用，新模式创新、新规则和新标准制定等方面提升软实力。

3.3　创新驱动发展战略

2012 年党的十八大首次明确提出实施创新驱动发展战略，强调"实施创新驱动发展战略。科技创新是提高社会生产力和综合国力的战略支撑，必须摆在国家发展全局的核心位置"[①]。创新驱动本质上就是运用科技创新来驱动经济发展，而科技创新主要来源于两个方面，即原创性创新和先进技术的引进消化再创新，不应局限于单个企业的发明成果转化，而更应该包括创新成果在整个社会的推广与应用。创新驱动以制度创新为保障，以战略创新为指导，以文化创新为支持，以科技创新、产业创新、产品创新、管理创新为途径形成创新体系，促进经济增长。

3.3.1　创新驱动发展战略演变

1. 科技发展初步探索阶段（1949~1977 年）

早在新中国成立初期，国家就将提高中国科技发展水平作为经济发展的重要目标和途径之一。新中国成立初期，中国经济和科技发展处于起步阶段，毛泽东等党和国家领导人准确把握国际和国内形势，于 1956 年号召全党努力学习科学知识，为追赶世界科学先进水平而奋斗，并提出了向科学进军的口号。同年，我国制定了《十二年科学技术发展规划》（《1956～1967 年科学技术发展远景规划》），在中央政府自上而下的推动下，中国科学发展出现了一个高潮。1963 年党中央和国务院根据新的形势与需要，动员和组织了我国各方面的专家、学者，制定了《1963—1972 年科学技术发展规划纲要》，致力于形成配套的科学技术队伍，大力开展科学技术试验工作，迅速建立为科学研究提供先进的仪器装备的工业部门，并加强从科学研究、中间试验到生产应用的各个环节，尽快掌握和应用最先进的科学技术成果。

---

① 《坚定不移沿着中国特色社会主义道路前进 为全面建成小康社会而奋斗——胡锦涛同志代表第十七届中央委员会向大会作的报告摘登》，http://theory.people.com.cn/n/2012/1109/c40531-19530534-2.html[2022-12-27]。

2. 科技创新发展阶段（1978~2005 年）

改革开放前夕，邓小平多次提出要在全国构建一种尊重知识、尊重人才的氛围。1978 年邓小平在全国科学大会上指出"科学技术是生产力"[①]，肯定了知识分子的政治地位。1988 年 9 月，邓小平再一次提出科学技术是第一生产力[②]。在邓小平等党和国家领导人的推动下，中国科学技术发展进入了新的时代。1995 年《中共中央、国务院关于加速科学技术进步的决定》提出了科教兴国战略，科学发展上升到国家战略层面。1999 年 8 月，江泽民指出："科技创新越来越成为当今社会生产力解放和发展的重要基础和标志，越来越决定着一个国家、一个民族的发展进程。"[③]如果不能创新，一个民族就难以兴盛，难以屹立于世界民族之林，因此要把以科技创新为先导促进生产力发展的质的飞跃摆在经济建设的首要地位。

3. 创新型国家深化阶段（2006~2011 年）

2006 年胡锦涛在全国科学技术大会提出："建设创新型国家，核心就是把增强自主创新能力作为发展科学技术的战略基点，走出中国特色自主创新道路，推动科学技术的跨越式发展；就是把增强自主创新能力作为调整产业结构、转变增长方式的中心环节，建设资源节约型、环境友好型社会，推动国民经济又快又好发展；就是把增强自主创新能力作为国家战略，贯穿到现代化建设各个方面，激发全民族创新精神，培养高水平创新人才，形成有利于自主创新的体制机制，大力推进理论创新、制度创新、科技创新，不断巩固和发展中国特色社会主义伟大事业。"[④]

《国家中长期科学和技术发展规划纲要（2006—2020 年）》强调："到 2020 年，我国科学技术发展的总体目标是：自主创新能力显著增强，科技促进经济社会发展和保障国家安全的能力显著增强，为全面建设小康社会提供强有力的支撑。"2007 年党的十七大报告再次强调："认真落实国家中长期科学和技术发展规划纲要，加大对自主创新投入，着力突破制约经济社会发展的关键技术。加快建设国家创

---

① 《新中国档案：全国科学大会》，http://www.gov.cn/test/2009-09/27/content_1427704.htm[2022-11-20]。

② 《新中国档案：邓小平提出科学技术是第一生产力》，http://www.gov.cn/test/2009-10/10/content_1435113.htm[2022-11-20]。

③ 《〈江泽民文选〉第二卷主要篇目介绍》，http://www.gov.cn/jrzg/2006-08/11/content_360417.htm[2022-11-20]。

④ 《坚持走中国特色自主创新道路 为建设创新型国家而努力奋斗——在全国科学技术大会上的讲话》，https://www.most.gov.cn/ztzl/qgkjdh/qgkjdhyw/200601/t20060110_27736.html[2022-11-20]。

新体系，支持基础研究、前沿技术研究、社会公益性技术研究。加快建立以企业为主体、市场为导向、产学研相结合的技术创新体系，引导和支持创新要素向企业集聚，促进科技成果向现实生产力转化。深化科技管理体制改革，优化科技资源配置，完善鼓励技术创新和科技成果产业化的法制保障、政策体系、激励机制、市场环境。实施知识产权战略。充分利用国际科技资源。进一步营造鼓励创新的环境，努力造就世界一流科学家和科技领军人才，注重培养一线的创新人才，使全社会创新智慧竞相迸发、各方面创新人才大量涌现。"[1]

4. 创新型驱动发展战略高水平阶段（2012 年至今）

2012 年党的十八大首次明确提出实施创新驱动发展战略，要坚持走中国特色自主创新道路，以全球视野谋划和推动创新，提高原始创新、集成创新和引进消化吸收再创新能力，更加注重协同创新。深化科技体制改革，推动科技和经济紧密结合，加快建设国家创新体系，着力构建以企业为主体、市场为导向、产学研相结合的技术创新体系。完善知识创新体系，强化基础研究、前沿技术研究、社会公益技术研究，提高科学研究水平和成果转化能力，抢占科技发展战略制高点。促进创新资源高效配置和综合集成，把全社会智慧和力量凝聚到创新发展上来[2]。这是中央在新的发展阶段确立的立足全局、面向全球、聚焦关键、带动整体的国家重大发展战略。进入新时代，习近平进一步确立了创新在我国经济社会发展中的重要战略地位，为此，2017 年 10 月，习近平提出"创新是引领发展的第一动力，是建设现代化经济体系的战略支撑"[3]。

2015 年 3 月，《中共中央 国务院关于深化体制机制改革 加快实施创新驱动发展战略的若干意见》提出，"加快实施创新驱动发展战略，就是要使市场在资源配置中起决定性作用和更好发挥政府作用，破除一切制约创新的思想障碍和制度藩篱，激发全社会创新活力和创造潜能，提升劳动、信息、知识、技术、管理、资本的效率和效益，强化科技同经济对接、创新成果同产业对接、创新项目同现实生产力对接、研发人员创新劳动同其利益收入对接，增强科技进步对经济发展的贡献度，营造大众创业、万众创新的政策环境和制度环境"，从而形成可持续发展的新格局，

---

① 《高举中国特色社会主义伟大旗帜 为夺取全面建设小康社会新胜利而奋斗》，http://www.npc.gov.cn/zgrdw/npc/xinwen/szyw/zywj/2007-10/25/content_373528.htm[2022-11-20]。

② 《十八大报告（全文）》，https://dz.sdut.edu.cn/2014/0520/c4613a255157/page.htm[2022-11-20]。

③ 《习近平：决胜全面建成小康社会 夺取新时代中国特色社会主义伟大胜利——在中国共产党第十九次全国代表大会上的报告》，http://www.gov.cn/zhuanti/2017-10/27/content_5234876.htm [2022-11-20]。

为进入创新型国家行列提供有力保障。同年9月，还印发了《深化科技体制改革实施方案》。

2016年中共中央、国务院联合印发《国家创新驱动发展战略纲要》，其目的是加快实施国家创新驱动发展战略，再次明确创新驱动是国家命运所系，是世界大势所趋，是发展形势所迫。《国家创新驱动发展战略纲要》提出"坚持走中国特色自主创新道路，解放思想、开放包容，把创新驱动发展作为国家的优先战略，以科技创新为核心带动全面创新，以体制机制改革激发创新活力，以高效率的创新体系支撑高水平的创新型国家建设，推动经济社会发展动力根本转换，为实现中华民族伟大复兴的中国梦提供强大动力"，并将战略目标分为三步：第一步，到2020年进入创新型国家行列，基本建成中国特色国家创新体系；第二步，到2030年跻身创新型国家前列，发展驱动力实现根本转换；第三步，到2050年建成世界科技创新强国，成为世界主要科学中心和创新高地，为我国建成富强民主文明和谐的社会主义现代化国家、实现中华民族伟大复兴的中国梦提供强大支撑。

2020年9月，习近平总书记在科学家座谈会上发表重要讲话，强调"现在，我国经济社会发展和民生改善比过去任何时候都更加需要科学技术解决方案，都更加需要增强创新这个第一动力。同时，在激烈的国际竞争面前，在单边主义、保护主义上升的大背景下，我们必须走出适合国情的创新路子，特别是要把原始创新能力提升摆在更加突出的位置，努力实现更多'从0到1'的突破"①。

2020年《中共中央关于制定国民经济和社会发展第十四个五年规划和二〇三五年远景目标的建议》，提出了"十四五"时期我国经济社会发展的指导思想与实践遵循，由此开启了全面建设社会主义现代化国家的新征程。《中共中央关于制定国民经济和社会发展第十四个五年规划和二〇三五年远景目标的建议》强调要"坚持创新在我国现代化建设全局中的核心地位，把科技自立自强作为国家发展的战略支撑，面向世界科技前沿、面向经济主战场、面向国家重大需求、面向人民生命健康，深入实施科教兴国战略、人才强国战略、创新驱动发展战略，完善国家创新体系，加快建设科技强国"，并从强化国家战略科技力量、提升企业技术创新能力、激发人才创新活力、完善科技创新体制机制四个方面作出了纲领性的战略部署。创新驱动发展战略成为我国未来发展的重点战略，其对地区产业结构、发展方式、发展方向等生产力布局体系产生了重要影响，而生产力布局体系反过来对国家创新发展战略的落实起到支撑作用。至此，创新驱动发展战略演进形成了完整的链条（图3-5）。

---

① 《习近平：在科学家座谈会上的讲话》，http://www.qstheory.cn/yaowen/2020-09/11/c_1126484063.htm[2022-11-20]。

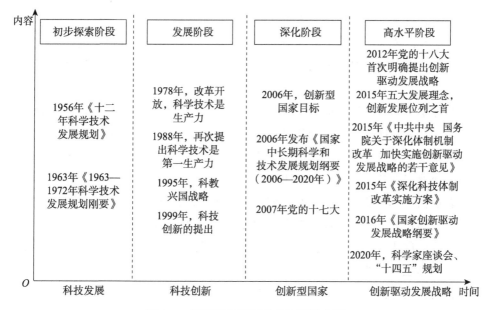

图 3-5　创新驱动发展战略的演进史图

3.3.2　创新驱动发展战略相关理论

1. 马克思的创新思想

学者普遍认为，马克思最早提出了创新思想。例如，约翰·伊特韦尔（John Eatwell）指出：马克思恐怕领先于其他任何一位经济学家把技术创新看作经济发展与竞争的推动力。谢勒（2001）指出：马克思不同于 19 世纪中期其他的经济学家，他察觉到资本主义基本的天才在于它能够把资本积累和动态技术创新结合起来。马克思的创新发展思想集中体现在其生产理论和资本积累理论，特别是有关生产力和生产关系的论述中，如生产力决定生产关系，而劳动生产力是随着科学和技术的不断进步而不断发展的。马克思指出生产力中包括科学，这表明马克思认识到科技创新对生产力发展的巨大推动作用，认识到一般社会知识已经在很大程度上变成了直接的生产力。

马克思的创新思想中，创新主体主要包括劳动工人和企业家。价值论、剩余价值产生时，马克思从企业家对相对剩余价值追求的动机出发，讨论了资本家进行创新活动的目的，即追求剩余价值。一些资本家通过设备革新、科技进步、新机器的投入应用等方法，降低生产商品所需要的个别必要劳动时间，从而降低产品的个别价值，由此获得竞争优势和超额利润。即便如此，这也不意味着科技进步和技术变革源于资本家，即资本家并非创新活动的唯一主体，工人在生产过程中的经验总结与发明创造是资本主义社会创新的重要来源。工人在劳动生产过程中产生了新的技术、新的工艺和新的生产工具，并将其转化为现实生产力，推动创新和生产力快速发展。可见，马克思认为，劳动工人是资本主义社会创新的重要主体。

马克思的创新思想先进之处在于，它不局限于对科技创新的考察，制度创新和管理创新等同样是马克思创新思想的重要内容。例如，马克思从社会生产的角度论证了生产力与生产关系之间的辩证关系。在其著作中，科技创新属于生产力范畴，而管理创新与制度创新属于生产关系的范畴，生产力决定生产关系，而技术创新也在一定程度上决定了管理创新和制度创新。当然，依据生产关系反作用于生产力的相关理论，管理创新和制度创新也在很大程度上影响着技术创新。例如，马克思论证了分工、协作对生产力发展的重要作用，而任意一种分工与协作形式，都是在一定的生产技术条件下进行的，违背了这一前提，或者超越这一技术条件的分工与协作必然是低效率甚至无效率的。在社会制度方面，以产权制度为例，从原始社会的公有产权制度到私有产权制度，甚至直到资本主义私有制的消亡，都是建立在生产力发展的基础之上（刘红玉和彭福扬，2009），而如前所述，科技进步是推动生产力发展的重要力量。

2. 熊彼特的创新理论

熊彼特是当代西方著名的经济学家，更是现代创新理论的奠基人。"创新"一词最早可追溯到熊彼特 1911 年以德文出版的《经济发展理论》一书中。他对"创新"的定义是建立一种新的生产函数，通俗地说就是将一种新的生产要素和新的生产条件双双结合引入到生产体系中。

熊彼特认为创新包括五个方面的内容，时至今日其成为我们实现创新的五种途径。如图 3-6 所示，其一是采用一种新产品或产品的一种新特性，也可以理解为我们如今所说的产品创新或产品升级，主要是指创造某个新产品或针对某一产品的某一方面进行创新；其二是采用一种新的生产方法，也就是今天我们所称的技术创新，主要是指以创造新技术为目的的创新或以科学技术知识及其创造的资源为基础的创新；其三是开辟一个新的市场，即如今的市场创新，这里的市场既包括地域市场也包括产品需求市场；其四是掠取或控制原材料或半制成品的一种新的供应来源，对应的则是资源配置创新，现在我们更倡导的是充分发挥市场资源配置的作用；其五是实现任何一种工业的新的组织，也称组织创新，强调要通过不断调整组织结构及管理方式来适应各种变化。从这五个方面也能看出熊彼特的经济发展理论是具有前瞻性以及可建设性的。

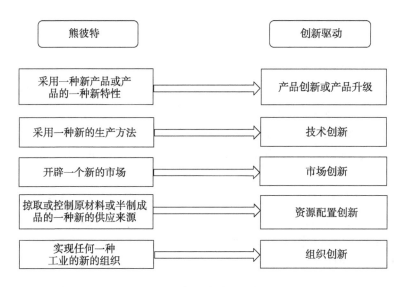

图 3-6　创新内容对照图

除了创新的内容外，熊彼特的几个基本观点也影响甚广，具体如下。

首先，他认为"创新是一种革命性的变化，创新同时意味着毁灭"。这可以理解为一个新兴产业的兴起必然伴随着一个传统产业的落败，而一个创新企业的崛起必然会淘汰一批同行中的落后企业。如果说大自然里的动物是弱肉强食、适者生存，那么经济社会中的企业就是优胜劣汰，创新者生存。如今国家加速淘汰落后产能，清理整治僵尸企业的做法也能体现熊彼特的这一观点。

其次，他认为"创新必须要能够创造出新的价值，只要发明还没有得到实际上的应用，那么在经济上就是不起作用的"。这也表示对于国家来说，创新要服务于社会经济发展；对于企业来说，创新要服务于生产经营。因此，我国也强调创新要服务于实体经济，要加速把科技成果转化为现实生产力。

最后，熊彼特强调"创新的主体是企业家"，凸显了企业家在创新中的地位与作用。具体来说，他认为企业家的本质是创新，企业家是推动经济发展的主体。创新的主动力来自企业家精神，而成功的创新则取决于企业家的素质，并且认为信用制度是企业家实现创新的经济条件。一百年后的今天，我们在熊彼特的思想认识上作了延伸。我国强调创新的主体是企业，提高企业家的创新意识是创新发展中不可或缺的一环。但一个企业的创新发展绝不是仅靠一个人就能完成的，而是需要通过多方共同努力所达成。他提出的要为企业家创造经济条件，如今也得到了实践。例如，我国在财政政策上向着创新方向倾斜，鼓励企业家大胆创新。

3. 波特的经济发展阶段理论

一个国家要在激烈的竞争中取得优势，最重要的行动就是创新，这种创新既包括改善技术和改进操作方法，也包括对生产要素的投入、需求条件的改善、产业结构的变革、企业战略的调整与企业结构的更新。因此，美国学者波特提出了"创新驱动"的概念，提出要以生产要素、需求条件、相关产业与支持性产业、企业战略四大关键要素为支撑点的钻石体系打造国家的竞争优势，其中生产要素是创新发展的根本，需求条件是创新发展的动力，相关产业与支持性产业是创新发展的优势。围绕"钻石理论"的分析框架，波特提出把国家经济发展分为四个阶段，即生产要素导向阶段、投资导向阶段、创新导向阶段和富裕导向阶段。其中，在国家进入创新导向阶段时，"许多产业已出现完整的钻石体系，钻石体系的所有关键要素不但发挥自己的功能，而且交互作用的效应也最强"，主要表现为产业集群中的企业呈现锐不可当的创新能力，企业更加注重国际市场的差异化产业技术创新，产业垂直深化与横向发展呈现创新扩散效应，政府由直接干预转向间接引导的管理方式创新等方面。这些观点强调了要素、需求、产业与竞争环境之间的协同效应，展示了国家竞争发展过程背后的驱动力量，也体现了我国改革开放40多年经济发展所经历的动力转化过程。

4. 罗默的内生增长理论

罗默是美国著名的经济学家，被大家熟知是因为他获得了2018年诺贝尔经济学奖。让他荣登此位的正是他在创新领域提出的内生增长理论。罗默的内生增长理论在很大程度上是受到了罗伯特·索洛的启发，20世纪80年代罗默开始在索洛模型的基础上深入反思，从而提出了自己的理论。

罗默在芝加哥大学的《政治经济学杂志》上发文阐述了内生增长理论，他认为知识与新技术能推动并可能持续推动规模报酬递增。他在其另一篇名为《内生技术变迁》的文章中则构造了三个经济部门，分别是生产中间产品部门、生产最终产品部门，以及最重要的研发部门。但同时他也指出研发过程及知识积累都是具有外部性的，社会收益与研发部门收益存在不一致的现象。只有解决这种不一致的问题，才能更好地促进知识的产生，实现规模报酬递增。他特别强调，内生增长理论的核心思想是知识、创意、技术创新和制度，其中知识、创意和技术创新在经济活动中具有外部性，能给经济发展带来较高的社会利益，促使经济主体不断进行更多的创新。因此，知识、创意和技术创新与规模报酬递增紧密相连，并以此来考察经济增长的决定机制。此外，他还认为，要实现知识积累和技术创新，还需要把制度作为经济增长的重要因素，因为制度可以激励经济主体行为、加速技术创新扩散和提高全要素生产率。这些理论观点认为在实践中政府需要采取必要的干预政策和完善的制度以促进知识积累和技术创新所引致的经济发展，这对于当前我国国内国际双循环新发展格局背景下深入实施创新驱动发展战略具有重要的启发意义。

5. 创新系统理论

创新研究肇始于 20 世纪早期熊彼特的工作，经过第二次世界大战后的线性模型、环节互动模型和以厂商为中心的模型之后，随着人们对创新过程认识的不断深入，在经过线性创新模型、链环创新模型等理论模型之后，人们认识到创新并不是企业为了获得垄断优势而采取的排外的内部性行为，也不是从研发到生产再到销售的机械过程，而是一种进化的、非线性的、企业和环境交互作用的过程（Kline and Rosenberg，1986；Dosi，1988）。进入 20 世纪 80 年代后期，出现了一个从系统的观点来研究创新的新思路（Tödtling and Kaufmann，2002）。无论是国家层次上的创新，还是区域层次上、产业层次上的创新，都可以看作一个由多种要素及其相互关系组成的一个系统，即创新系统，无论在哪个层次，创新系统都涉及创造、传播和使用知识。Carlsson 等（2002）认为可以从不同的维度来研究创新系统。一个是物理的或地理的维度，其中有些是关注于特殊的国家或区域的创新活动，以地理的边界来定义系统，有些则是以部门或技术为主要维度，随着通信技术的发展，有些现象还可以从国际的维度来分析。另一个维度是时间维度，在一个有反馈机制的系统中，组成部分、相互之间的关系以及系统的属性都是经常变化的，因此同一个创新系统在不同的时间阶段可能会有不同的特征。创新系统首先是在国家层次上展开研究的，即国家创新系统，而后，学者又在区域层次上对创新系统进行探讨，即区域创新系统，还有城市创新系统和产业创新系统。

目前在国际上，国家创新系统还没有一个确切的概念，各国学者根据自己的理解，以不同形式给出了不同的定义。弗里曼首先提出了"国家创新系统"的概念。Lundvall（1992）、Nelson（1993）、OECD（1995，1997）等的国家创新系统研究与弗里曼的相比，不仅注重对企业技术创新的研究，而且注重研究知识的产生和积累以及对知识传播和人力资本的研究。公认的国家创新体系概念是经济合作与发展组织给出的，即国家创新系统是一组独特的机构，它们分别地或联合地推进新技术的发展和扩散，提供政府形成和执行关于创新政策的框架，是创造、储存，以及转移知识、技能和新技术的相互联系的机构系统。中国关于国家创新系统的研究开始于 20 世纪 90 年代初期，第一份系统介绍中国国家创新系统的报告是《十年改革：中国科技政策》，随后，柳卸林（1998）不仅对国家创新体系的概念进行了描述，还分析了其对中国的意义，并提出了相关建议。冯之浚（2015）、曾国屏和李正风（1998）等对国家创新体系的研究使国家创新系统受到了更广泛的关注。进入 21 世纪，一些学者开始研究制度和国家创新系统的相互作用。此外，国内学者结合对中国国家创新系统的研究，主要从要素、特点、中介服务机构等方面对国家创新系统进行理论与实证研究。

区域创新系统也称区域创新体系或区域创新网络，是国家创新系统的延伸，其理论基础主要有：国家创新系统、渐进经济学、区域经济学和产业经济学理论等。英国卡迪里大学的 Cooke（1996）是最早对区域创新系统进行较系统的理论研究和实践研究的学者，在其代表作《区域创新系统全球化背景下的区域政府的作用》中，他将区域创新系统定义为：主要是由在地理上相互分工与关联的企业、研究机构和高等教育机构等构成的，支持并产生创新的区域性组织体系。Asheim和 Isaksen（2000）解释了区域创新系统的四个支撑点：①创新作为企业、区域和国家在全球化中获得竞争力的一种途径，显示了日益重要的作用，因为它增强了企业和员工的学习能力；②用交互学习来定义创新，强调了在提升竞争力的过程中协作和互相信任的重要性；③学习主要是一定区域内的过程，指出了在地域范围内高度稳定的历史路径和隐性知识的重要性；④产业集群是交互学习的有效的基础，不仅强调了上下贯通的交互式的区域创新系统和网络的重要性，而且相互依存的关系也是促进创新和学习的动力。Autio（1998）认为区域创新系统作为"基本的社会系统"由相互作用的子系统组成，组织和子系统内部及相互之间的互动产生了推动区域创新系统演化的知识流。胡志坚和苏靖（1999）认为区域创新系统为国家创新系统的子系统，主要由参与技术开发和扩散的企业、大学、科研机构所组成，由市场中介服务组织广泛介入和政府适当参与，由知识、技能和新产品组成的创新网络在创造、储备和转让过程中不断的相互作用提供动力，体现了国家创新系统的层次性特征。

虽然区域创新系统被广泛地理解为一组相互作用的私人和公共利益体、正式机构和其他组织的集合，其功能是按照组织上和制度上的安排与关系运行以有利于产生、使用和传播知识，但目前尚没有被广泛接受的概念（Doloreux，2003）。综合国内外的有关定义，区域创新系统的基本内涵可以概括为以下几个方面：①在一定的地域和空间范围之内；②将企业、高等院校、研究机构、中介服务机构以及政府机构等视为创新主体，以产业集群为基础组成一个网络系统；③在自然环境、社会环境和经济环境，特别是产业集群的影响下，这一系统促进了交互学习，为创造、储备、使用，以及转移知识、技术提供了交流的平台。区域创新系统通过一定的机制维持自身的运行，从而促进区域经济的发展。

20世纪 90 年代，Malerba 和 Breschi（1997）在国家创新系统和技术系统研究的基础上，结合演化经济学理论和动态学习理论，提出了产业创新系统概念，认为产业创新系统包括"一组特定产品构成的系统，其中的一系列部门为这些产品的创造、生产和销售提供了大量的市场和非市场的互动"。Malerba（2004）认为，产业创新系统的优点在于能够更好地理解产业部门的边界，产业创新系统由知识与技术、行为者与网络以及制度三个模块组成。张治河等（2006）将技术系统移入产业创新模型，并创造性地加入了评价系统，构建了产业创新系统模型，共包括产业创新技术系统、产业创新政策系统、产业创新环境系统和产业创新评价系统四个子系统。对于产业创新系统来说，其大部分功能主要是由产业创新参与者的相互作用来实现的。产业创新系统理论注重知识基础和系统的学习能力、创新主体中的非企业组织及制度的作用，关注产业创新系统运行中主体间的协同演化情况（Malerba，2004）。产业创新系统中的主体包括企业和非企业组织，非企业组织包括高校、科研机构、政府机构等，各个主体具有不同的学习过程、行为、能力和结构。

　　产业创新系统是一个开放的、相互依存的企业和非企业组织聚集体，由市场和非市场因素共同作用形成的网络体系。政府在制定产业创新政策的时候需要考虑到政策的一致性，不仅要考虑与同期现有产业政策行为的协调，还要评估相关政策之间的相互作用，考虑其他政策之间的影响。产业创新政策具有以下几个特点：具体的一项产业创新政策的出台，都是在特定的环境条件下，为了促进具体的一个产业的发展，所有的产业创新政策都是具有针对性的；产业创新政策同其他的区域创新政策、国家创新政策等都具有交融性，产业创新政策是政府中观层面支持创新的政策工具；产业创新政策要具有科学性，产业创新政策对于提高具体产业的创新能力和竞争力具有关键的作用，必须通过科学的方法和手段进行决策，确保创新要素的有效配置。

　　基于对创新系统理论的研究，我国学者赵黎明等（2002）首先明确提出了城市创新系统理论，认为城市创新系统是指在以城市为中心的区域内，各种与创新相联系的主体要素（创新的机构和组织——企业、政府、大学、科研机构和中介组织）、非主体要素（创新所需的物质、资源条件）以及协调各要素之间关系的制度和政策在创新过程中相互依存、相互作用而形成的社会经济系统。隋映辉（2004）则认为，城市创新系统可以表示为城市创新的扩散效应和科技产业聚集效应的矢量集合，以及一个独特科技、经济、社会结构的自组织创新体系和相互依赖的创新生态系统。以创新城市系统为核心节点，以科技产业和创新企业关联为组织节点的创新生态系统和网络群，将在协同创新中进一步联结城市中的各个创新结点（产、学、研、府等），构成创新系统网络，并融入区域创新、国家创新系统组成的系统结构中。张辉鹏和石嘉兴（2004）从系统工程学角度将城市技术创新体系定义为城市区域内参与技术创新的企业、大学、研究机构、政府部门等行为主体通过一定的机制相互延伸和交融组成的创新网络系统,具有鲜明的城市区域特色,是国家创新系统的子系统,并构建了城市技术创新体系三元行为主体系统模型。王铁明和曾娟(2000)认为,城市技术创新体系是基于城市的角度,以追求创新各要素效率最大化为目的,协调城市公共和私有部门组成的组织和制度网络,从而推动新知识和技术的创造、扩散和使用的顺利进行。张德平(2001)认为,城市技术创新体系是指由相关的知识机构(企业、大学、科研院所、中介机构等)组成的,为了促进经济增长和社会进步,在各组成部分之间生产、传播、引进、扩散和应用新技术、新知识,并将创新作为系统变化和发展关键驱动力的体系。

6. 区域经济发展理论

区域经济发展理论主要包括区域比较优势理论、区域增长极理论、区域产业结构优化理论。

区域比较优势理论主要有亚当·斯密的绝对比较优势理论、李嘉图(Ricardo)的相对比较优势理论、赫克歇尔-俄林(Heckscher-Ohlin)的资源禀赋理论。区域比较优势是指一个区域中由区位条件、自然资源禀赋、劳动力和资金等因素以及历史形成的其他有利于发展的条件。各地区可根据各自的比较利益和优势,在社会分工中找到自己成长的根基,区域比较优势理论已经在西部欠发达地区的县域经济发展中被广泛运用,这种运用主要以发展特色经济的形式出现,"一县一特""一乡一业""一村一品",多是强调"特色就是优势"。

在经济增长过程中,不同产业的增长速度不同,其中增长较快的是主导产业和创新产业,这些产业和企业一般都是在某些特定区域集聚,优先发展,然后对周围地区进行扩散,形成强大的辐射作用,带动周边地区的发展。这种集聚了主导产业和创新产业的区域被称为"增长极"。增长极概念最早是由法国经济学家佩鲁提出的,他指出现实世界中经济要素的作用完全是在一种非均衡的条件下发生的,增长并非同时出现在所有地方,它以不同的强度首先出现于一些增长点或增长极上,然后通过不同的渠道向外扩散,并对整个经济产生不同的最终影响。他认为那些具有创新能力的增长公司或厂商构成推进型产业发展的核心,这些推进型企业通过扩大规模来增加销售,同时也增加了与其联系的其他企业的产品的购买量。随后,法国地理学家布德维尔将增长极指向城镇等地理空间提出了"增长中心"的概念,使增长极有了确定的地理位置,即增长极的"极"位于城镇或其附近的中心区域。增长极理论中具有两个明确的内涵:一是作为经济空间上的某种推动型工业,二是作为地理空间上的产生集聚的城镇即增长中心。增长极具有

"推动"与"空间集聚"上的增长之意。该理论的应用主要以发展壮大支柱产业、重点企业和城镇化建设的形式出现。

区域产业结构优化理论的代表人物为发展经济学家钱纳里和塞尔昆，他们认为发展就是经济结构的成功转变，结构转变就是劳动和资本资源从生产率低的部门（农业）向生产率高的部门（工业）转移，这种转移能够加速经济增长，并将结构转变划分为三个阶段，即初级产品生产阶段、工业化阶段和发达经济阶段。对于产业结构的演变规律，"配第-克拉克定理"强调随着全社会人均国民收入水平的提高，劳动力首先由第一产业向第二产业转移；当人均国民收入水平进一步提高时，劳动力向第三产业转移，这种劳动力在产业间的变化移动，是由经济发展中产业之间出现的收入相对差异造成的，即人们总是向高收入的产业转移。Engel（1857）认为，人均收入的提高和经济的发展意味着第二、三产业在国民经济中的比重必然上升。区域产业结构优化理论已经在县域经济发展中得到广泛运用，并被证明是制定县域经济发展战略不可缺少的理论。

7. 产业集群理论

区域创新系统的行为主体空间邻近性有利于提高各参与者的创新产出，从而对区域发展有积极的推动作用。另外，区域经济的高增长也促使各行业主体为享受集聚经济而自发形成产业空间创新集群。很多学者研究认为集聚经济不仅是城市中心吸引的结果，也是不同产业相互作用的结果。国家创新系统的开创性研究大大拓宽了创新的研究思路，提出了区域创新体系的概念，随后的创新网络、欧洲区域创新环境研究小组的创新环境、世界的高技术园区等研究使得区域可持续发展研究豁然开朗。对集群与区域创新的研究主要体现在如下四个方面。

第一，产业集群的形成与发展。Hotz-Hart（2000）考虑集群与创新的关系时，认为至少有三种集群，即无创新的集群、有相当差异的创新集群和无集群的创新，并提出了四种集群形态：紧密联系的集群、新产业区、创新驱动集群和邻近性集群。越来越多的研究表明，智力密集、风险资本、基础设施、信息服务等因素并不与创新过程发生必然联系，创新是很多行为主体通过相互协同作用而产生技术的过程，因此必须重视创新网络社会文化等区域创新环境的建构。第二，地方化学习能力与创新基础设施。Malmberg（1996）等认为经济地理中对学习机会的关注修正了古典区位理论，企业的区位选择更多地集中在地方环境中是否有利于企业创新和学习能力的提高，而这些地区持续创新的能力则根植于能反映长期投资的各种组织和资源上，地区支持现有产业的知识创造和强化地方学习能力主要依赖于该区域相关产业的网络结构程度、技术基础设施、制度与文化等之间的互动，也就是地方化学习能力的基础。第三，区域创新系统构建与创新政策。目前学术界对区域创新系统的研究主要集中在区域创新环境、区域创新系统组织结构、区域创新系统空间组织、区域创新系统功能及区域创新过程研究等方面。第四，创新衍生与扩散。区域系统中的空间邻近性对产业集群具有重要作用，厂商一般也能从分享、模仿或类似的文化与机制的构架中获利。随着经济全球化的出现，立足于知识与学习的经济体形成报酬递增，同时区域网络的形成、研究与技术开发、集体学习，对一个地区未来发展与地方吸引力而言，都是至关重要的。

3.3.3　创新驱动战略逻辑分解

1. 内容分解依据

《中共中央关于制定国民经济和社会发展第十四个五年规划和二〇三五年远景目标的建议》，提出"坚持创新驱动发展，全面塑造发展新优势"，强调"坚持创新在我国现代化建设全局中的核心地位"。

培育创新优势，激活发展的原动力。强化国家战略科技力量，为高质量发展打造先发优势。《中共中央关于制定国民经济和社会发展第十四个五年规划和二〇三五年远景目标的建议》提出"面向世界科技前沿、面向经济主战场、面向国家重大需求、面向人民生命健康"重大战略部署，这是指导未来我国科技创新的基本思路和方向。优先攻克支撑国家重大战略性工程项目的基础技术和瓶颈技术，整合资源、技术等优势加强生物领域核心技术攻关，研发一批具有颠覆性的原创科研成果，优化配置创新资源，推进产业链整体效能提升。加强基础研究，注重原始创新，优化学科布局和研发布局，鼓励跨区域、跨领域的高校、科研院所和企业开展技术创新战略合作，培育一批投资主体多元化、管理制度现代化、运行机制市场化的新型研发机构，加快推进国家重点实验室体系建设，布局创建前沿领域、学科交叉融合领域重大创新平台，全面提升自主创新能力和核心竞争力。提升企业技术创新能力，为经济持续发展增添动力。《中共中央关于制定国民经济和社会发展第十四个五年规划和二〇三五年远景目标的建议》指出"强化企业创新主体地位，促进各类创新要素向企业集聚"，支持企业基础研究平台发展，增强企业获取科技创新要素的能力，鼓励科技型企业加大基础研发投入力度，提升企业开发新产品与新工艺的创新意识。推进产学研深度融合，鼓励企业牵头与高校、科研机构联合开展基础类技术研究，引导优势资源优先输入基础研发领域。完善科技型企业创新政策激励，统筹好科技型企业研发专项资金管理，综合评估企业在研发投入方面的需求和预期绩效后给予适当补助。

完善创新生态，启动发展"加速器"。激发人才创新活力，充分发挥创新支撑作用。结构合理、技术精尖、精力充沛、持续创新的人才队伍是科技强国建设的必要支撑和基本保障。完善人才引育制度，培育能够准确把握国际前沿、掌握国际领先技术的科技杰出人才和团队，培育能够带领团队开展重大技术攻关、具有国际竞争力的科技领军人才和团队，培养在理论和实践领域能够实现重大创新突破的青年科技人才和高技能人才。逐步完善科技人才创新激励、收益分配和保障体系等机制，健全以创新能力、质量、实效、贡献为导向的科技人才评价体系。实现区域人才资源共建共享，促进区域协同创新，构筑优秀科技人才的科研创新高地。

完善科技创新体制机制，为发展提供坚强保障。健全基础研究创新机制，优化国家重点实验室和科研机构布局，构建高效协同的成果开发和技术转移体系，积极推进军民深度融合的科技协同创新。建立技术创新信息交流平台，完善产学研利益分享机制，鼓励科技型企业、科研机构与高等院校共享创新资源，不断提升科技成果转化率。促进科技开放合作，支持企业通过合作并购、建立海外研发中心、海外学习、跨国研发合作等方式，利用全球人才资源和科技资源提高自主创新能力。优化研发投入模式，借鉴推广北京海淀区"概念验证支持计划"，由政府分担早期实验研究风险，加大科研基金对重点产业领域和科研人员的资助力度，推进科研成果的市场化与产业化。

更进一步地，各省区市的"十四五"规划建议是在中共中央发布的《中共中央关于制定国民经济和社会发展第十四个五年规划和二〇三五年远景目标的建议》基础上进行编制的，同时结合本地区的实际情况进行的建议规划，因此，上述分析对于各省区市的"十四五"规划建议是同样适用的。按照上述的分析内容，将内容分解为强化国家战略科技力量、提升企业技术创新能力、激发人才创新活力、完善科技创新体制机制四大方面，如图 3-7 所示，作为一级指标，同时结合内容分解的方法对其进行二级分类。

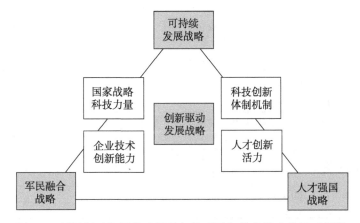

图 3-7　创新驱动发展战略的分解体系及与其他战略的相互关联

2. 战略分解逻辑指标层级：关键词提取逻辑

《中共中央关于制定国民经济和社会发展第十四个五年规划和二〇三五年远景目标的建议》提出了"坚持创新驱动发展，全面塑造发展新优势"的总体战略，并从强化国家战略科技力量、提升企业技术创新能力、激发人才创新活力、完善科技创新体制机制四个方面作出了纲领性的战略部署。因此，将上述四个方面作为政策分解的一级目录，对中央的"十四五"规划建议的上述四个方面的每句话进行分解，同时采用文本分析和文本挖掘的方法对中央"十四五"建议的政策文本进行关键词的二次挖掘，从而确定二级的关键词，以此为标准对各省区市的内容进行文本分析，从而提取相应的关键词。

3.3.4 创新驱动战略文本分析

首先，对中央"十四五"规划建议文本进行关键词文本分析，可以看出在中央的政策文本中，创新、技术、人才、科技、产业、研发等占据了很大的比例和篇幅。其次，按照表 3-2 中的关键词分析体系，利用 NVivo 软件对中国 31 个省区市的"十四五"规划建议文本进行文本分析和文本挖掘，得到每个二级关键词出现的频数。相应的一级关键词的分解数据如表 3-3 所示。

表 3-2 关键词分解体系

级别	关键词			
一级目录	国家战略科技力量	企业技术创新能力	人才创新活力	科技创新体制机制
二级目录	创新链整体效能	创新型中小微企业	创新激励、保障机制	国家科技治理体系
	关键核心技术	创新要素向企业集聚	创新团队	金融支持创新
	国家实验室建设	大企业引领支撑、优势企业	创新型、应用型、技能型人才培养	科技成果转移转化成效
	国家重大科技项目、战略性科学计划、战略性科学工程	发源地	高水平工程师、高技能人才	科技创新服务体系
	国家重点实验室建设体系	共性技术平台、创新平台	高水平研究型大学	科技规划体系
	基础研究	企业承担国家重大科技项目	国际竞争力	科技奖励项目
	交流平台，合作、创新平台	企业创新生态体系	基础研究人才	科技开放合作

续表

级别	关键词			
二级目录	前沿领域	企业创新主体地位	开放的人才引进政策	科技伦理体系
	区域性创新高地	企业家	科技领军人才	科技评价机制
	学科布局	企业培养计划	科技人才评价体系	科技体制改革
	学科交叉融合	企业牵头组建产学研创新联合体	科研创新高地	科技项目组织管理方式——"揭榜挂帅"
	研发布局	企业融通创新	青年科技人才	科技运行机制、管理职能
	优化配置、资源共享	企业投入基础研究	人才发展体制机制改革	科普工作
	原始创新	研发投入	人才工作协调机制，尊重劳动、尊重知识、尊重人才、尊重创造	科学精神、工匠精神、创新氛围
	综合性国家科学中心、产业创新中心		人才培育	科学研究基金
			收益分配机制	科研院所改革
			学风、学术	科研自主权
			院士制度改革	项目、基地、人才、资金一体化配置
			知识更新、技能提升	新技术产业化规模化
			职务发明成果-权益分享机制	研发投入、多渠道投入
				知识产权保护

表 3-3　一级关键词响应频数

省区市	国家战略科技力量	科技创新体制机制	企业技术创新能力	人才创新活力	总计
安徽	22	10	12	11	55
北京	12	5	10	0	27
福建	9	11	9	12	41
甘肃	8	15	9	14	46
广东	14	11	9	13	47
广西	13	14	12	9	48
贵州	4	5	4	13	26

省区市	国家战略科技力量	科技创新体制机制	企业技术创新能力	人才创新活力	总计
海南	8	6	5	0	19
河北	13	11	9	11	44
河南	10	14	11	11	46
黑龙江	8	11	9	4	32
湖北	9	10	8	14	41
湖南	11	10	6	13	40
吉林	8	8	10	13	39
江苏	15	8	4	7	34
江西	15	17	8	10	50
辽宁	9	9	8	9	35
内蒙古	6	10	8	7	31
宁夏	4	9	12	14	39
青海	7	8	10	13	38
山东	7	7	12	11	37
山西	9	9	12	3	33
陕西	13	5	7	7	32
上海	7	3	5	2	17
四川	12	15	5	5	37
天津	13	9	11	4	37
西藏	8	4	2	1	15
新疆	13	14	12	18	57
云南	10	12	8	14	44
浙江	10	9	7	12	38
重庆	13	11	8	12	44
总计	320	300	262	287	1169

从表 3-3 中可以看出,各省区市对中央"十四五"规划建议中关于创新驱动发展部分的响应程度和侧重方面是不相同的,对于国家战略科技力量的一级指标来说,安徽的响应程度是最高的,其次是江苏、江西、广东,宁夏和贵州的响应程度是最低的;对科技创新体制机制而言,江西的响应程度最高,其次是甘肃、四川、新疆、河南、广西;在企业技术创新能力方面,安徽、广西、宁夏、山东、山西、新疆响应频数并列,响应程度较低的地区为西藏、贵州和江苏;人才创新活力方面,新疆的响应程度是最高的,其次是宁夏、湖北、甘肃、云南,响应程度较低的地区是海南、北京、西藏。

从上述的结果中可以看出,对中央"十四五"规划建议的响应与省区市的经

济发展状况并不存在正向的关系，北京、上海、浙江、江苏等发达地区对中央
"十四五"规划建议中的创新驱动发展战略的响应处于末位程度，新疆、安徽、
广西、甘肃等省份经济并不发达，却对中央"十四五"规划建议汇总的创新驱动
发展战略具有很好的响应程度，可见，中央下发的政策文件对各个地方的作用程
度并不相同。再次回到对各个省区市的政策文本的解读可以发现，上述经济发达、
响应程度不高的地区更多的是将创新驱动发展战略与区域的实际情况相结合，并
与其他的发展战略相融合，如北京将创新驱动发展战略与对外开放、政治中心的
构建进行了相融合，提出了"四个中心"功能建设；上海将创新驱动发展战略与
全球资源配置、产业引领、开放枢纽功能相结合，着力强化"四大功能"的主张。
对创新驱动发展战略响应程度较好的地区，从政策文本的结构上分析，符合中央
"十四五"规划建议出台的文本结构，但与自身治理环境特征的融合不足，更多
的是对中央出台政策的模仿，缺乏创新性与独创性。从这两方面也反映出，中央
出台的政策文本更多的是对中国经济进行宏观的把控与调整，具有普适性，既要
照顾落后地区的发展，也要对未来的发展提前进行谋划布局。

3.3.5   结论

通过对创新驱动发展战略的事件史的梳理，可以看出创新驱动发展战略在中
国具有很长的历史渊源，在中国的发展中占据重要的战略地位。同时对创新驱动
发展战略的相关理论进行梳理，主要从马克思的创新思想、熊彼特的创新理论、
波特的经济发展阶段理论、罗默的内生增长理论、创新系统理论、区域经济发展
理论、产业集群理论等，为后文的创新驱动发展战略的内容分解打下了理论基础。

从内容层面而言，就中央"十四五"规划建议析出的一级关键词来说，各省
区市的"十四五"规划建议中国家战略科技力量是响应最多的，占到响应总数的
27.4%，科技创新体制机制、人才创新活力、企业技术创新能力分别占到 25.7%、
24.6%、22.4%。

从空间层面而言，对中央"十四五"规划建议的响应程度存在区域上的差异。
第一，不同省区市出台的"十四五"规划建议对中央"十四五"规划建议的响应
程度不同，创新驱动所存在的动能也不相同，新疆的响应程度是最高的，其次为
安徽、江西、广西、广东等，最低的为西藏；第二，沿海东部省份的响应程度差
别最大，最高的是广东省，响应程度为 4.00%，而最低的上海市响应程度仅为
1.45%，差别较大；同样差别较大的也体现在西部地区，新疆的响应程度为 4.88%，
而西藏的响应程度仅为 1.28%，中部和东北地区的影响程度较为均匀；第三，各
地的响应程度与经济发展呈现出一定的负向相关关系，说明经济发展较差的地区
对创新驱动发展战略越来越重视，呈现出追赶经济发达地区的发展态势，并且也

在深入贯彻创新驱动发展战略的国家战略目标。各省区市出台的"十四五"规划建议,对于提高该地区创新能力能发挥重要作用的国家重大实验室、重大科技项目、体制机制创新等都作出了响应,这几项占比达到了37.5%。

从关联层面而言,创新驱动发展战略并不是一个单独的发展战略,从战略分解的一级指标来看,创新驱动发展战略与人才强国、科教兴国战略等存在内在的关联结构,科技创新体制机制响应占总响应数的25.7%,人才创新活力占24.6%,进一步地,在国家战略科技力量中,国家重大科技项目、战略性科学计划和科学工程也包含在其中,而军民融合战略中,对于这些也有提及,说明创新驱动战略与军民融合战略也存在一定的关联效应,可见创新驱动发展战略在整体上表现为一种复合交错的体系化结构。

3.4 可持续发展战略

可持续发展战略具有基础性、长期性、全局性等特征,是指导我国实现经济、社会、生态可持续发展的综合战略。可持续发展战略实现尤其强调了政府提供公共服务的职能,协调地方发展优先序,不仅仅由市场自发配置资源、提供产品。各级政府通过"十四五"规划等中长期规划响应了可持续发展战略,并进一步明确地方政府职能,提供义务教育、医疗卫生等相应的公共服务产品。"十四五"时期我国的可持续发展目标(sustainable development goal,SDG)在改善民生福祉,推动城乡和区域平衡发展,以及生态环境治理等方面仍存在较大挑战。

3.4.1 可持续发展战略演变

图 3-8 描绘了我国可持续发展战略的脉络。

1. 我国可持续发展进程开端(1994~2009 年)

1992 年联合国环境与发展大会以"可持续发展"为指导方针,制定并通过了《21 世纪议程》和《里约宣言》等重要文件,正式提出了可持续发展战略。1994年 3 月,《中国 21 世纪议程——中国 21 世纪人口、环境与发展白皮书》在国务院常务会议上正式通过,其是指导我国国民经济和社会发展的纲领性文件,开启了我国可持续发展的进程。中国成为世界上第一个编制出本国 21 世纪议程行动方案的国家。1995 年 9 月,中共十四届五中全会正式将可持续发展战略写入《中共中央关于制定国民经济和社会发展"九五"计划和 2010 年远景目标的建议》,提出"必须把社会全面发展放在重要战略地位,实现经济与社会相互协调和可持续发展"。这是党的文件中第一次使用"可持续发展"的概念。1996 年 3 月,根据中共

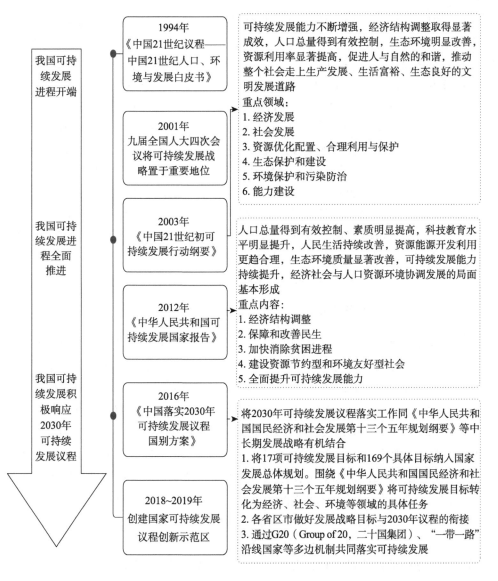

图 3-8　我国可持续发展战略脉络图

十四届五中全会精神，第八届全国人民代表大会第四次会议批准了《国民经济和社会发展"九五"计划和 2010 年远景目标纲要》，将可持续发展作为一条重要的指导方针和战略目标上升为国家意志。1997 年 9 月，中共十五大进一步明确将可持续发展战略作为我国经济发展的战略之一。1998 年 11 月，国务院印发《全国生态环境建设规划》。《全国生态环境建设规划》指出，"生态环境是人类生存和发展的基本条件，是经济、社会发展的基础。保护和建设好生态环境，实现可持续发展，是我国现代化建设中必须始终坚持的一项基本方针"。

2001 年 3 月，九届全国人大四次会议通过《中华人民共和国国民经济和社会发展第十个五年计划纲要》，将实施可持续发展战略置于重要地位，实现了可持续发展战略从确立到全面推进的重大进展。2003 年国务院正式印发《中国 21 世纪初可持续发展行动纲要》，提出了我国可持续发展的目标、重点领域和保障措施，其成为进一步推进我国可持续发展的重要政策文件。《中国 21 世纪初可持续发展行动纲要》提出，我国 21 世纪初可持续发展的总体目标是：可持续发展能力不断增强，经济结构调整取得显著成效，人口总量得到有效控制，生态环境明显改善，资源利用率显著提高，促进人与自然的和谐，推动整个社会走上生产发展、生活富裕、生态良好的文明发展道路。其后，国务院分别发布了重点行业层面的可持续发展指导文件，如《关于同意在山西省开展煤炭工业可持续发展政策措施试点意见的批复》（国函〔2006〕52 号）、《关于促进资源型城市可持续发展的若干意见》（国发〔2007〕38 号），提出建立健全资源型城市可持续发展长效机制等举措，从而促进资源型城市、老工业基地的产业转型。

2. 我国可持续发展进程全面推进（2010~2015 年）

主体功能区规划、战略和制度是中国可持续发展的制度设计，前瞻性地提出了首个未来全国国土空间保护和利用基本格局的方案，2011 年国务院发布《全国主体功能区规划》、2011 年在全国人民代表大会发布的《中华人民共和国国民经济和社会发展第十二个五年规划纲要》中上升为"主体功能区战略"、2013 年在中共中央十八届三中全会会议决议中被确定为"主体功能区制度"。针对我国在发展中出现的区域差距扩大、空间开发无序、生态环境恶化等问题，主体功能区制度明确了各区域主体功能，确立了促进人口、经济、资源、环境相协调的国土空间开发导向，有重点地制定了评价机制，有效引导区域按照科学目标合理开发、建设，通过控制国土功能空间开发总量实现了全域可持续发展。

2012 年 6 月，《中华人民共和国可持续发展国家报告》正式发布。中国推进可持续发展战略的总体目标是：人口总量得到有效控制、素质明显提高，科技教育水平明显提升，人民生活持续改善，资源能源开发利用更趋合理，生态环境质量显著改善，可持续发展能力持续提升，经济社会与人口资源环境协调发展的局面基本形成。2013 年国务院印发《全国资源型城市可持续发展规划（2013—2020年）》（国发〔2013〕45 号），该文件根据《中华人民共和国国民经济和社会发展第十二个五年规划纲要》《全国主体功能区规划》等编制，是指导全国各类资源型城市可持续发展和编制相关规划的重要依据。《全国资源型城市可持续发展规划（2013—2020 年）》涉及 262 个资源型城市，并要求这些城市到 2020 年资源枯竭城市历史遗留问题基本解决，可持续发展能力显著增强，转型任务基本完成，资源富集地区资源开发与经济社会发展、生态环境保护相协调的格局基本形成，转变经济发展方式取得实质性进展，建立健全促进资源型城市可持续发展的长效机制。2015 年农业部、国家发展和改革委员会、科学技术部、财政部、国土资源部、环境保护部、水利部、国家林业局印发《全国农业可持续发展规划（2015—2030年）》（农计发〔2015〕145 号），优化农业生产力布局，促进农业可持续发展。

3. 我国可持续发展积极响应 2030 年可持续发展议程（2015~2030 年）

2015 年 9 月，193 个国家的领导人在联合国发展峰会上共同通过一整套旨在消除贫困、保护地球、确保所有人共享繁荣的 2030 年可持续发展议程。它涵盖 17个可持续发展目标以及 169 个具体目标，提出了我们面临的包括贫困、不平等、气候、环境退化、经济繁荣以及和平与正义在内的全球挑战，涉及经济发展、社会进步和环境保护三个核心方面。中国高度重视落实 2030 年可持续发展议程，率先发布《中国落实 2030 年可持续发展议程国别方案》及进展报告，将落实工作同《中华人民共和国国民经济和社会发展第十三个五年规划纲要》等中长期发展战略有机结合。2030 年可持续发展议程将为中国经济的转型升级和可持续发展提供新的强大动力，其中环境目标的内化为中国经济的转型提供了倒逼机制的国际规范。

2016 年国务院印发《中国落实 2030 年可持续发展议程创新示范区建设方案》（国发〔2016〕69 号），贯彻落实全国科技创新大会精神和《国家创新驱动发展战略纲要》，推动落实联合国 2030 年可持续发展议程，充分发挥科技创新对可持续发展的支撑引领作用。主要目标是在"十三五"期间，创建 10 个左右国家可持续发展议程创新示范区，科技创新对社会事业发展的支撑引领作用不断增强，经济与社会协调发展程度明显提升，形成若干可持续发展创新示范的现实样板和典型模式，对国内其他地区可持续发展发挥示范带动效应，对外为其他国家落实 2030年可持续发展议程提供中国经验。截至 2022 年 7 月，国务院分三批在 11 个城市启动了国家可持续发展议程创新示范区建设，分别是 2018 年 2 月批准的深圳、太原、桂林三个城市，2019 年 5 月批准的郴州、临沧、承德三个城市，以及 2022 年7 月批准的湖州、徐州、鄂尔多斯、枣庄、海南藏族自治州五个城市。

3.4.2　可持续发展相关理论与战略落实

1. 可持续发展的理论依据

1972 年联合国人类环境会议通过了《联合国人类环境会议宣言》，标志着可持续发展概念成型期的到来（Shi et al.，2019）。从增长理论到发展理论再到可持续发展理论，人类对"发展"的认识逐渐深化。"可持续发展"一词最早于 1980 年出现在国际自然保护同盟制定的《世界自然保护大纲》（*World Conservation Strategy*）中。1987 年世界环境与发展委员会的《我们共同的未来》报告中指出可持续发展要"着眼于全球，着手于区域"。同时期，国际上也重视起区域的研究，尤其是区域对于组织协调社会、经济生活的重要性（Scott and Storper，2003）。20 世纪 90 年代初，随着"可持续发展"上升成为全球性战略，我国也出台了《中国 21 世纪议程——中国 21 世纪人口、环境与发展白皮书》来响应这一战略号召。

我国区域可持续发展研究随着可持续战略推进，开启了可持续发展的系统学方向的研究。人地关系系统理论的探讨可以追溯到我国古代的"天命论""机械唯物论""人定胜天论"和西方近代地理学的"进化论""地理环境决定论""或然论""文化景观论"等。我国区域可持续发展的理论基础是吴传钧院士的"人地关系地域系统理论"，其探讨的核心是如何优化人地系统，并以此谋求区域的长期高效发展。这与区域可持续发展的核心是一致的（刘玉和刘毅，2003）。区域可持续发展的实质是协调和优化人地关系（申玉铭和毛汉英，1999；刘彦随和陈百明，2002）。区域 PRED 系统理论认为区域是由人口 P（population）、资源 R（resources）、环境 E（environment）和发展 D（development）问题的互相作用、影响和制约而形成的统一体，其核心思想是强调区域各子系统的协调耦合发展，包括时空耦合、系统内要素耦合以及区域间的耦合。区域 PRED 的协调发展既是区域可持续发展的前提条件，也是最终目标（陆大道和樊杰，2012；毛汉英，2018）。区域 PRED 重视系统分析和模型优化的方法，旨在通过对区域 PRED 的模型建立、分析、预测来识别关键的"调控开关"，如人口出生率、部门投资比例、科技教育规模、排放量标准、资源分配等，从而服务于区域发展规划和决策，以达到区域 PRED 系统的优化，最终实现区域可持续发展。方创琳（2003）将 PRED 系统拓展到 $P_DR_DE_DE_DE_DS_D$ 系统，是人口、资源、生态、环境、经济、社会这六大系统全面发展、协调的综合问题，实现了区域 PRED 系统和人地系统的统一。

2. 中国可持续发展战略

在可持续发展理论和实践指导下的国家战略，具有坚实的理论基础和丰富的哲学内涵。面对实现其战略目标所规定的内容，根据国情和具体条件，制订实施的方案和规划，从而组成一个完善的战略体系，在理论上和实证上寻求战略实施过程中的"满意解"。生态文明建设可以看作可持续发展的中国制度、中国实践。近年来，随着中国经济社会的不断发展，我们对可持续发展的认识也在不断深化，出现了不少新的提法，如生态文明，创新、协调、绿色、开放、共享的新发展理念，绿色循环低碳发展，绿水青山就是金山银山，美丽中国，人类命运共同体等。党的十八大以来，生态文明建设已居于治国理政方略的主导性地位，可持续发展和绿色发展已经被纳入"生态文明及其建设"这一更宏大的理论话语与政策框架体系之下。与此同时，"生态文明建设"与"可持续发展"之间依然是一种彼此促动、互鉴融通的关系。

2003 年国务院正式印发《中国 21 世纪初可持续发展行动纲要》，提出了我国可持续发展的目标、重点领域和保障措施，成为进一步推进我国可持续发展的重要政策文件。我国 21 世纪初可持续发展的总体目标是：可持续发展能力不断增强，经济结构调整取得显著成效，人口总量得到有效控制，生态环境明显改善，资源利用率显著提高，促进人与自然的和谐，推动整个社会走上生产发展、生活富裕、生态良好的文明发展道路。重点领域包括：经济发展，社会发展，资源优化配置、合理利用与保护，生态保护和建设，环境保护和污染防治，能力建设。

2012 年 6 月，《中华人民共和国可持续发展国家报告》正式发布。中国推进可持续发展战略的总体目标是：人口总量得到有效控制、素质明显提高，科技教育水平明显提升，人民生活持续改善，资源能源开发利用更趋合理，生态环境质量显著改善，可持续发展能力持续提升，经济社会与人口资源环境协调发展的局面基本形成。重要研究内容如下：把经济结构调整作为推进可持续发展战略的重大举措，把保障和改善民生作为推进可持续发展战略的主要目的，把加快消除贫困进程作为推进可持续发展战略的急迫任务，把建设资源节约型和环境友好型社会作为推进可持续发展战略的重要着力点，把全面提升可持续发展能力作为推进可持续发展战略的基础保障。

可持续发展战略与经济增长导向式战略的央地分解响应机制存在差异。中央行政分权、财政分权等容易导致地方官员为了追求地区的经济绩效与财政最大化而忽略教育、医疗、环境保护等非生产性、社会性公共品的投入。可持续发展战略落实过程中具有成本投入的长期性、成果的外溢性等特点。现有以经济增长、环境治理为目标的战略落实主要以促进增长或降低污染等单目标为主探讨地方政府的激励与问责机制，对于生态、经济、社会可持续发展多目标落实的解释力有限。可持续发展战略的落实过程中从中央至地方的可持续发展目标降尺度分解、量化评估的难度高，导致上级政府难以根据准确、有效的评估对地方政府实行纵向考核机制。地方政府作为可持续发展战略公共服务供给的主体，选择性职能履行会导致可持续发展战略在地方层面传导、落实低效。实现可持续发展战略在地方层面的有效落实需要从国家层面综合统筹跨领域、跨层级、多利益主体之间的战略实施。

3. 中国 2030 可持续发展目标分解与落实情况

中国高度重视落实 2030 年可持续发展议程，率先发布落实 2030 年可持续发展议程的国别方案及进展报告，将落实工作同《中华人民共和国国民经济和社会发展第十三个五年规划纲要》等中长期发展战略有机结合，统筹推进"五位一体"总体布局，秉持创新、协调、绿色、开放、共享的新发展理念，着力推进高质量发展，加快推进 2030 年可持续发展议程国内落实，在多个可持续发展目标上实现早期收获。中国政府将从战略对接、制度保障、社会动员、资源投入、风险防控、国际合作、监督评估等七个方面入手，分步骤、分阶段推进落实 2030 年可持续发展议程。战略对接旨在将 2030 年可持续发展议程与中国国内中长期发展规划有机结合，在落实国际议程和国内战略进程中相互促进，形成合力。战略对接的重点包括以下三个方面：一是将 17 项可持续发展目标和 169 个具体目标纳入国家发展总体规划，并在专项规划中予以细化、统筹和衔接。《中华人民共和国国民经济和社会发展第十三个五年规划纲要》提出"积极落实 2030 年可持续发展议程"，实现了可持续发展议程与国家中长期发展规划的有效对接。各政府部门围绕《中华人民共和国国民经济和社会发展第十三个五年规划纲要》重要内容，将可持续发展目标转化为经济、社会、环境等领域的具体任务。比如，经济领域制定了《国家创新驱动发展战略纲要》《全国农业可持续发展规划（2015—2030 年）》《国家信息化发展战略纲要》；社会领域出台了《中共中央 国务院关于打赢脱贫攻坚战的决定》《"健康中国 2030"规划纲要》；环境领域编制了《中国生物多样性保护战略与行动计划（2011—2030 年）》《国家应对气候变化规划（2014—2020 年）》等。二是推动各省区市做好发展战略目标与国家落实 2030 年可持续发展议程整体规划的衔接。三是推动多边机制制定落实 2030 年可持续发展议程的行动计划，提升国际协同效应。中国积极推动 G20 制定落实可持续发展议程的行动计划，推动"一带一路"建设与沿线国家落实可持续发展议程紧密对接、相互促进，支持联合国各区域经济委员会和各专门机构为落实各自区域、各自领域的相关目标制定规划。

国家着重推动建设可持续发展实验区与可持续发展议程创新示范区。国家可持续发展实验区从 1986 年开始建设，是由 20 个国务院部门和地方政府共同推动的一项地方可持续发展实验试点工作。30 多年来国家可持续发展实验区按照可持续发展的要求，在大城市改造、小城镇建设、社区管理、环境保护及资源可持续利用、资源型城市发展、旅游资源的可持续开发与保护等方面积累了丰富的经验。国家可持续发展实验区在实践中依靠科技创新开展实验示范，探索不同类型地区的经济、社会和资源环境协调发展的机制与模式，为不同类型地区实施可持续发展提供示范样板，起到引领带动作用，为推进国家可持续发展战略实施提供了积极、有益的尝试，也为推动《中国 21 世纪议程——中国 21 世纪人口、环境与发展白皮书》积累了重要的经验。截至 2014 年 3 月，中国已经建立起国家可持续发展实验区 189 个，遍及全国 90%以上的省区市。可持续发展议程创新示范区可以看作可持续发展与创新驱动发展的战略融合。2016 年国务院印发《中国落实 2030 年可持续发展议程创新示范区建设方案》（国发〔2016〕69 号）。该方案贯彻落实全国科技创新大会精神和《国家创新驱动发展战略纲要》，推动落实联合国 2030 年可持续发展议程，充分发挥科技创新对可持续发展的支撑引领作用。主要目标是在"十三五"期间，创建 10 个左右国家可持续发展议程创新示范区，科技创新对社会事业发展的支撑引领作用不断增强，经济与社会协调发展程度明显提升，形成若干可持续发展创新示范的现实样板和典型模式，对国内其他地区可持续发展发挥示范带动效应，对外为其他国家落实 2030 年可持续发展议程提供中国经验。截至 2022 年 7 月，国务院分三批在 11 个城市启动了国家可持续发展议程创新示范区建设，分别是 2018 年 2 月批准的深圳、太原、桂林三个城市，2019 年 5 月批准的郴州、临沧、承德三个城市，以及 2022 年 7 月批准的湖州、徐州、鄂尔多斯、枣庄、海南藏族自治州五个城市。

脱贫攻坚作为第一个百年奋斗目标的底线任务，始终是中国政府工作的重中之重。20 世纪 80 年代开始，中国政府连续近 40 年开展以农村为中心的大规模、有计划、有组织的扶贫开发行动，取得了巨大成就。伴随贫困发生率降低，中国剩余贫困人口呈现出分布较为分散、贫困深度深、帮扶难度大等特点。为改进中国扶贫开发工作的针对性、摸清贫困人口底数、提高扶贫资金使用效率，2013 年 11 月 3 日，习近平总书记在十八洞村考察时提出："要建档立卡摸清每户致贫原因，不能'手榴弹炸跳蚤'。"习近平总书记提出了十六个字要求：实事求是、因地制宜、分类指导、精准扶贫。"扶贫开发成败系于精准，要找准'穷根'、明确靶向，量身定做、对症下药，真正扶到点上、扶到根上。"习近平总书记创造性提出精准扶贫、精准脱贫基本方略，引领脱贫攻坚伟大决战，走出中国特色扶贫开发之路[①]。我国于 2021 年取得了脱贫攻坚战全面胜利，为世界扶贫减贫和人类包容性发展贡献了中国智慧。

乡村振兴作为党的十九大提出的重要战略，是新时代做好"三农"工作的总抓手。乡村振兴是包括产业振兴、人才振兴、文化振兴、生态振兴、组织振兴的全面振兴，实施乡村振兴战略的总目标是农业农村现代化，总方针是坚持农业农村优先发展，总要求是产业兴旺、生态宜居、乡风文明、治理有效、生活富裕，

---

① 《走出中国特色扶贫开发之路》，http://www.qstheory.cn/laigao/ycjx/2022-06/27/c_1128780887.htm[2022-11-20]。

制度保障是建立健全城乡融合发展体制机制和政策体系。乡村振兴战略包括五个核心内涵：一是发展壮大农村产业，二是有效缩小城乡差距，三是整体消除农村贫困，四是全面提升农村民生，五是显著改善农村生态。

中国提出的共建"一带一路"旨在开展更大范围、更高水平、更深层次的区域合作。2013年9月和10月，中国国家主席习近平在出访哈萨克斯坦和印度尼西亚时先后提出共建"丝绸之路经济带"和"21世纪海上丝绸之路"的重大倡议①。共建国家发展水平差异大，许多国家长期存在多方面发展制约，长期得不到发展。中国积极推动与相关国家开展发展战略对接，搭建多边共商的论坛平台，为共建"一带一路"提供稳定、透明、高质量的资金支持，推动实施一大批重大基础设施合作项目，加大对共建国家的援助力度，给予大量官员培训和公派留学名额，从硬件和软件两方面增强广大发展中国家的可持续发展能力。要坚持正确的义利观，"一带一路"倡议奉行互利共赢的开放合作原则，义利兼顾，以义为先。以义为先是建立可信赖的牢固伙伴关系的基础，兼顾利益，可激发市场主体的积极性、创造性，并使"一带一路"更好地汇聚资源，积累资本，实现可持续增长。深度参与全球生态环境治理。加强国际交流和履约能力建设，推动落实2030年可持续发展议程，建设绿色"一带一路"。实施积极应对气候变化的国家战略，推动和引导建立公平合理、合作共赢的全球气候治理体系。成功举办《生物多样性公约》第十五次缔约方大会，积极讲好中国生态环保故事，不断提升我国在全球环境治理体系中的话语权和影响力。

3.4.3 可持续发展战略逻辑分解

以"十四五"规划纲要作为研究对象识别可持续发展战略在地方层面的预期性、约束性目标，以及地方多元性、自主性难以协调落实之处，对于落实我国可持续发展战略具有重要意义。

可持续发展战略分解的文本逻辑。根据前序规划与政策内容梳理，可持续发展战略落实过程中，基本可分为生态环境可持续、经济可持续、社会可持续三部分（表3-4）。围绕2030年可持续发展议程的17个可持续发展目标与《中华人民共和国国民经济和社会发展第十四个五年规划和2035年远景目标纲要》进行整合分类，分别建立可持续发展战略与《中华人民共和国国民经济和社会发展第十四个五年规划和2035年远景目标纲要》的材料和节点联系。通过一级编码、二级编码、三级编码的关键内容，对相关表述进行归类整合，利用NVivo软件建立31个省区市关于可持续发展战略响应的矩阵编码表。

---

① 《〈推动共建丝绸之路经济带和21世纪海上丝绸之路的愿景与行动〉（全文）》，http://world.people.com.cn/gb/n1/2017/0309/c411452-29134334.html[2022-11-20]。

表 3-4　可持续发展战略指标分解编码表

大类编码	一级编码	二级编码示意（括号内为三级编码）
A：生态环境可持续	A1：SDG13 采取紧急行动应对气候变化及其影响	碳排放
	A2：SDG14 保护和可持续利用海洋和海洋资源以促进可持续发展	海洋产业、海洋生态系统
	A3：SDG15 保护、恢复和促进可持续利用陆地生态系统，可持续地管理森林，防治荒漠化，制止和扭转土地退化，遏制生物多样性的丧失	主体功能区、自然资源利用、生物多样性等
	A4：SDG6 为所有人提供水和环境卫生并对其进行可持续管理	黄河/长江流域、水生态修复、水资源利用等
B：经济可持续	B1：SDG11 建设包容、安全、有抵御灾害能力和可持续的城市和人类住区	国家（区域）中心城市、新型城镇化、住房保障等
	B2：SDG12 采用可持续的消费和生产模式	扩大内需、绿色发展、资源型城市转型等
	B3：SDG2 消除饥饿，实现粮食安全，改善营养状况和促进可持续农业	耕地红线、粮食安全、农业现代化等
	B4：SDG7 确保人人获得负担得起、可靠和可持续的现代能源	能源安全、能源基建、清洁能源
	B5：SDG8 促进持久、包容性和可持续经济增长，促进充分的生产性就业和人人获得体面工作	对外开放（"一带一路"、海南自由贸易港、自由贸易试验区）、经济产业安全、就业优先等
	B6：SDG9 建造具备抵御灾害能力的基础设施，促进具有包容性的可持续工业化，推动创新	产业转型升级（产业集群、产业转移、战略性新兴产业）、创新驱动（国家科技创新中心、国家可持续发展议程创新示范区、国家实验室、国家自主创新示范区、制度创新）、交通基础设施、数字基础设施、区域协调发展等
C：社会可持续	C1：SDG1 在全世界消除一切形式的贫困	脱贫攻坚
	C2：SDG10 减少国家内部和国家之间的不平等	城乡均衡、公共服务均等化、社会救助等
	C3：SDG16 创建和平、包容的社会以促进可持续发展，让所有人都能诉诸司法，在各级建立有效、负责和包容的机构	边疆安全与民族稳定、国防安全、社会治理等
	C4：SDG17 加强执行手段，重振可持续发展全球伙伴关系	对外合作、对外援助
	C5：SDG3 确保健康的生活方式，促进各年龄段人群的福祉	健康、养老、医疗卫生等
	C6：SDG4 确保包容和公平的优质教育，让全民终身享有学习机会	教育
	C7：SDG5 实现性别平等，增强所有妇女和女童的权能	妇女儿童权益

3.4.4 可持续发展战略文本分析

1. 从生态环境、经济、社会可持续三方面分析各省份对可持续发展战略的响应情况

可持续发展战略的总体响应情况。从响应结构上看,各省份"十四五"规划建议对经济可持续方面的关注度大于生态环境与社会可持续的关注度,经济可持续的内容在各省份"十四五"规划建议占比平均值达到58.51%。从文本词频响应数量来看,前五位分别是青海、山西、重庆、云南、河南。

从区域对生态环境可持续响应的空间布局来看,响应程度较高的区域集中在西北部与东北部省份,与我国西北、东北部的生态功能区分布一致。从文本词频响应数量来看,前五位分别是青海、河南、宁夏、内蒙古、山西,均属于黄河流域范围。从生态环境可持续的关注结构上看,主要集中在SDG15(保护、恢复和促进可持续利用陆地生态系统,可持续地管理森林,防治荒漠化,制止和扭转土地退化,遏制生物多样性的丧失)与SDG6(为所有人提供水和环境卫生并对其进行可持续管理)。从二级编码来看,主要集中在生态文明、主体功能区战略、生态修复与治理、环境保护污染防治、生态功能区、水资源利用等内容。

从区域对经济可持续响应的空间布局来看,并未呈现明显的集中区域。从文本词频响应数量来看,前五位分别是山西、重庆、青海、辽宁、江西,分别对应了资源转型与老工业基地、西部国家中心城市、生态脆弱区等不同经济发展阶段的省份。从关注结构上看,主要集中在SDG9(建造具备抵御灾害能力的基础设施,促进具有包容性的可持续工业化,推动创新)。从二级编码来看,主要集中在产业转型升级、产业集群、数字经济、创新驱动、交通基础设施、区域协调发展等内容。

从区域对社会可持续响应的空间布局来看,响应程度高的地区集中在西部、边疆地区。从文本词频响应数量来看,前五位分别是云南、青海、西藏、广西、福建。从关注结构上看,主要集中在SDG10(减少国家内部和国家之间的不平等)、SDG16(创建和平、包容的社会以促进可持续发展,让所有人都能诉诸司法,在各级行政区域建立有效、负责和包容的机构)、SDG3(确保健康的生活方式,促进各年龄段人群的福祉)。从二级编码来看,主要集中在公共服务均等化、收入分配、社会治理等内容,在云南、西藏等欠发达、边疆省份中脱贫攻坚、边疆安全与民族稳定也是重点内容。

2. 从功能区分析可持续发展战略的响应情况

黄河流域划分了6个重要生态功能区,分别是三江源水源涵养重要区、甘南水源涵养重要区、若尔盖水源涵养重要区、黄土高原丘陵沟壑土壤保持重要区、

毛乌素沙地防风固沙重要区及黄河三角洲湿地生物多样性保护重要区。黄河流域在我国生物多样性保护和水资源生态功能维持方面具有重要意义。根据对 SDG6（为所有人提供水和环境卫生并对其进行可持续管理）的文本分析，青海、山西、内蒙古、河南等沿黄河省份对流域保护等文本响应程度高，同时还制定了流域生态修复、重点功能区保护等多项重点工程计划。

根据对 SDG2（消除饥饿，实现粮食安全，改善营养状况和促进可持续农业）的文本分析，集中区分布在黑龙江、吉林、内蒙古、河南、重庆、贵州、云南。其中，黑龙江、吉林、内蒙古、河南与粮食主产区分布一致。2022 年国家统计局数据显示，粮食产量连续 8 年稳定在 1.3 万亿斤（1 斤=500 克）以上，23 个省区市粮食增产，22 个省区市粮食产量超过 1000 万吨，13 个省市区粮食产量超过 2000 万吨。黑龙江粮食产量最高，达 7763.1 万吨，河南排名第二，粮食产量为 6789.4 万吨。山东位居第三，粮食产量为 5543.8 万吨。安徽、吉林分别位列第四、第五。从地区分布看，北方地区粮食生产占据较大优势。面对区域间不同的粮食生产能力，为保障主产区与主销区之间的供需平衡，须进一步优化解决方案和工作重点。对黑龙江、吉林、辽宁、内蒙古等主产区来说，需要注重粮食销售渠道的扩展，保障种粮农民收益；对北京、上海、广东、浙江、福建等主销区来说，则需要加强本地粮食稳定供给。因此，建立稳定的产销合作长效机制势在必行。一方面，促使粮食生产和消费有序衔接、顺畅流通，稳定主产区粮食生产能力，促进种粮农民增收；另一方面，为主销区提供稳定、可靠的粮源供给，提高国家粮食安全综合保障能力。

3. 发展优势地区与发展困难地区

发展优势地区与创新驱动发展优势地区的范围根据《推动形成优势互补高质量发展的区域经济布局》一文进行确定，因此本节将北京、上海、广州、深圳等特大城市，以及杭州、南京、武汉、郑州、成都、西安等大城市所在的 8 个省份划作发展优势地区。根据 17 个可持续发展目标进行文本分析，发现对 SDG9（建造具备抵御灾害能力的基础设施，促进具有包容性的可持续工业化，推动创新）的关注比重最高，通过对优势地区的响应结构分析发现，除了 SDG9，河南对 SDG15 生态环境可持续方向也有较高的关注程度。

SDG9 的主要响应区域集中于重庆、山西、辽宁、江西、山东、湖北、青海等地，并未呈现特殊的集聚格局。其中，山西对 SDG9 的响应主要集中在产业转型升级，包括了产业集群、产业转移、战略性新兴产业等内容。重庆对 SDG9 的响应主要集中在区域协调发展，重庆作为我国西部的重要中心城市，不仅要大力推进成渝地区双城经济圈发展，还要衔接西部大开发、长江经济带等重大区域战略。

国家可持续发展议程创新示范区作为创新驱动发展战略与可持续发展战略的重要战略融合形式，截至 2022 年 7 月 10 日，批准建立了深圳、太原、桂林、郴州、临沧、承德、湖州、徐州、鄂尔多斯、枣庄、海南藏族自治州 11 个国家可持续发展议程创新示范区。这些国家可持续发展议程创新示范区是为了破解新时代社会主要矛盾、落实新时代发展任务，作出示范并发挥带动作用，为全球可持续发展提供中国经验而作出的重要决策部署。

发展困难地区与脱贫攻坚是解决绝对贫困问题的重要部署。根据对 SDG1（在全世界消除一切形式的贫困）的文本分析，集中区分布在云南、重庆、青海、内蒙古、安徽、福建、湖南等地，分别对应了边疆地区、民族地区、山区与革命老区等发展困难地区，集中区布局与 SDG2 中的贫困地区有一定程度的重叠，脱贫攻坚的重点地区通常也是乡村振兴中亟待发展建设的农村地区。

3.4.5 结论

我国高度重视落实 2030 年可持续发展议程并在中长期规划中予以衔接体现。我国可持续发展战略分解落实过程中基本遵循生态环境、经济、社会可持续三方面，并且能够建立与 17 个可持续发展目标的对应关系。从文本分析结果上看，各省份"十四五"规划纲要对经济可持续方面的关注度大于生态环境与社会可持续的关注度，与我国当前阶段亟须优化经济结构、促进产业转型升级的高质量发展需求相适应。生态环境、社会可持续的响应布局呈现区域差异。生态环境可持续响应程度较高的省份与山水林田湖草沙生态系统分布相关，集中在重点生态功能区、流域、山脉等。社会可持续响应程度较高的省份则多为边疆民族地区、生态脆弱区等发展困难或公共服务供给不足的地区，反映了我国区域发展不平衡不充分的矛盾。

可持续发展目标落实过程中遵循区域功能主导、优势互补的原则。从功能区的角度分析各省区市的响应情况发现，对 SDG6（为所有人提供水和环境卫生并对其进行可持续管理）响应程度较高的省份集中在流域范围，加强流域省份对水资源开发与保护的举措既有利于黄河流域生态保护和高质量发展、长江经济带等区域重大战略实施，又能有效落实可持续发展目标。对 SDG2（消除饥饿，实现粮食安全，改善营养状况和促进可持续农业）响应程度较高的地区集中分布在黑龙江、吉林、内蒙古、河南等地，这些是保障我国粮食安全的重要区域。根据区域功能和优势重点落实"三区三线"与主体功能区划是有效缓解可持续发展目标之间的冲突，提高可持续发展目标全球—国家—区域协同的有效途径。边疆地区同时还承担了我国国防安全、边疆安全的重要功能，因此在功能主导原则下可适当建立军民融合、与国防相关的产业体系。

根据区域发展的阶段差异制定相应举措推进不同战略之间的融合。例如，中心城市及城市群当前的可持续发展目标是通过创新、绿色发展促进产业转型升级、新型城镇化、工业化、数字化，实现可持续经济增长，因此创新驱动发展战略与可持续发展战略在发展优势地区能够形成有效的协同关系。在发展困难地区的可持续首要目标则是提高人民生活水平、保障基本公共服务，为了实现巩固拓展脱贫攻坚成果同乡村振兴的有效衔接，可持续发展目标的减贫目标可统筹纳入乡村振兴战略。

3.5 乡村振兴战略

党的十八大以来，在以习近平同志为核心的党中央的坚强领导下，乡村发展不断开创新局面。在党的二十大报告中，习近平作出了"全面推进乡村振兴"的重要指示，要求"坚持农业农村优先发展，坚持城乡融合发展，畅通城乡要素流动。加快建设农业强国，扎实推动乡村产业、人才、文化、生态、组织振兴。"[①]回顾中国经济体制改革和发展历程，尽管总体方向是确定的、连续稳定的，但是在不同时期的具体任务和目标却有一定的差异。自新中国成立以来，对于中国乡村战略的演化，如图 3-9 所示。具体可以分为四个阶段：城乡二元结构阶段、家庭

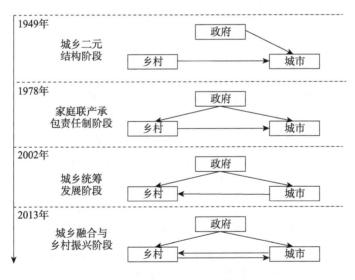

图 3-9 中国乡村战略演化过程

---

①《习近平：高举中国特色社会主义伟大旗帜 为全面建设社会主义现代化国家而团结奋斗——在中国共产党第二十次全国代表大会上的报告》，http://www.gov.cn/xinwen/2022-10/25/content_5721685.htm[2023-03-29]。

联产承包责任制阶段、城乡统筹发展阶段、城乡融合与乡村振兴阶段。

3.5.1 乡村振兴战略演变

1. 城乡二元结构阶段（1949~1977 年）

在新中国成立初期，中国经济社会发展速度处于较低水平，为了解决人民的温饱问题，提升科技及生产水平，中国实施了城市以现代化大工业生产为主、农村以人民公社为主的城乡二元结构。城乡二元结构以二元户籍制度为核心，从政治、经济、文化等方面，制定了 14 个二元社会制度体系，将城市和乡村区分对待，形成了森严的城乡壁垒。严格的户籍制度加大了农民对土地的依赖，使土地成为农民重要的生活保障，但随之而来的是城乡的差距加大。农民失去了平等的就业权、迁徙权等，同时为了重工业的发展，通过计划经济体制，更多的资源、资金、政策向城市涌入，而农村更主要的作用是为城市发展助力，出现农民的投入和回报不匹配的问题，最终加剧了"剪刀差"问题，深化了城乡差距。孔祥智和何安华（2009）估算，从在 1949 年到 1997 年，通过农产品价格"剪刀差"，农村为国家工业发展提供了累计超过 12 641 亿元的资金。尽管由于国家对于农村发展制定的"暗税"政策，中国的经济社会发展取得了有效进步，但这也导致了乡村农产品、土地、金融、工资"剪刀差"的现实状况，城乡居民差距逐步加大，"三农"问题也逐渐显现出来。

2. 家庭联产承包责任制阶段（1978~2001 年）

自 1978 年开始，针对农村发展，中国开始实行家庭联产承包责任制制度。这项改革给予农民更多的自主权，不但解放了农村生产力，而且对于农业生产效率、生产数量、质量也有着重大的促进作用，极大程度地改善了农村生活水平。由于农业改革的成功，坚定了中国政府执行改革的决心，从 1984 年开始，中国政府正式在城市和其他经济领域实行改革开放，减弱了以往高度集权的政治体制，从而进一步加快实现了中国经济社会高效发展的目标。家庭联产承包责任制的推行，减弱了农民对土地的依赖，保障了农民选择退出农业的权利，加快了中国城镇化发展和乡镇企业的崛起。尽管家庭联产承包责任制的实施为农民、农业、农村发展带来了巨大收益，广大农村地区也走向脱贫致富之路，但这种小农经济由于缺乏必要的规模经济、组织和现代化农业的支撑，逐渐落后于社会发展，成了制约我国农村发展的重要问题。

20 世纪 90 年代以来，中国城市化、工业化迅猛推进，城乡二元结构日趋凸显，农业、农村、农民问题成为该时期城乡统筹的重点；新时代国家把"三农"问题作为小康社会建设和社会主义现代化强国建设的重要内容，先后实施了精准扶贫、乡村振兴战略，以期补齐农村发展的短板，缩小城乡差距，推动城乡融合发展。

3. 城乡统筹发展阶段（2002~2012 年）

自改革开放以来，尽管由于家庭联产承包责任制的推行，大多数农村地区摆脱了贫困，但城乡二元结构所带来的"剪刀差"问题并未得到根本解决，差距反而逐渐扩大，解决"三农"问题、减少城乡差异，已经成为迫在眉睫的问题。自2004 年以来，中共中央、国务院连续以"指导'三农'工作"为主题发布中央一号文件，并提出"全部取消农业税""工业反哺农业、城市支持农村"的政策。同时各地也相继出台了相关政策，通过加大资源要素等向农村地区投入力度，优化区域内产业集约式发展，从而实现城乡统筹发展。城乡统筹发展是城乡关系从融合到分离再到融合的必然趋势，是生产力发展到一定水平的必然结果，而在党的十六届三中全会上国家更是把"统筹城乡发展"置于国家"五个统筹"的首要位置，中国对于解决好"三农"问题，推进农村优质、高效发展，缩小城乡差距，实现全面建成小康社会，表明了决心。但是由于农村发展基础差，在城乡统筹发展过程中，存在投资、教育、基础设施、就业、文化等方面的极大劣势，城乡间基础公共服务能力差距问题越发严重，城乡差距的问题并没有得到有效解决。

4. 城乡融合与乡村振兴阶段（2013 年至今）

自 21 世纪以来，国家对乡村发展的重视越发强烈，农村生活也得到了显著改善。新时代，为了实现全面建成小康社会的目标，中国提出建立健全城乡融合发展体制机制和政策体系，表明中国已经步入了工业化与城镇化发展的成熟阶段，并着眼于新型城乡关系发展。在国家持续加大对乡村发展支持力度的过程中，尽管农村生活水平得到了有效提升，传统的"三农"问题（土地分配、赋税负担）得到有效解决，但城乡差距仍然存在，新"三农"问题（农村空心化、农业边缘化、农民老龄化）日益严重（谈慧娟和罗家为，2018）。在城乡融合发展战略的推进中，乡村发展的问题日益明显，城乡收入仍有较大差距，乡村基本公共服务仍然落后，农村环境亟须改善，城乡要素自由流动阻碍明显，同时在全国范围内，乡村发展也存在着区域性差别。在这种乡村发展状况下，乡村振兴战略应运而生，中国欲通过政府手段来改善乡村发展中的不足，加快城乡融合发展进程。

2017 年，在党的十九大报告中首次提出了"实施乡村振兴战略。农业农村农民问题是关系国计民生的根本性问题，必须始终把解决好'三农'问题作为全党工作重中之重"。2018 年中共中央、国务院印发了《乡村振兴战略规划（2018—

2022 年)》，并发出通知，要求各地区各部门结合实际认真贯彻落实。2021 年初，《中共中央 国务院关于全面推进乡村振兴加快农业农村现代化的意见》，即中央一号文件发布，这是 21 世纪以来第 18 个指导"三农"工作的中央一号文件，这足以表明中国对于解决好城乡发展问题、推进乡村振兴的决心；同年 2 月 25 日，国务院直属机构国家乡村振兴局正式挂牌（根据 2023 年 3 月 16 日印发的《党和国家机构改革方案》，在农业农村部加挂国家乡村振兴局的牌子。）。中国欲通过乡村振兴战略的实施，坚持农业农村优先发展，激发农村各类要素的潜能，增强乡村发展的能动性，实现城乡优质、高效融合发展。

3.5.2 乡村振兴战略相关理论与战略内容

1. 国外乡村发展研究

国外对于乡村发展的研究主要依托于城乡关系理论的发展，而城乡关系理论伴随着国外工业化进程不断完善。从全球范围观察可以发现，乡村的发展都遵循着"农村助力城市发展—城乡二元结构模式—城乡融合发展"的演化进程。城乡一体化的想法最早由欧文、莫尔和傅里叶等空想社会主义研究学者提出，并想借此解决日益严重的乡村贫困与城乡差距问题。18 世纪，亚当·斯密提出加快乡村的发展，深化与城市的联系，需要提高乡村农产品剩余，形成工农业二元经济结构。杜能针对城市与农村的联系与发展，提出了杜能环理论，也被称为"农业区位论"。19 世纪霍华德提出了"田园城市"理论，并建议统筹城市与乡村的优势，建立一体化的理想城市。20 世纪，乡村城市化越发普遍，对于当下乡村发展，沙里宁提出了"有机疏散理论"；赖特提出了"广亩城"的想法，这也是美国城乡发展的原型。21 世纪，西方学者对于乡村的发展研究主要包括乡村社区发展理论、乡村增长中心理论、选择性空间封闭理论、城乡一体化理论等。其中，爱泼斯坦和杰泽夫提出了"三维城乡"理论，旨在从乡村增长区域、乡村增长中心和城市中心三个维度促进乡村发展；弗里德曼和道格拉斯提出了以农村为中心自下而上的发展模式。加里加等提出了通过加强城乡间各要素的自由流通，促进资源最优配置，从而优化乡村发展。

2. 国外发展经验

美国的乡村振兴之路从其工业化发展中期开始，依托完全市场经济体制，采取了发展农业、培养乡村自我发展能力、增加补贴、提高农民技术水平、强化基础设施建设等措施，经过 30 年的时间实现城乡一体化。英国作为第一个高度城市化的国家，英国政府通过建立中心城市的卫星城，建立"田园城市"，并推出第一个具有完整体系的城乡发展规划，通过城乡管理机构，促进乡村与城市和谐发展。日本主要依托政府的政策支持，通过农村、农民、产业发展和土地开发利用战略，依托产学合作制度，并加大财政投入，最终于 20 世纪 70 年代实现城乡一体化。韩国通过中央政府调控措施，采用"贸易立国"的战略和"新村运动"的模式，促进乡村产业、环境、教育、公共福利和社会保障等方面高效发展。

3. 马克思主义乡村发展理论

马克思和恩格斯认为城乡融合是工业和农业发展的必然走向，是促进生产力发展的基础，代表着人类社会步入全新的发展阶段。促进乡村的发展，缩小城乡间差距，就要优化城乡间资源要素配置，采用社会主义生产方式，推进人口合理分配，推动工农业融合发展，积极发展交通运输基础设施建设，并采取城市反哺农村和先进技术支持等手段。列宁对马克思和恩格斯的理论进行了拓展，提出建立工农经济联盟，通过政府的支持，加大政策扶持，以及人口市民化、技术互惠互通，以此加快乡村发展，消除城乡差距。

4. 国内乡村发展研究

我国的乡村发展研究主要围绕着"三农"问题展开。徐宏（2004）提出缩小城乡差距，要从产业发展、空间布局、资源配置、劳动就业、收入分配入手。牛坤玉等（2020）通过整理知网数据库关于乡村振兴的研究，发现对于乡村振兴战略的研究主要针对四大问题——人才、土地、资金、机制，这四大问题主要源自乡村发展中专业人才紧缺、土地要素活力不足、乡村造血能力与资金扶持力度不足、促进乡村发展的制度改革不完善的实际问题。同时乡村振兴的研究还关注乡村振兴与脱贫攻坚、乡村振兴与粮食安全、政府主导与市场机制、农民内生动力之间的内在关系，希望通过相互促进关系，加快乡村战略高效推进。文琦等（2019）认为，当前国家正在实施以国土空间规划为引领的规划管控体系，乡村振兴也应从科学布局生产空间、生活空间、生态空间方面开展工作，同时对于技术规范体系的发展也应同步推进。新时代乡村振兴应围绕乡村新型经营主体的分化与培育、乡村产业演变与选择、乡村生态环境整治、乡村文化重构与治理、乡村规划发展与标准研判等一系列问题展开。1998 年有学者从学科的角度出发，认为日本乡村振兴政策体系分为经济学、社会学、生态学三种不同视角。借鉴这一认识，卢向虎和秦富（2019）基于中国实施乡村振兴战略的具体部署和规划内容，建立了经济学、社会学、生态学、文化学、政治学五种不同视角的政策体系。

在城乡发展的过程中，"新三农"问题开始显现，农村空心化、农业边缘化、农民老龄化的问题亟待解决。针对农村发展的问题，中共中央、国务院发布了《关于实施乡村振兴战略的意见》，并针对乡村发展提出了 20 字方针——产业兴旺、生态宜居、乡风文明、治理有效、生活富裕，同时党中央也明确了现阶段乡村发展的重点方向和任务。对于乡村发展的研究大多数学者也依据这 20 字方针构建乡村发展测量指标体系，以此来分析中国乡村发展的现状与问题。

5. 乡村振兴战略内容

产业兴旺既是实现乡村振兴的重点，也是推动乡村振兴发展的引擎。振兴农村发展的首要前提是要有足够的资源投入，这主要体现在人、土地和金钱三个方面。但是，各种资源要素的流动都是基于市场交易的原理。振兴农村地区必须以工业发展为基础，以便更好地吸引各种优质资源，否则，不仅不能吸引高质量的外国资源，还会导致本地资源要素的迅速流出。当然，在优惠政策的指导下，各种资源要素可以集中在农村地区。但是，中国农村地域辽阔，依靠各级政府向大多数农村地区提供的"输血"援助，很难充分实现中国的农村发展。因此，为了使各种资源要素自发流入农村并促进乡村振兴战略的五个目标和任务的同步发展，必须把促进农村产业的繁荣作为第一要务。

生态宜居既是实现乡村振兴的关键，也是留下乡村人口、实现可持续发展的根本。作为农民生产生活的基本载体，建设生态住宅是农民最现实、最迫切的希望。必须通过工业繁荣和生态宜居性将各种资源要素吸引到农村，以确保农村地区能够保留以优质劳动力为代表的各种资源要素，从而使农村真正具有吸引力，构建一个可以保留住人才的美丽家园。特别是乡村振兴战略具有长期性，为了确保农村社会经济的可持续发展，必须把生态宜居性作为农民生产、生活和农村工业发展等各个方面的基本前提，必须摒弃用生态平衡来换取产业繁荣和生活繁荣的发展道路。

乡风文明既是实现乡村振兴的保障，也是促进乡村振兴发展的内部动力。在乡村振兴战略的五个目标和任务中，乡风文明是将农村发展与城市发展区分开来的重要特征和优势。尽管它不能起到关键的作用，但足以起到推进乡村特色发展的作用。作为社会文明演进的最终体现，文明的乡村习俗将影响乡村中家庭和邻居文化素质的提升。乡风文明影响家庭和邻居文明的演变，这不仅为乡村产业的发展提供了更丰富的文化载体，还创造了和谐的农村社会环境，为推动乡村振兴提供了良好的发展环境，促进了各项目标任务的有序推进。

治理有效既是实现乡村振兴的基础，也是推进乡村振兴各项任务实现的关键。

创造稳定的农村社会环境不仅是保证农村生态宜居的首要前提，还是促进农村产业繁荣的重要基础。乡村具有优越的自然资源优势，但受区域治理的限制，不仅会增加当地农民的生产成本，还会增加外资进入该村的交易成本，并阻碍农村产业的发展。因此，治理的有效性与"农业、农村和农民"的发展密切相关。治理有效性的程度、水平和质量直接决定着农村振兴和发展的进度及有效性。

生活富裕是农村居民最关心的利益问题，是"以人为本"的乡村振兴战略的最终评价标准。农村振兴的立足点和发起点是振兴农村社会经济，使农民过上富裕的生活。这是满足人民生活需求的积极做法。只有农民基本满足了对衣食的基本生理需求，他们才有足够的闲暇时间来继承和发展农村优良的传统文化，从而进一步实现有效的农村治理。同时，富裕的生活还要求农民参与农村社会经济发展活动，确保农民有权分享发展红利，并让农民成为乡村振兴的直接受益者。

3.5.3　乡村振兴战略逻辑分解

目前，我国针对如何促进乡村发展以及解决"三农"问题，已明确了乡村振兴战略的发展思路，强调"产业兴旺、生态宜居、乡风文明、治理有效、生活富裕"的发展方针。由于乡村经济、文化、历史、环境等发展现状的差异，各地乡村发展措施也存在着差异。本节将通过政策文本分析方法，对中国 31 个省区市在其"十四五"规划建议中对于乡村振兴战略的响应程度进行分析。

政策文本的主要方法涉及政策文本内容分析方法、政策文本计量分析方法、政策文本数据处理方法和政策文本数据挖掘方法。对于政策文本的处理办法主要有文本向量空间、分词、词性标注、功能词提取、剪枝（pruning）/词频矩阵、上下文关键字（keyword in context，KWIC）、术语识别、词频统计、词频分布、政策词表、共词分析、多维分析、网络分析、政策文本自动分类/聚类、自动编码、自动摘要等，主要运用 OpenNLP、自然语言工具包（natural language toolkit，NLTK）、WordSmith、WordStat、R 语言 Segment、ReadMe、NVivo、SPSS Text Analytics for Surveys 等工具软件。本节将使用 NVivo 软件对中国 31 个省区市的"十四五"规划建议进行政策文本分析，从文本中提取关键词作为参照节点，并对概念关键词进行词频统计、分类、聚类、编码，得出各省区市对于乡村振兴战略的响应逻辑，并以此进行分析。

通过 NVivo 导入 31 个省区市的"十四五"规划建议，通过文本词频分析，对这 31 个省区市的"十四五"规划建议文本中与乡村振兴战略相关的内容进行分析。如表 3-5 所示，针对乡村振兴战略，其核心是农业和农村的发展与建设，以及通过制度的健全保障加快战略的推进，这与中央要解决好"三农"问题相一致。

表 3-5　乡村振兴战略词频统计

关键词	计数	加权百分比
农业	482	2.64%
农村	445	2.44%
发展	395	2.16%
乡村	338	1.85%
制度	300	1.64%
振兴	176	0.96%
机制	173	0.95%
土地	206	0.90%
产业	158	0.87%
服务	147	0.79%
经营	203	0.77%
城乡	136	0.75%
帮扶	133	0.73%
改革	132	0.72%
脱贫	125	0.69%
农民	120	0.66%

同时，在 31 个省区市的"十四五"规划建议中，推进乡村振兴战略的侧重点也存在差异，本节依托 2018 年《乡村振兴战略规划（2018—2022 年）》，参考 31 个省区市的"十四五"规划建议和 2021 年《中共中央 国务院关于全面推进乡村振兴加快农业农村现代化的意见》的政策要点，通过对各文本的阅读，提取关键词，组成编码节点。

二级节点依据乡村振兴战略实施意见提出的 20 字方针——产业兴旺、生态宜居、乡风文明、治理有效、生活富裕，结合贾晋等（2018）的乡村振兴战略体系分析框架，从产业、生态、文化、治理、发展五个维度对乡村振兴战略进行分解。产业发展是乡村振兴的基础，通过政策和发展机制推动农业现代化和产业深度融合，以此推动农村经济的飞速发展。生态建设助力乡村振兴经久不衰，通过民生保障和人居环境的提升以及对生态的保护和修复，提升乡村宜居程度，改善农村人口减少、人才进入意愿不强的问题，同时，通过坚持绿色发展理念，实现资源的合理利用，最终实现经济发展、保护资源和保护生态环境协调一致，推动国家可持续发展战略的进程。文化建设是乡村振兴的直接表现，农村居民综合素质提升，传统民俗被发扬光大，居民业余生活变得丰富多彩，这些转变是乡村振兴最好的体现。治理体系的完善为乡村振兴提供坚实保障，通过基层组织领导与村民民主自治相融合的治理模式和逐步完善的法治德治体系，实现乡村治理有效、高效。通过乡村振兴战略和城乡融合政策，加大对乡村建设的要素投入，实现农村居民生活富足，生活水平提升，城乡差距逐步缩小，城乡二元结构问题得到有效解决。三级节点则根据 31 个省区市的"十四五"规划建议的内容，通过扎根理论，提取四级节点关键词，并将关键词分类、合并，形成 17 个三级节点概念词，再从维度划分，将 17 个三级节点合并到 5 个二级节点核心分类中，最终形成了乡村振兴战略分析体系框架（图 3-10）。

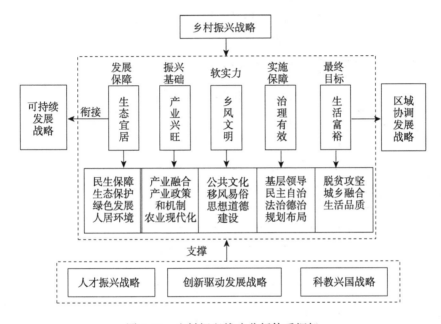

图 3-10　乡村振兴战略分析体系框架

如图 3-10 所示，对于乡村振兴战略的实施，需要人才振兴战略、创新驱动发展战略、科教兴国战略等其他国家战略的支撑。通过这些战略的推进，加大对乡村的人才、技术、资金等要素高质量投入，促进乡村产业、生态、文化、公共服务、组织等高效发展，更好地解决"三农"问题，实现农业高质发展、农民生活富裕、城乡差距进一步缩小，最终实现乡村的全面振兴。同时乡村振兴战略也是可持续发展战略和区域协调发展战略的重要一环，乡村是中国不可或缺的重要组成部分，国家发展战略的实施同样也不能缺少乡村，通过乡村的生态环境治理，实现乡村的可持续发展，从而做好国家可持续发展战略的有效衔接。对于国家区域协调发展战略来说，城乡的有效融合是战略推进的重要指标。因此，乡村是国家的重要组成部分，乡村振兴战略发展的成效对国家经济社会发展有着极其深远的影响。

3.5.4　乡村振兴战略文本分析

本节对细化的四级节点和三级节点关键词进行统计分析，各省区市文本中出现一次，则在词频统计上加"1"，最终得到各省区市规划建议中二级指标的乡村振兴战略推进侧重关系和一级指标的乡村振兴战略重视程度，以此来分析各省区市在"十四五"期间对于国家乡村振兴战略的响应程度。

如表 3-6 所示，对于乡村振兴战略，除上海、北京、青海，在"十四五"期间其他大部分地区对于乡村振兴战略都有着积极的响应。其中，对乡村振兴战略响应程度最高的几个地区依次为吉林、云南、安徽、江苏、黑龙江。相比之下，中国四个直辖市的响应频次较少，其中北京、上海尤为明显。

表 3-6　乡村振兴战略响应度分析

省区市	乡村振兴战略	产业兴旺	生态宜居	乡风文明	治理有效	生活富裕
安徽	117	34	17	6	6	54
北京	22	3	6	1	3	9
福建	82	24	11	2	9	36
甘肃	93	21	14	5	8	45
广东	69	21	10	2	6	30
广西	91	32	10	2	7	40
贵州	92	52	13	4	5	18
海南	92	33	11	1	9	38
河北	80	32	9	2	5	32
河南	105	44	16	5	5	35
黑龙江	112	37	30	1	7	37
湖北	75	28	11	1	4	31
湖南	80	30	9	1	6	34
吉林	123	54	22	1	4	42
江苏	115	34	19	4	6	52
江西	86	24	12	3	5	42
辽宁	67	26	6	0	4	31
内蒙古	101	32	23	2	6	38
宁夏	78	19	11	1	5	42
青海	35	8	8	5	3	11
山东	75	29	7	1	5	33
山西	96	50	9	0	4	33
陕西	84	32	11	1	5	35
上海	20	1	7	1	1	10
四川	59	25	6	2	3	23

续表

省区市	乡村振兴战略	产业兴旺	生态宜居	乡风文明	治理有效	生活富裕
天津	69	27	8	1	4	29
西藏	84	34	10	1	3	36
新疆	71	27	6	1	4	33
云南	120	29	15	7	11	58
浙江	52	17	6	2	4	23
重庆	61	4	10	2	4	41

31 个省区市对于乡村振兴战略的响应，更偏向于产业的发展，希望通过产业兴旺为乡村发展打下坚实的基础，促进乡村的经济发展。同时，对于乡村生活富裕的目标，各地区积极巩固拓展脱贫攻坚成果同乡村振兴的有效衔接工作，从体制机制等方面加大农村发展的自由度，促使城乡融合高效推进。在生态宜居方面，尽管对于乡村的描述较少，但乡村作为区域生态可持续发展的重要组成部分，也承担着重要的任务。但各地区对治理有效和乡风文明的响应频次相对较少，对这两个要素的响应程度也较弱。

对于当下我国各地区农村发展现状，从全国第三次农业普查数据可以看出，在农民问题上，我国农民主要分布在东部地区、中部地区和东北地区，西部地区农民较少。对于各省区市，北京、天津以及长江三角洲大部分地区农民的收入明显高于其他地区，而西部和东北地区的农村发展相对较慢，收入水平相对较低。因此，对于东北地区，积极推进乡村发展是当下的重中之重。东北地区发展的优势在于，农民平均受教育水平相比其他地区较高，而西部应加快农村教育发展，推进农民知识水平提升。在农村基础设施方面，东北地区的火车通村率相对较高，但村内、通村的道路设施建设相对较差。除此之外，西部地区和东北地区，高速公路的出入口更少地连接所在乡镇，所以在交通基础设施上，东北地区的建设亟须加速推进。在关于乡村卫生处理相关基础设施建设的问题中，供水问题在西部更严重，垃圾处理则是东北地区亟须整改的问题，而污水处理和厕所改革，是当下中国乡村基础设施发展的关键问题，也是乡村生态宜居的关键。在乡村能源和通信设施方面，通过国家政策，乡村通电，电话、电视以及网络的普及程度已经取得了相当大的提高，但是西部地区仍存在一些问题，亟须缩小与其他地区的差距。为了更好地让农村地区享受到数字经济发展的红利，应继续推动乡村互联网建设，提高电子商务配送站点的分布率，加快农村数字化发展。在生活能源选择上，东北地区更多地使用柴草，对天然气的使用率相对较低，这不利于促进乡村生态宜居建设，所以乡村能源也是东北地区发展的重要关注点。总体上乡村对可再生能源的使用水平较低，未来应加大投入力度，实现乡村绿色可持续发展。综上所述，东北和西部地区是当下农村发展问题较大的地区，也是亟须在乡村振兴战略下快速发展、弥补差距的地区。

从整体上看，乡村振兴战略的响应程度较高的地区是东北地区、以云南省为代表的西南地区和部分东部地区。在乡村振兴战略中推进乡村产业兴旺方面，全国各省区市都有意积极发展农村产业，并以此带动农村经济发展，为乡村振兴的实现打下坚实的基础。对于生态宜居的响应，东北地区有着明显的重视程度，在其发展规划中，对于生态保护等的重视程度相对较高。对于乡风文明建设，西部地区和中部地区则更为重视。对于实施更有效的治理模式，实现乡村生活富裕，南部和东部地区普遍具有更高的重视程度，西北地区和东北地区部分城市较为重视，欲通过组织领导推进城乡生活差距的缩小，尽快实现农民富裕，进而实现乡村全面振兴。

在各省区市"十四五"规划建议文本中，吉林、贵州、山西、河南对"产业兴旺"的描述相对较多；黑龙江、内蒙古、吉林、江苏、安徽对于"生态宜居"的重视程度相对更高；对于"乡风文明"要素，云南、安徽、甘肃、河南、青海则更为看重；在"治理有效"方面，云南的响应程度最高；在推进"生活富裕"的目标时，云南、安徽、江苏提出了相对较多的策略规划。

从五大要素在 31 个省区市"十四五"规划建议文本中乡村振兴战略所占比重上看，贵州、山西、吉林、四川、河南地区相对更注重"产业兴旺"；上海、北京、黑龙江、青海、内蒙古则相对更重视"生态宜居"；对于"乡风文明"，青海、云南、甘肃、安徽、上海响应比重更高；而北京、福建、海南、云南、广东对于"治理有效"的关注度相对更重；在"生活富裕"上，重庆、宁夏、上海、江西、甘肃设置了更大的比重。

3.5.5　结论

从乡村发展的事件史分析来看，为了实现国家的快速发展，加快中国工业化进程，通过政策的偏向，形成了城乡二元结构的模式，城乡发展差距自此不断拉大。自 21 世纪以来，我国经济社会取得了举世瞩目的成绩，但在农村发展中，尽管乡村生活水平不断提升，但与城市的差异化问题仍未得到有效解决。为了解决好"三农"问题，国家始终将农村发展置于重要位置，并给予农村发展更多的支持和帮助。在城乡发展的国家战略层面上，从城乡统筹发展到城乡融合发展，表明了中国要缩小城乡差距，全面实现小康社会；通过乡村振兴战略，发展乡村产业，提升乡村宜居度，良好地继承乡村的风土民情，借助有效的治理手段实现乡村生活水平显著提升，最终将我国建成富强民主文明和谐美丽的社会主义现代化强国。

通过文本分析发现，31 个省区市对于乡村振兴战略的响应程度存在着差异。总体上看，各地区对于发展乡村产业，提升乡村经济实力，以及采取更有效的体制机制加快城乡融合，巩固脱贫攻坚成果，有着更加强烈的行动意愿，希望通过这些举措推进乡村发展，提升乡村生活水平，缩小城乡间收入差距。但对"生态宜居""乡风文明""治理有效"的响应较少。"生态宜居"和"乡风文明"是一项长远的、费时费力的工作，需要好的运行办法和大量的资源、资金投入，因此需要先做好产业兴旺，通过强产业、强经济为乡村的可持续发展打下坚实的基础。各地区应加大有效治理工作的响应程度，采取民主、高效、因地制宜、特色的治理手段，统筹协调各方力量，打破分散发展的局面，推进乡村振兴战略的有效实施。

东北地区和西部地区是当前农村发展问题较严重的地区，这两个地区乡村发展受限的主要原因是基础设施建设相对落后，这与当地政策规划响应的着重点相契合。因此，东北地区和西部地区应积极落实政策文本规划内容，加快缩小与其他地区的基础设施建设差距，从而带动乡村更好地发展。

对于经济发展相对落后的地区，其城乡发展的差距相对较小，所以更应抓住城乡发展的机遇，通过合理的布局规划，加快城乡一体化发展脚步，实现区域整体高效发展，带动区域经济的快速提升。对于经济发达地区，应加大对乡村的投入力度，扩大对乡村地区资金、人才、技术的扶持，加大对乡村的政治倾斜力度，积极挖掘乡村优势资源，加速乡村的发展，从而缩小乡村与城市间的差距。

3.6 军民融合战略

军民融合战略旨在将国防和军队现代化建设融入国家经济建设之中，推进经济建设与国防建设的协调发展、平衡发展与兼容发展，构建军民一体化的国家战略体系和能力。我国对国防建设与经济建设规律的认识，是在 70 多年的不懈探索和实践过程中逐渐积累形成的，具有特定的发展脉络。经过 70 多年的不懈探索，我国经济建设和国防建设都取得了重大成就，军民融合发展进入由初步融合向深度融合过渡，进而实现跨越发展的关键战略机遇期。推动国防建设和经济建设良性互动，确保在全面建成小康社会进程中实现富国和强军的统一，是我国建设社会主义现代化强国的必由之路。

3.6.1 军民融合战略演变

新中国成立初期，我国就实行"全民皆兵军民一体"的战备体制，之后军民融合的发展是伴随着社会主义市场经济不断完善，从军民分离逐步走向军民融合，从以军为主逐渐过渡到深度融合的过程,在不同时期军民融合有不同的侧重点。

1. 军民结合,平战结合(1949~1977 年)

20 世纪 50 年代以前,受限于当时的历史背景和国际局势,我国实行"全民皆兵军民一体"的战备体制。1956 年,毛泽东同志在《论十大关系》中创造性地提出正确处理国防建设和经济建设的关系,形成"军民兼顾"战略思想①。1958 年党中央提出"军民结合,平战结合"方针,正式拉开了军民结合的序幕。

这一时期我国长期处于"早打、大打、打核战争"的临战状态,国防和军队建设是国家的工作重心,国防建设与经济建设基本分离,"全民皆兵"。但经过近30 年的探索,以毛泽东同志为核心的党的第一代中央领导集体清晰地认识到国防建设与经济建设间关系的重要性,并提出了"军民结合"的基本方针,为之后几十年的实践探索奠定了基础。

2. 军民结合、平战结合、军品优先、以民养军(1978~1997 年)

进入改革开放新时期,党的十一届三中全会提出要把全党工作重点转移到以经济建设为中心的社会主义现代化建设上来。1985 年召开的中央军委扩大会议提出国防和军队建设要转变到和平时期的发展轨道上来,并强调国防和军队建设要服务于经济大局。改革开放后,邓小平提出了"军民结合,平战结合,军品优先,以民养军"的十六字方针,这是对毛泽东"军民两用"思想的继承和发展②。此后,国防科技工业开始实行军民结合,走上了"军民兼容""军民结合"的道路。1991年发布的《中华人民共和国国民经济和社会发展十年规划和第八个五年计划纲要》提出要"继续调整国防科技和国防工业结构,力争到本世纪末实现'军民结合、平战结合、军品优先、以民养军'的目标,提高国民经济军民兼容程度,增强平战转换能力"。1997 年颁布的《中华人民共和国国防法》重申了"国防科技工业实行军民结合、平战结合、军品优先、以民养军的方针",这也是军民融合战略首次以法律形式确立。

这一时期我国的军民融合政策有了重大突破,提出国防建设必须要以经济建设为基础,服务于经济建设大局,该时期也要求军队与国防科技工业要支援和积极参加国家经济建设,腾出力量来搞军民两用和民用,同时提出培养军队和地方

---

① 《推动军民融合深度发展》,https://news.12371.cn/2017/11/21/ARTI1511215727728942.shtml[2022-11-20]。

② 《军事专家就"中国特色军民融合"发表观点和看法》,http://www.gov.cn/jrzg/2007-12/11/content_830410.htm[2022-11-20]。

两用人才，国防建设开始逐步与经济建设融合。

3. 军民结合、寓军于民（1998~2006 年）

20 世纪 90 年代末期，国际形势发生巨大变化，面对世界多极化和经济全球化趋势，以江泽民同志为核心的党的第三代中央领导集体提出"经济建设与国防建设'两头兼顾、协调发展'"①和"军民结合、寓军于民"②的基本思想。党的十六大进一步明确要"深化国防科技工业体制改革，坚持寓军于民，建立健全竞争、评价、监督和激励机制，增强自主创新能力，加快国防科技和武器装备发展"③。进入 21 世纪以后，党中央明确指出建立军民结合、寓军于民的创新机制，实现国防科技和民用科技相互促进和协调发展，首次提出军民结合的创新机制建设。2001 年发布的《中华人民共和国国民经济和社会发展第十个五年计划纲要》提出："坚持军民结合，寓军于民，大力协同，自主创新，建立适应国防建设和市场经济要求的新型国防科技工业体制。发展高新技术武器装备，努力提高现代化水平。发展军民两用技术，促进军工技术的和平利用。"2006 年国务院印发的《国家中长期科学和技术发展规划纲要（2006—2020 年）》提出要完善军民结合、寓军于民的机制，发展军民两用技术，提高国家安全保障能力。在此过程中，鼓励技术创新，强化科技资源的整合与共享，逐步推进军民结合型高技术产业发展，着力提升高新技术武器装备的自主供给能力，对军民科技成果转化也提出了诸多扶持措施。

这一时期出台的军民融合政策一方面强调了经济建设和国防现代化建设的重要地位，提出要优化军队结构，紧抓"打得赢""不变质"两大历史性课题，实行科技强军战略；另一方面要求国防科技工业按照社会主义市场经济要求建立完善的竞争、激励机制，同时削减了新兴产业中民营企业进入武器装备科研生产领域的行业壁垒，为新兴产业军民融合发展提供了良好的宏观政策和法制环境。"军转民、民参军"逐步成为军民融合政策体系的核心。

4. 军民融合式发展（2007~2014 年）

2007 年党的十七大提出"建立和完善军民结合、寓军于民的武器装备科研生

---

① 《努力推进经济建设和国防建设协调发展——学习领会习主席关于实现富国和强军相统一的重要指示》，http://www.81.cn/jwgd/2013-12/10/content_5686156.htm[2022-11-20]。

② 《军民融合：强国强军的战略选择》，https://www.12371.cn/2012/08/30/ARTI1346269891948124.shtml?from=groupmessage[2022-11-20]。

③ 《江泽民在中国共产党第十六次全国代表大会上的报告》，http://www.gov.cn/test/2008-08/01/content_1061490.htm [2022-11-20]。

产体系、军队人才培养体系和军队保障体系，坚持勤俭建军，走出一条中国特色军民融合式发展路子"①，军民融合开始由国防科技工业拓展到国防建设的各个领域。2009年工业和信息化部开始积极培育国家级军民结合产业基地，这些军民结合产业基地均依托当地军用技术优势，建立了军地联动机制，促进了当地新兴产业的军民融合发展。2011年发布的《中华人民共和国国民经济和社会发展第十二个五年规划纲要》单列篇章对军民融合式发展作出部署安排，提出推进军民融合式发展，要"坚持国家主导、制度创新、市场运作、军民兼容原则，统筹经济建设和国防建设，充分依托和利用社会资源，提高国防实力和军事能力，大力推进军地资源开放共享和军民两用技术相互转移，逐步建立适应社会主义市场经济规律、满足打赢信息化条件下局部战争需要的中国特色军民融合式发展体系"。2013年党的十八届三中全会审议通过《中共中央关于全面深化改革若干重大问题的决定》将军民融合发展作为"深化国防和军队改革"的重大任务之一，纳入国家全面深化改革的总体布局。

这一时期我国的军民融合政策开始由国防科技工业拓展到国防建设的各个领域，融合形式不断丰富，融合范围不断拓宽，融合层次不断提高，取得了显著成效。

5. 军民融合正式上升为国家战略（2015年至今）

2015年3月12日，习近平在十二届全国人大三次会议解放军代表团全体会议上，明确提出："把军民融合发展上升为国家战略。"②把军民融合上升国家战略是党中央作出的一个重大决策，也是推进中国特色社会主义事业，实现富国强军目标的必由之路。2016年发布的《中华人民共和国国民经济和社会发展第十三个五年规划纲要》提出："实施军民融合发展战略，形成全要素、多领域、高效益的军民深度融合发展格局，全面推进国防和军队现代化。"2016年《关于经济建设和国防建设融合发展的意见》印发，明确了新形势下军民融合发展的总体思路、重点任务、政策措施，是统筹推进经济建设和国防建设的纲领性文件。2017年10月18日，习近平在中国共产党第十九次全国代表大会上的报告中指出："坚持富国和强军相统一，强化统一领导、顶层设计、改革创新和重大项目落实，深化国防科技工业改革，形成军民融合深度发展格局，构建一体化的国家战略体系和能力。"③

① 《胡锦涛在党的十七大上的报告》，http://www.npc.gov.cn/zgrdw/npc/zggcddsb-cqgdbdh/2012-11/06/content_1742192.htm[2022-11-20]。

② 《习近平的三个"第一次"》，http://news.cnr.cn/native/gd/20150314/t20150314_518002994.shtml[2022-11-20]。

③ 《习近平：决胜全面建成小康社会 夺取新时代中国特色社会主义伟大胜利——在中国共产党第十九次全国代表大会上的报告》，http://www.gov.cn/zhuanti/2017-10/27/content_5234876.htm[2022-11-20]。

2020 年修订的《中华人民共和国国防法》将国防科技工业的发展方针修改为"实行军民结合、平战结合、军品优先、创新驱动、自主可控的方针"。

这一时期我国的军民融合战略迈入实质性的制度建设阶段，在立法、国家标准、重大计划等方面展开积极探索。当前和今后一个时期是军民融合的战略机遇期，也是军民融合由初步发展向深度融合过渡、进而实现跨越发展的关键期，军民融合整体效益与巨大潜力亟待挖掘和进一步发挥。在军民融合深度发展过程中，尤其需要处理好国际与国内、政府与市场、军队与地方三对关系，进一步把国防和军队建设融入经济社会发展体系，把经济布局调整同国防布局完善有机结合起来，不断提高经济建设和国防建设融合发展水平。

3.6.2　军民融合战略的理论解释

1. 军民融合是在保障国家安全的约束条件下有限度地融合

国防部门是伴随国家常备军的出现逐渐从社会生产中独立出来的专业化部门，国防工业和军队负责提供安全服务，民用部门为国防部门提供生活资料，军民两大部门间形成基本的分工格局，这是国防军事专业化程度不断提高、武器装备数量和种类不断增加的结果。但随着国防部门与民用部门各自内部分工的不断深化，其基础环节和基础技术会逐步走向趋同，两者的边界不断模糊。同时，随着生产过程的不断复杂化，每个部门或企业都必须与其他生产主体展开合作，这就带来了分工网络的一体化发展。产业分工深化和分工网络一体化发展趋势下，国防部门和民用部门在生产过程中会不可避免地形成交叉，并且其交叉程度会不断加深。因此，军民融合是产业分工深化和分工网络一体化发展的自然结果。但由于国防工业的特殊性，即使某些技术军民通用，为了防止己方技术通过民用产品泄露而为敌所用，仍需要通过行政手段保持军民分割或技术管制。所以，推进军民融合是在保障国家安全的约束条件下有限度地融合，既要考虑经济效益，也要考虑国防、社会等综合效益，实现富国与强军的统一。

2. 规模经济和范围经济特征奠定了军民融合发展的基础

军民融合是为了实现比军民分割时更大的综合效益和更高效率的资源配置，规模经济和范围经济特征奠定了其融合发展的基础。现代战争呈现出技术密集、资本密集和知识密集等新特性，对非战时的社会生产的物质支撑能力要求也越来越高，国防产业的资金、技术等需求急剧增长，如何协调国防建设和经济建设成为各国发展亟待解决的难题。军民融合旨在打破军用部门和民用部门之间的壁垒，加速要素、产品自由流通，降低综合成本，扩大市场规模，潜在地提高社会整体效益,具有规模经济和范围经济的特征。这主要体现在如下三个方面。①固定成本的可分摊性。国防工业由于其特殊性需要保持其在科学技术方面的前沿性,而现代科学研究是一个高风险、高投入、长周期的探索过程,军民融合发展能够推动相关科研成果技术在更大范围、更多场景中转化落地,扩大市场规模,增加产品种类,提高经济效益。②准公共投入性。军民融合体系下军用部门和民用部门能够共享一定的有形或无形资产,如共用部分基础设施、科研设施或科学技术,从而降低综合投入成本。③技术溢出效应。在现代产业体系下,国防部门和民用部门之间存在复杂的投入产出关系,技术、要素、产品能够通过产业链在两部门间进行流动,进而相互影响、相互溢出。军民融合的规模经济和范围经济特征能够降低社会综合成本,提高经济产出,实现技术溢出和产业结构优化,从而推动国防建设和经济建设统筹协调发展。

3. 军民技术通用性提高推动了军民深度融合趋势

当今时代,国防建设和经济建设的关系更为复杂,特别是技术方面,军事技术和民用技术两者的通用性越来越强,计算机、通信网络、核工业、先进制造业等国民经济产业体系的核心领域同时也都是军事工业的关键部门。据统计,85%的现代军事核心技术同时也是民用关键技术,80%以上的民用关键技术被直接运用于军事目的。军民技术间较强的通用性使得世界大多数国家都在大力推进军民融合发展。以信息产业为例,随着信息时代的到来,战争形态正从机械化战争向信息化战争转变,而我国军队仍处于机械化、信息化复合发展的特定阶段。另外,我国的信息技术企业已经具备较强的国际竞争力,并且这种趋势仍在持续发展,通过军民融合,能够在一定程度上补齐我国国防工业在信息化方面的短板,并能够在一些关键项目和环节上实现重点突破,抢占军事信息技术的制高点,以局部跃升推动和促进军队的现代化整体建设。通过在更广范围、更高层次、更深程度上推进军民融合,增强经济实力和国防实力之间的转换能力,进而增强平时向战时的转换能力,推动提升国防实力;通过军民融合实现资源共享、优势互补,逐步形成在重大基础设施、海洋、空天、信息等关键领域融合发展的大格局,实现国防建设和经济建设统筹发展。

3.6.3 各地区对军民融合战略的响应程度评估

2016 年 7 月,中共中央、国务院、中央军委印发《关于经济建设和国防建设融合发展的意见》(简称《意见》)。《意见》明确了新形势下军民融合发展的总体思路、重点任务、政策措施,是统筹推进经济建设和国防建设的纲领性文件。《意见》提出我国经济建设和国防建设融合发展的主要目标是:形成全要素、多领域、高效益的军民深度融合发展格局，使经济建设为国防建设提供更加雄厚的物质基础，国防建设为经济建设提供更加坚强的安全保障。《意见》明确了基础领域、产业领域、科技领域、教育资源、社会服务、应急和公共安全、海洋开发和海上维权、国家海外利益是军民融合战略实施的八大重点领域。其中，针对产业和科技领域，2017 年又相继发布《"十三五"科技军民融合发展专项规划》《国务院办公厅关于推动国防科技工业军民融合深度发展的意见》两项指导性文件，其中提出编制发布《军用技术转民用推广目录》《民参军技术与产品推荐目录》《国防科技工业社会投资领域指导目录》，建设军民科技协同创新平台等众多政策工具，从军转民、民参军、军民协同三方面对军民融合战略实施作出部署。

　　本节拟根据可公开获取的《军用技术转民用推广目录》和军民融合示范区名单两方面信息来评估我国的军民融合发展现状以及各地区对军民融合战略的响应实施情况。《军用技术转民用推广目录》由工业和信息化部与国家国防科技工业局两单位自 2010 年起联合定期发布，重点促进先进材料、智能制造、高端装备等重点领域的优秀技术成果转化落地，是我国推动落实军转民的重要措施。另外，工业和信息化部与国家国防科技工业局还印发了《民参军技术与产品推荐目录》，但由于其特殊性，该目录并不对外公布。军民融合示范区是我国探索军民融合深度发展的"试验田"，其不仅仅是军地双方在产业和技术层面的结合，更是要探索在体制机制、法律法规、技术标准、人才培养、军队保障、国防动员等领域高层次、全方位的深度融合。

　　《军用技术转民用推广目录》自 2010 年开始编制发布，由工业和信息化部与国家国防科技工业局两单位联合组织，从各军工集团公司和国防特色高校院所征集评选具有军民两用性强、市场应用前景广阔特点的军工技术成果，并向民用领域推广，对我国民用产业结构升级和技术进步发挥了重要的促进作用。尤其是2015 年军民融合战略上升为国家战略以来，《军用技术转民用推广目录》每年都发布 150 项左右的围绕智能制造、节能环保、动力与传动、通用航空等前沿领域的先进技术向民用领域推广。本节收集了可公开获取的 2015~2018 年度的《军用技术转民用推广目录》，共包含 383 家军工企业或高校院所的 610 项军工技术成果，并对这些技术成果的空间分布情况进行了分析，以评估各地对军民融合战略的响应程度。

　　从 2015~2018 年的《军用技术转民用推广目录》在地级市层面的空间分布情况的动态演化来看，空间覆盖范围逐步扩大，并逐步向非省会及内陆省市深化，这表明我国军转民力度不断提升，并在空间上呈持续深化态势。由于军工技术资源丰富，北京一直是军转民项目最多的地区，占到历年总项目数的 23%~42%，深圳、上海、成都、西安也是军转民项目集中的地区。兰州、保定、酒泉等地是2018 年才新进入《军用技术转民用推广目录》名单的城市，并且项目数量超过石家庄、郑州等省会城市，表明我国军民融合政策的力度持续提升，许多城市和中小城市开始逐步落实军民融合战略，军转民政策的空间响应持续深化。

2015~2018 年《军用技术转民用推广目录》在地级市和省级行政区层面的累积空间分布结果表明，一线城市和中西部省份是军转民政策落实的重点地区。从地级市层面累积分布情况来看，共计 64 个城市的项目进入了《军用技术转民用推广目录》名单，其中北京、深圳、上海、西安和成都是军转民项目数最多的前五大城市，分别占到总项目数的 30.5%、11.8%、6.4%、5.7%和 5.6%，合计占比 60.1%，是我国落实军转民政策的重点地区。从省级行政区层面的累积分布情况来看，除了新疆、西藏和海南外，其余各省级行政单位均分布有军转民项目，其中北京、广东、四川、陕西和上海是项目数最多的前五大省市，分别占到总项目数的 30.5%、12.3%、8.0%、6.9%和 6.4%，合计占比达到 64.1%，可以看出广东、四川、陕西三省的项目主要集中在一个城市。从进入《军用技术转民用推广目录》的地级市单元的所在省份分布来看，河南、江苏、山东、广东和山西五省拥有更多的地级市单元进入《军用技术转民用推广目录》，表明这五省的军工资源分布更为广泛，具备在更大范围和更深层次推进军民融合战略的基础。

工业和信息化部自 2009 年起组织开展国家新型工业化产业示范基地创建工作，截至 2021 年已在全国 22 个省区市分 8 个批次认定了 36 个国家军民融合创新示范基地[①]。2018 年 3 月，十九届中央军民融合发展委员会第一次全体会议审议通过《国家军民融合创新示范区建设实施方案》，进一步强调国家军民融合创新示范区是推动军民融合深度发展的"试验田"，要以制度创新为重点任务，以破解影响和制约军民融合发展的体制性障碍、结构性矛盾、政策性问题为主攻方向，探索新路径新模式，形成可复制可推广的经验做法。军民融合创新示范区以军民融合为特征、以产业发展为载体、以改革创新为驱动、以引领示范为导向，是军民在经济、科技、教育、人才、制度等各个领域全方位深度融合的新型经济主体，是军民融合类园区发展的更高阶段，更能反映各地区对落实军民融合战略的综合响应水平。

2018 年《国家军民融合创新示范区建设实施方案》发布后，长沙、青岛、佛山、绵阳等地纷纷积极筹建国家军民融合创新示范区。根据我国现阶段公布的 36 个国家军民融合创新示范基地在 22 个省区市的空间分布情况，其主要分布在中西部省份。湖北、湖南和四川三省各有三家国家级军民融合创新示范基地，福建、辽宁、安徽、河北、贵州、重庆、陕西和甘肃八省市各有两家国家级军民融合创新示范基地，其他地区均为一家。

---

① 2020 年发布的《国家新型工业化产业示范基地（第九批）公示名单》不包含军民融合类建设基地，国家军民融合创新示范区另行独立申报。

3.6.4　结论

我国军民融合战略主要承载区的空间布局形态与全国经济布局呈现出明显的差异。通过对《军用技术转民用推广目录》和国家军民融合创新示范基地的空间分布刻画可以发现，中西部省份是我国军民融合战略实施的重要承载区，而这与经济布局有着明显的差异，这一方面是由于军工资源的空间分布受市场规律影响小，尤其是三线建设等历史事件使得我国很多军工企业分布于内陆地区；另一方面，中西部地区在装备制造、电子信息等产业领域具备良好的产业基础和较强的发展潜力，而这也正是军民融合的重点领域，因此在产业结构上更加匹配，具备军民深度融合的基础和条件。

军民融合战略是推动内陆城市及中小城市产业结构升级，进而实现区域协调发展的有效途径。出于国防安全需求，军工资源的空间布局受市场规律影响小，在东北、中西部等内陆城市都有较为集中的布局，军民融合战略的实施是这些内陆地区实现技术进步、推动产业结构升级的重要契机，同时也是边境口岸城市完善基础设施的有效依托。因此，要进一步提升军民融合战略与其他国家战略之间在规划以及实施层面的协同性，统筹军地发展，充分挖掘战略实施潜力，实现富国与强军的统一。

3.7　科教兴国战略

3.7.1　科教兴国战略演变

我国科教兴国战略经历了从以邓小平同志为核心的党的第二代中央领导集体对科教兴国战略提出奠定基础的酝酿阶段，到以江泽民同志为核心的党的第三代中央领导集体在继承的基础上的科教兴国战略确立阶段，再到以胡锦涛同志为总书记的党中央根据时代的变化总结并改革科教兴国战略的发展阶段，现阶段处于以习近平同志为核心的党中央对科教兴国战略的丰富阶段，这些演变体现了国家根据时代变化并结合我国自身的发展情况，在不断更新科教兴国战略的目标。

1. 战略提出背景（1949~1994 年）

随着技术作为关键生产要素在经济发展中的作用越发重要，科技创新和教育改革在各国逐渐成为主流。知识作为经济发展的投入要素，其重要性与日俱增，知识密集型产业得以发展并对经济增长的作用日渐突出。20 世纪末，世界各国制定并推出了符合本国实际的科技和教育政策与改革。美国相继发布《促进美国经济增长的技术——经济发展的新方向》《面向可持续发展的未来的技术》《改变 21

世纪的科学与技术》等报告，成立美国国家科学技术委员会和总统科技顾问委员会，同时《普及科学——美国 2061 计划》将教育的中心任务确定为科学、数学和技术的普及。英国政府着手进行了一系列重大的科技体制改革和调整，将科学技术办公室并入贸易与工业部，重新改组科学技术委员会为政府提供独立的科技咨询，并相继发布《把学校办得更好》《20 世纪 90 年代英国高等教育的发展》等重视教育的文件。日本在 20 世纪 80 年代提出了"科学技术创造立国"口号，在 1995 年颁布了《科学技术基本法》。

中国在计划经济向社会主义市场经济转型初期，随着生产力的发展对科技和教育支撑产生迫切需求，开始初步尝试关于科学与教育的改革。在改革开放初期，经济建设并未直接建立在科技与教育的发展基础上，仅仅采取粗放式发展模式已经不能提高经济效益。邓小平在 1978 年 3 月全国科学大会提出"科学技术是生产力"[1]。1982 年 10 月，全国科学技术奖励大会明确提出"经济建设要依靠科学技术，科学技术要面向经济建设"的战略指导方针[2]。1985 年相继出台的《中共中央关于科学技术体制改革的决定》《中共中央关于教育体制改革的决定》中明确了科技、教育和经济之间相辅相成的关系。1987 年党的十三大上，提出"使经济建设转到依靠科技进步和提高劳动者素质的轨道上来"[3]。

2. 科教兴国战略确立阶段（1995~2002 年）

1995 年 5 月 6 日，《中共中央 国务院关于加速科学技术进步的决定》正式发布，提出了"坚定不移地实施科教兴国的战略"。科教兴国，是指全面落实科学技术是第一生产力的思想，坚持教育为本，把科技和教育摆在经济、社会发展的重要位置，增强国家的科技实力及向现实生产力转化的能力，提高全民族的科技文化素质，把经济建设转移到依靠科技进步和提高劳动者素质的轨道上来，加速实现国家的繁荣强盛。科教兴国战略是实现经济振兴和国家现代化的根本大计，振兴经济是科教兴国战略的首要目标，用科技和教育的发展来推进经济的进步。解决科教与经济相脱节的问题，促进科技成果的转化和推广。

3. 科教兴国战略发展阶段（2003~2015 年）

自主创新成为推进经济结构调整和转变经济发展方式的根本动力。科教兴国

---

[1] 《新中国档案：全国科学大会》，http://www.gov.cn/test/2009-09/27/content_1427704.htm[2022-11-20]。

[2] 《壮阔东方潮 创新强国路——中国共产党领导科技事业发展纪实》，http://www.stdaily.com/index/kejixinwen/2021-07/01/content_1168828.shtml[2022-11-20]。

[3] 《赵紫阳在中国共产党第十三次全国代表大会上的报告》，http://www.scopsr.gov.cn/zlzx/ddh/ddh17_3972/ddh170/201811/t20181121_329055.html[2022-11-20]。

战略实施以来，我国科技工作取得了较大的进步。但关键设备和核心技术依赖进口，自主创新能力弱，这一时期科教兴国战略更加注重科技创新。2005年的十六届五中全会把建设创新型国家作为"十一五"时期的主要任务之一。紧接着颁布了指导我国科技发展长达15年的科技远景规划《国家中长期科学和技术发展规划纲要（2006—2020年）》。

通过教育提升人力资本，推动创新能力持续提升。这一阶段，我国人才结构问题突出，高层次、创新型人才较少，掌握世界科学前沿、重大科技创新成果的顶尖人才稀缺，不利于我国创新能力提升和经济长久发展。科教兴国战略在这一阶段将教育发展的重点放在人才队伍建设上。2002年中共中央办公厅、国务院办公厅印发《2002—2005年全国人才队伍建设规划纲要》和《西部地区人才开发十年规划》，对人才强国战略的实施进行了部署，从人才总量增长和人才素质提高方面进行建设。

4. 科教兴国战略丰富创新阶段（2016~2035年）

建设世界科技强国是这一时期科教兴国战略的首要目标。2016年5月，在全国科技创新大会、中国科学院第十八次院士大会和中国工程院第十三次院士大会、中国科学技术协会第九次全国代表大会（"科技三会"）上，习近平提出我国科技事业发展的目标是："到2020年时使我国进入创新型国家行列，到2030年时使我国进入创新型国家前列，到新中国成立100年时使我国成为世界科技强国。"[①] 科技大国向科技强国转变首先需要在现有的基础上继续增强自主创新能力，全面加强基础研究和应用研究，在更多的领域提升自身的自主创新能力，突破关键核心技术，各个产业与科技相结合。

注重教育强国，进一步推进生产力的重大发展。现阶段我国已经成为世界教育人口最多的教育大国，已经初步建成最大规模的现代化教育体系。2017年党的十九大提出实现教育强国的总体目标。2019年的《中国教育现代化2035》对实现教育现代化、迈入教育强国作出了部署，从2020年到2035年，总体实现教育现代化、迈入教育强国行列。

3.7.2 科教兴国战略相关理论与战略内容

1. 科教兴国的理论基础

（1）马克思主义政治经济学关于生产力和科学技术关系的论述。教育是生产

---

① 《习近平：为建设世界科技强国而奋斗》，http://www.xinhuanet.com/politics/2016-05/31/c_1118965169.htm[2022-11-20]。

力再生产和劳动力再生产的重要手段。随着科学技术的进步和社会生产力的提高，教育再生产的作用明显提高。不同历史时代、不同的社会制度，甚至同一社会制度不同的发展时期，其教育目的、教育方针、教育内容、教育方法等都会有所不同。马克思主义教育观把劳动作为人生活的第一需要，认为劳动是无上光荣的，教育必须与劳动相结合。科学技术是推动社会发展进步的革命性力量。科学发展必然推动技术进步，而技术进步又为科学研究创造良好条件。同时，科学与技术相互转化、相互渗透。科学理论通过生产实践，转化为技术创新和发明创造，而技术创新和发明创造成果又为科学研究提供了物质基础和条件。

（2）人力资本与内生增长理论。通过教育提升人力资本水平，进而促进经济增长。人力资本质量的改进是经济增长的重要动力之一。人力资本表现为人本身所具有的知识、技能、经历、经验和熟练程度等形成的能力。人力资本可通过投资形成，而教育是提升人力资本的最主要途径。技术进步能够增强经济发展的内生动力。内生增长理论则把技术进步等要素内生化，认为内生的技术进步是保证经济持续增长的决定因素，知识积累和研发是经济增长的源泉，强调技术与研发在经济增长中的作用，人力资本积累可提高劳动生产率，且研发具有扩散效应，通过模仿可使后发国家分享技术领先国家的技术进步成果。教育经济理论的出现和发展，以及将人力资本、技术进步等因素引入经济增长理论，为解释经济增长差异问题提供了新视角，深化了对经济增长内在机制和运行机理的认识。

（3）知识经济理论。经济的增长与发展对知识、人力资本、研发的依赖性日益增强。知识经济作为一种全新的经济形态，对传统的经济发展模式产生了巨大影响，促使劳动者、劳动资料与劳动对象发生了深刻变化，对科学技术向生产力的渗透和劳动者素质都提出了新的要求。对包含人力资本和物质资本的广义资本概念而言，无论是体现在经过教育和在职培训使劳动者素质提高而增加的人力资本，还是包含在更加先进的设备中的知识资本，都会在很大程度上弥补简单物质资本投入的递减效应，而且知识、技术所具有的外溢效应能够产生规模经济，这些都使投资收益不会出现报酬递减的倾向。学习和知识所产生的外溢效应，主要表现为不同个体通过相互学习，传递或扩散专业化的人力资本或技术知识，而在生产中体现出正的外部性，其作用机制主要通过以下两方面实现。一是个体及社会生产效率的提高。在特定的人力资本环境下，人力资本水平的提高有助于个体生产力的提高，工人的生产效率提高会提升企业的生产效率，企业平均人力资本水平的提高会提升社会整体的平均人力资本水平。二是管理水平的提高。个体劳动者素质的提高会增强其职业责任感、认同感和自律感，而管理者素质的提高将会促进管理的科学化，实现微观主体内部资源配置与利用的高效率，并形成有效的激励机制。

2. 各阶段内容分解

科教兴国战略阶段划分，如图 3-11 所示。

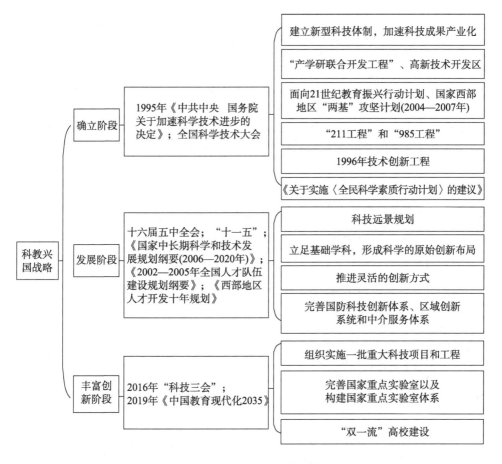

图 3-11　科教兴国战略阶段划分

3. 中央"十四五"规划建议中有关科教兴国战略的表述

《中共中央关于制定国民经济和社会发展第十四个五年规划和二〇三五年远景目标的建议》中，对科教兴国战略的响应主要体现在"三、坚持创新驱动发展，全面塑造发展新优势"中的"7.强化国家战略科技力量""8.提升企业技术创新能力""9.激发人才创新活力""10.完善科技创新体制机制"，以及"十二、改善人民生活品质，提高社会建设水平"中的"44.建设高质量教育体系"（表 3-7）。

表 3-7 《中共中央关于制定国民经济和社会发展第十四个五年规划和
二〇三五年远景目标的建议》中围绕科教兴国战略的表述

章节	细分部分	具体表述
三、坚持创新驱动发展,全面塑造发展新优势	7.强化国家战略科技力量	制定科技强国行动纲要,健全社会主义市场经济条件下新型举国体制,打好关键核心技术攻坚战,提高创新链整体效能。加强基础研究、注重原始创新,优化学科布局和研发布局,推进学科交叉融合,完善共性基础技术供给体系。瞄准人工智能、量子信息、集成电路、生命健康、脑科学、生物育种、空天科技、深地深海等前沿领域,实施一批具有前瞻性、战略性的国家重大科技项目。制定实施战略性科学计划和科学工程,推进科研院所、高校、企业科研力量优化配置和资源共享。推进国家实验室建设,重组国家重点实验室体系。布局建设综合性国家科学中心和区域性创新高地,支持北京、上海、粤港澳大湾区形成国际科技创新中心。构建国家科研论文和科技信息高端交流平台
	8.提升企业技术创新能力	强化企业创新主体地位,促进各类创新要素向企业集聚。推进产学研深度融合,支持企业牵头组建创新联合体,承担国家重大科技项目。发挥企业家在技术创新中的重要作用,鼓励企业加大研发投入,对企业投入基础研究实行税收优惠。发挥大企业引领支撑作用,支持创新型中小微企业成长为创新重要发源地,加强共性技术平台建设,推动产业链上中下游、大中小企业融通创新
	9.激发人才创新活力	贯彻尊重劳动、尊重知识、尊重人才、尊重创造方针,深化人才发展体制机制改革,全方位培养、引进、用好人才,造就更多国际一流的科技领军人才和创新团队,培养具有国际竞争力的青年科技人才后备军。健全以创新能力、质量、实效、贡献为导向的科技人才评价体系。加强学风建设,坚守学术诚信。深化院士制度改革。健全创新激励和保障机制,构建充分体现知识、技术等创新要素价值的收益分配机制,完善科研人员职务发明成果权益分享机制。加强创新型、应用型、技能型人才培养,实施知识更新工程、技能提升行动,壮大高水平工程师和高技能人才队伍。支持发展高水平研究型大学,加强基础研究人才培养。实行更加开放的人才政策,构筑集聚国内外优秀人才的科研创新高地
	10.完善科技创新体制机制	深入推进科技体制改革,完善国家科技治理体系,优化国家科技规划体系和运行机制,推动重点领域项目、基地、人才、资金一体化配置。改进科技项目组织管理方式,实行"揭榜挂帅"等制度。完善科技评价机制,优化科技奖励项目。加快科研院所改革,扩大科研自主权。加强知识产权保护,大幅提高科技成果转移转化成效。加大研发投入,健全政府投入为主、社会多渠道投入机制,加大对基础前沿研究支持。完善金融支持创新体系,促进新技术产业化规模化应用。弘扬科学精神和工匠精神,加强科普工作,营造崇尚创新的社会氛围。健全科技伦理体系。促进科技开放合作,研究设立面向全球的科学研究基金

续表

章节	细分部分	具体表述
十二、改善人民生活品质，提高社会建设水平	44.建设高质量教育体系	全面贯彻党的教育方针，坚持立德树人，加强师德师风建设，培养德智体美劳全面发展的社会主义建设者和接班人。健全学校家庭社会协同育人机制，提升教师教书育人能力素质，增强学生文明素养、社会责任意识、实践本领，重视青少年身体素质和心理健康教育。坚持教育公益性原则，深化教育改革，促进教育公平，推动义务教育均衡发展和城乡一体化，完善普惠性学前教育和特殊教育、专门教育保障机制，鼓励高中阶段学校多样化发展。加大人力资本投入，增强职业技术教育适应性，深化职普融通、产教融合、校企合作，探索中国特色学徒制，大力培养技术技能人才。提高高等教育质量，分类建设一流大学和一流学科，加快培养理工农医类专业紧缺人才。提高民族地区教育质量和水平，加大国家通用语言文字推广力度。支持和规范民办教育发展，规范校外培训机构。发挥在线教育优势，完善终身学习体系，建设学习型社会

3.7.3　科教兴国战略逻辑分解

1. 科教兴国战略的地方响应路径

各地方政府通过科技创新不断提升自我创新能力，进而构建完整的国家科技创新体系（图 3-12）。这个体系应当包括以科研机构和教学科研型大学为核心的知识创新系统、以企业和科研机构为核心的技术创新系统、以高校和职业培训机构为主的知识传播系统、以企业和社会为主体的知识应用系统。国家科技创新体系未来应当成为经济和社会可持续发展的基础，成为培养和造就高素质人才的摇篮，成为我国综合国力和国际竞争力的支柱与后盾。

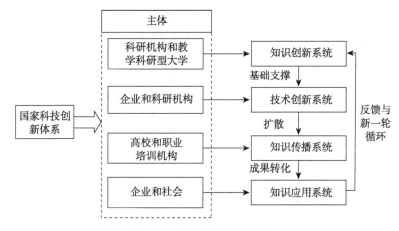

图 3-12　国家科技创新体系

人才是科技进步和经济社会发展最重要的资源，地方政府尊重知识、尊重人才与教育，通过多种方式积极推进教育发展，提升区域人才水平（表 3-8）。我国现代化建设的进程，在很大程度上取决于国民素质的提高和人才资源的开发。培养同现代化要求相适应的劳动者和专业人才，发挥我国巨大人力资源的优势，关系着 21 世纪我国社会主义事业的发展全局。要建立起一整套人才培养、选拔、交流和使用的机制，形成有利于人才特别是拔尖人才脱颖而出的环境。要充分发挥现有科技人员特别是中青年科技人才的作用，努力为他们创造良好的工作条件。要积极引进国外智力成果，鼓励留学人员回国工作或以适当方式为祖国服务。要重视从工人、农民和其他劳动者中培养选拔科技人才及各类专业技术能手。国民素质的提高和人才的培养，基础在教育。要优先发展教育，尊师重教。要大力普及九年义务教育、扫除青少年文盲，积极发展职业教育和成人教育，开展多种形式的岗位和技术培训，稳步发展高等教育，进一步发展和引导社会力量办学。要实施全面素质教育，以适应社会对各类人才的需要。要在全社会大力普及科技知识，引导人们树立科学精神，掌握科学方法，鼓励发明创造，开展群众性科技活动，用科学战胜封建迷信和愚昧落后，反对各种伪科学活动，形成学科技、用科技的新风尚，努力提高全民族的科学文化素质。

表 3-8　地方政府对教育发展的响应

项目	主体	响应方式
人才培育	拔尖人才	人才培养、选拔、交流和使用的机制
	现有科技人员特别是中青年科技人才	良好的人才工作条件
	海外归国人才	积极引进国外智力成果，鼓励留学人员回国工作
	工人、农民	重视从工人、农民和其他劳动者中培养选拔科技人才及各类专业技术能手
普及教育	青少年文盲	大力普及九年义务教育、扫除青少年文盲
	成人	积极发展职业教育和成人教育，开展多种形式的岗位和技术培训
	高等教育	稳步发展高等教育，进一步发展和引导社会力量办学
	全体国民	实施全面素质教育，以适应社会对各类人才的需要
		在全社会大力普及科技知识，引导人们树立科学精神，掌握科学方法，鼓励发明创造，开展群众性科技活动

2. 逻辑指标层级构建

通过上述理论分析和对战略关键环节、中央"十四五"规划建议内容的拆解

（图 3-13），可以看出：首先，马克思主义政治经济学、人力资本理论、内生增长理论和知识经济理论都认为科技是生产力提升和经济增长的推进因素，教育通过提升人力资本和劳动力技能水平来带动技术的进一步发展，所以从理论来看，科教兴国的理论内涵以及科教如何促进经济增长的逻辑分解可以围绕教育、科技以及科技、教育和生产力的关系三个角度展开。其次，自科教兴国战略提出以来，结合发展阶段的不同目标陆续推出的政策措施也有所不同，但总体来看对科教兴国战略的实施响应也大体可以分为教育、科技以及二者和生产力的关系。最后，围绕中央"十四五"规划建议内容，对三个内容进行细化形成一级指标，并围绕文本内容关键语句判断二级指标，并进一步依据地方"十四五"规划建议对二级指标进行调整，合并较少或内涵相近的指标，构建指标层级。

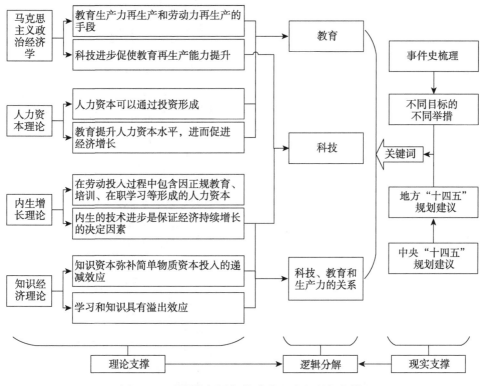

图 3-13　逻辑指标层级构建的理论和现实支撑

将科教兴国战略分解为：A 技术创新，B 科技创新体制机制，C 创新体系，D 人才培养，E 义务教育，F 素质教育，G 高等教育，H 职业教育，I 科技、教育、产业融合 9 个一级编码，同时将各个一级编码再次细分为二级编码，对每个编码进行解释说明（表 3-9）。

表 3-9　科教兴国战略逻辑指标层级

分类	一级编码	二级编码
科技	A 技术创新	A1 基础研究
		A2 核心/关键技术
		A3 原始创新
		A4 科技投入
		A5 研发
	B 科技创新体制机制	B1 科技体制改革
		B2 科技治理/科技规划
		B3 科研院所改革
		B4 科技评价机制
		B5 知识产权保护
	C 创新体系	C1 创新系统/创新链
		C2 共性基础技术供给体系
		C3 重大科技项目/重点实验室
		C4 国际科技创新中心/创新高地/示范区
教育	D 人才培养	D1 人才创新活力
		D2 人才发展体制机制
		D3 人才激励/评价体系
		D4 培养、引进人才
		D5（创新型/应用型/技能型）人才
	E 义务教育	E1 义务教育均衡发展
		E2 协同育人机制
		E3 教育公平
		E4 教育改革
		E5 学前/小学/初中
	F 素质教育	F1 身体素质教育
		F2 心理健康教育
		F3 特殊教育
	G 高等教育	G1 大学/一流大学
		G2 学科/一流学科
		G3 高质量教育体系
		G4 民办
	H 职业教育	H1 技能/技工
		H2 中国特色学徒制
		H3 职业教育体系
		H4 多元办学
		H5 职业
科技、教育和生产力的关系	I 科技、教育、产业融合	I1 科技成果转化/技术产业化
		I2 企业科技创新/科技型企业
		I3 职普融通/育训结合
		I4 校企合作/科教融合/产教融合/产学研

3.7.4 科教兴国战略文本分析

从文本分析结果来看，各地区对科教兴国战略的响应存在差异，其中，针对教育的响应差异较小，而围绕科技创新的响应差异较大。

从上述的结果中可以看出，对于科教兴国战略的响应与省份的经济发展状况并不存在正向的关系，而与地区自身教育资源、教育基础相关。

第一，高校密集地区，即具有良好高等教育基础的地区对一流学科和一流大学等高等教育发展响应程度较高，对学科建设有明确的规划，高校较少的地区则响应较弱。第二，经济相对落后省份更加注重教育公平、义务教育的普惠性，经济优势地区往往具有较高的特殊教育、素质教育响应程度。第三，在职业教育方面，响应程度与地区自身的教育基础相关性较弱，部分人口大省（如山东）和劳动力流入省份（如广东）响应程度相对较高。同时高校资源丰富的地区职业教育响应程度也相对较高。需要注意的是，上述关系并不绝对，也存在对科教兴国战略响应与地区自身教育资源相反的情况。

经济发达省份对科教兴国战略的响应更具有创新性，在人才培养模式、教育体系建设方面提出了适应地区优势的方案，在产学研合作、校企合作、产教融合方面的响应具备创新性，经济不发达省份则更依赖于中央"十四五"规划建议中提及的内容。

3.7.5 结论

（1）优化教育资源空间布局，移除跨区域教育障碍。一方面，发挥教育资源的集聚效应，形成区域教育的综合联动发展，提升教育资源协同配置和拓展效果。在全国范围内形成合理的教育空间布局，围绕高等教育资源密集地区形成高等教育一体化制度设计，增强大城市高质量教育体系的带动作用，优化高等教育园区规划布局，解决园区内部机构之间的利益分配与风险共担问题，吸引区域外高校或科创企业入驻园区，为区域科技创新提供智力支持。发挥大中心城市核心引领和龙头作用，彰显国际教育特色和辐射作用，重点打造知识、创新枢纽。另一方面，推进教育资源跨区域流动，推进区域教育公平。推动跨区域教育服务事项的建设，清除外来人口、流动人口就学的歧视性政策和各类阻碍，制定中长期目标和近期目标，列出正面清单和负面清单，经过社会风险评估，逐步实现户籍人口和外来人口教育平权。

（2）建设与区域发展相匹配的高质量教育发展体系。一方面，建立国家及区域层面教育协同发展机制。完善省际协调沟通机制，将教育集群发展纳入区域和地方发展规划，强化政策的实施与反馈。建立区域教育一体化管理机构，推动相近类型或层次的教育机构形成高质量发展同盟,发挥区域教育资源的集聚—溢出效应。另一方面,深化产教融合、校企合作、科教融合和产学研协同发展,打造产学研融合的高等教育集群,形成集群内高校与科研院所、企业等协同创新人才培养模式,探索多样化的产学研融合发展途径。发挥以"双一流"建设高校为代表的高水平大学的原始创新优势和应用型本科高校、高职院校的产教融合优势,提升服务区域经济社会发展的能力。明晰教育集群发展与产业经济发展之间的互助关系,积极推动教育与行业产业深度融合,为国家与区域经济社会发展提供更大的动能。

(3)加强科技引领,带动教育创新和优质教育资源广泛覆盖。一方面,通过数字科技赋能教育发展。构建健康、有序的在线教育市场体系,带动跨区域、线上线下教育深度融合发展。加快制定"互联网+教育"发展指导意见,扩大"互联网+教育"应用场景,依法依规促进"互联网+教育"健康发展。另一方面,避免导致教育的数字鸿沟进一步扩大。通过在线教育促进教育均衡发展的同时,要超前谋划科技发展对教育形态、结构的影响,加快政策法规建设,推动教育创新和创新人才培养,带动优质教育资源突破时空限制实现广泛覆盖。

3.8 人才强国战略

3.8.1 人才强国战略史梳理

1. 改革开放至 20 世纪末的人才政策(1978~2000 年)

1982 年党的十二大把教育作为国民经济发展的战略重点之一,对我国教育事业的发展提出了构想。1986 年全国人民代表大会第六届第四次会议通过了《中华人民共和国义务教育法》,从而使我国学龄儿童入学率大幅提高,我国教育事业蓬勃发展,为改革开放和现代化建设输送了大量的人才。1995 年颁布的《中共中央国务院关于加速科学技术进步的决定》中明确提出了实施科教兴国战略。科教兴国战略在 1996 年的全国人民代表大会第八届第四次会议上成为我国的一项基本国策,加快了我国人才发展的步伐。

2. 进入 21 世纪以来至党的十八大以前的人才政策(2001~2011 年)

在 2002 年制定并颁布了《2002—2005 年全国人才队伍建设规划纲要》,首次提出实施人才强国战略,人才的重要性进一步凸显。2003 年 12 月召开了新中国成立以来的第一次全国人才工作会议,胡锦涛同志在会上明确提出了人才强国战略和党管人才的思想,强调"实施人才强国战略是党和国家一项重大而紧迫的任务"①，并颁布了《中共中央 国务院关于进一步加强人才工作的决定》，成为新世纪新阶段我国人才工作的行动纲领。2007 年党的十七大报告把"人才强国战略"作为发展中国特色社会主义的三大基本战略之一，并写进了党章。2010 年颁布了《国家中长期人才发展规划纲要（2010—2020 年）》和《国家中长期教育改革和发展规划纲要（2010—2020 年）》，丰富和发展了人才工作的指导方针、战略目标和总体部署，强调把教育摆在优先发展的战略地位，加快了实施人才强国战略的进程。其中，《国家中长期人才发展规划纲要（2010—2020 年）》是我国第一个中长期人才发展规划，是 2010 年至 2020 年全国人才工作的指导性文件，提出了10 项重大政策和 12 项重大人才工程，从国家层面、系统层面建立了全国人才政策体系。

3. 中国特色社会主义新时代的人才政策（2012 年至今）

2012 年党的十八大报告单独把人才工作作为"全面提高党的建设科学化水平"的重要任务之一，指出了"要尊重劳动、尊重知识、尊重人才、尊重创造，加快确立人才优先发展战略布局，造就规模宏大、素质优良的人才队伍，推动我国由人才大国迈向人才强国"②，并提出实施重大人才工程、强化人才发展体制机制改革等一系列关于人才工作的重要指示，为深入实施人才强国战略作出了制度性的安排。2016 年 3 月，《中华人民共和国国民经济和社会发展第十三个五年规划纲要》明确提出实施人才优先发展战略，强调"把人才作为支撑发展的第一资源，加快推进人才发展体制和政策创新，构建有国际竞争力的人才制度优势，提高人才质量，优化人才结构，加快建设人才强国"。随后，中共中央印发了《关于深化人才发展体制机制改革的意见》，它"着眼于破除束缚人才发展的思想观念和体制机制障碍，解放和增强人才活力，形成具有国际竞争力的人才制度优势，聚天下英才而用之，明确深化改革的指导思想、基本原则和主要目标，从管理体制、工作机制和组织领导等方面提出改革措施，是当前和今后一个时期全国人才工作的重要指导性文件"③。2017 年 10 月，党的十九大报告把人才强国战略与科教兴国战略、创新驱动发展战略、乡村振兴战略、区域协调发展战略、可持续发展战略和军民融合发展战略并列提出，把人才强国战略贯穿到了其他战略的安排中，充分体现

① 《中共中央 国务院关于进一步加强人才工作的决定》，http://www.gov.cn/govweb/test/2005-07/01/content_11547.htm[2023-01-05]。
② 《胡锦涛在中国共产党第十八次全国代表大会上的报告》，https://www.12371.cn/2012/11/17/ARTI1353154601465336_2.shtml[2022-11-22]。
③ 《中共中央印发〈关于深化人才发展体制机制改革的意见〉》，http://www.gov.cn/xinwen/2016-03/21/content_5056113.htm[2022-11-22]。

了人才在国家战略发展中的重要性，并强调要"实行更加积极、更加开放、更加有效的人才政策，以识才的慧眼、爱才的诚意、用才的胆识、容才的雅量、聚才的良方，把党内和党外、国内和国外各方面优秀人才集聚到党和人民的伟大奋斗中来"①。2018 年中共中央办公厅、国务院办公厅印发的《关于分类推进人才评价机制改革的指导意见》指出："人才评价是人才发展体制机制的重要组成部分，是人才资源开发管理和使用的前提。建立科学的人才分类评价机制，对于树立正确用人导向、激励引导人才职业发展、调动人才创新创业积极性、加快建设人才强国具有重要作用。"2019 年中共中央办公厅、国务院办公厅印发了《关于促进劳动力和人才社会性流动体制机制改革的意见》，构建了促进劳动力和人才社会性流动的政策体系框架，保证了人才的合理、公正、有序的流动，形成全社会关心人才、支持人才的良好氛围。

3.8.2 人才强国战略相关理论

1. 人力资本理论

对于人力资本的最早认知发源于经济学领域的研究，亚当·斯密在《国富论》中阐述了人力资本产生过程中物质媒介的作用和影响，其认为人力资本可以通过分工、学校教育、职业技能培训而增值。20 世纪 60 年代初，以美国经济学家舒尔茨、贝克尔为先驱的现代人力资本理论建立，该理论认为人力形成来自投资，生产资源中最为关键的资源则为具备科学知识或专业技术的人力资源，在经济活动中发挥着主导作用，是社会进步的决定性原因，开辟了学术界对人力资本的形成过程及对经济社会发展的贡献的新思路。目前，关于人力资本的研究主要有以下共性认知：①人力资本本质是体现在劳动者身上的脑力、体力等劳动能力，具有专有性，不可与劳动者本身分离；②人力资本管理的基础在于人力资源管理，包含"人的管理""资本投入及收益"两大维度，人力投资的关键方式在于教育投资，这也是提升人力资本最根本的途径，能够获取长期的收益回报；③人力资源是最宝贵的资源，通过对人的合理投资获得收益可形成人力资本，而人力资本在社会发展中产生的经济效益高于物质资本，是重要的社会生产要素之一；④人力资本投资具有全面性、普通间接性、迟效性以及长期性，人力资源的投资周期长且不直接作用于生产，而是通过人力资源质量的提高间接获取回报，个人、组织、社会均会受益，对推动社会经济发展具有长期作用。

---

① 《习近平：决胜全面建成小康社会 夺取新时代中国特色社会主义伟大胜利——在中国共产党第十九次全国代表大会上的报告》，http://www.gov.cn/zhuanti/2017-10/27/content_5234876.htm[2022-11-22]。

2. 人力资源开发理论

人力资源具有广义、狭义之分，广义的人力资源包括"质量"和"数量"两方面，指整个社会中掌握相关知识或体能的人力总数；狭义的人力资源为一定组织范围中所具备的用以创造收益或供给服务的人力总和。基于此，海内外学者从广义、狭义以及宏观、微观多个角度定义了人力资源开发：狭义上的人力资源开发指科学合理地利用人力资源，深度发掘人力资源的潜质，从而完成人尽其才、才尽其用的目标，达到劳动投入和经济回报的高效益；广义的人力资源开发除狭义概念的内涵外，还涵盖人力资源的形成过程，即指在一定社会组织范围内，面向潜在对象进行开发，提高智力、体力、技能，构建科学价值体系、合理行动范式、端正工作作风，使其成为人力资源的过程；微观的人力资源开发专指院校、企业、家庭或个人范畴的人力资源开发；宏观的人力资源开发指国家或地区领域内的人力资源开发。

3.8.3　人才强国战略逻辑分解

本节借鉴《中国人才发展报告》对人才政策的类型划分，结合中央和各省份"十四五"规划纲要中关于人才政策的相关论述情况，将研究的政策样本划分为人才引进与流动、人才培养与发展、人才评估与考核、人才服务与保障以及人才激励与保留五大类型（表 3-10）。

表 3-10　分解指标体系

一级指标	二级指标
人才引进与流动	人才吸引
	岗位聘用
	交流流动
人才培养与发展	学习培训
	发展晋升
人才评估与考核	人员评价
	职称评定
人才服务与保障	服务平台
	福利待遇
	生活保障
人才激励与保留	物质激励
	荣誉表彰

3.8.4　人才强国文本分析

通过统计收集到的现有全国各省份"十四五"规划纲要中关于人才的关键词发现（图 3-14），出现频次最高的五个关键词分别是人才培养与发展（21 次）、人才引进与流动（14 次）、人才激励与保留（14 次）、人才服务与保障（13 次）、人才评估与考核（10 次）。

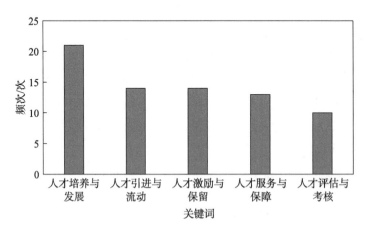

图 3-14　"十四五"规划纲要中关于人才的关键词的频次

通过对词频分析结果进行统计可知，在科技人才文本内容中培养与发展、引进与流动、激励与保留为主要类型，从二级细分的子维度来看，则以人才吸引、学习培训、服务平台为主要发力点，在人才的物质激励、职称评定、福利待遇方面相对欠缺。

从标签词频次来看，关于人才强国战略出现的主要标签词有"人才""创新""技能""科技""工程""技术"等。

3.8.5　结论

（1）各地区更加重视对人才的培养和吸引，但对人才的投入不足。通过对各省份文本中二级指标的分析发现，学习培训和人才吸引出现的次数是最多的，也是各个省份的"十四五"规划纲要中都有涉及的内容。学习培训出现的频次约为240 次，人才吸引也超过 220 次。例如，在各地发布的"十四五"规划纲要中，很多地区都将"引才聚才"列为重要目标。为了留住人才，上海也提出加大对各类青年才俊扎根上海的服务保障，着力解决住房、教育、医疗资源等方面的难题。吉林明确了引才的重点领域。通过加大人才结构性引进力度，实施"长白山人才工程"，推进装备制造、大数据、医药、环保、金融、企业经营管理等重点领域专项引才计划，在长春、通化等地开展人才管理改革试点，加大创新创业人才政策支持力度，鼓励引导人才向艰苦边远地区和基层一线流动。此外，吉林还提出，要建立域外人才引进常态化工作机制，创新引进和使用"候鸟型"人才，打造东北亚地区科技人才汇聚高地。从现有的规划纲要可以看出，各地区对人才发展的支持更多地停留在吸引人才和培育人才上，而对未来人才的物质支持和精神奖励不足，这是未来需要加强的内容。从现有统计上看，对荣誉表彰（10 次）、福利待遇（19 次）、职称评定（21 次）这些具体问题提到的频次较少，也从侧面反映了对物质供给方面的投入不足。

（2）东西部地区关于人才引进侧重点不同。例如，北京强调国际化，在全球范围内招募顶尖人才，上海提出要形成支撑国际科创中心功能的人才优势，江苏也提出了要积极引进海外人才。内蒙古地区提出积极吸引国内发达地区人才的模式，采取顾问指导、兼职服务、"候鸟式"聘任等方式，加大柔性引才引智力度。加快建设呼和浩特京蒙"人才社区"，创建北疆科创中心联合体。支持在京津冀、长江三角洲、粤港澳大湾区等地区设立科研育成基地，探索推广"研发在北上广、转化在内蒙古"的引才模式，加快建设北京（赤峰）产业园科创总部。宁夏提出建设一批人才飞地。

（3）人才强国具体指标尚待细化，以便形成监测、跟踪、评估机制。在"十四五"经济社会发展主要指标中，青海在创新驱动中提出"专业技术人才和高技能人才总量达到 30 万人（预期性）"指标，海南在开放创新栏中提出"新增高层次人才总量"。其他省份的目标指标多分布在专栏行动中，有些省份给出了具体的行动计划，也有一些省份给出了具体的人才培育指标。福建 "人才发展重大工程"包括人才选拔培养项目和高端外国专家集聚工程；甘肃实施人才培育工程（专业技术人才知识更新工程、高技能人才培育工程、创新驱动人才培育工程、企业经营管理人才培育工程、乡村振兴人才培育工程）；贵州实施人力资源开发重大工程（高层次人才引进计划、黔归人才引进计划、高层次创新人才培养工程、专业技术人才培养工程、创新企业家培育工程、基层人才能力提升工程）；黑龙江提出"加强人才队伍建设"，给出了国家、省级层面人才的建设目标和措施；湖南提出"芙蓉人才行动计划"；江苏提出实施重点人才工程；江西提出"重大人才引进和培养工程"，具体包括科技创新高端人才建设工程、赣商名家成长行动、赣鄱工匠培育工程、技工教育强基工程；内蒙古制订了重点人才计划；宁夏提出了科技人才引进培育工程；青海提出"昆仑英才"队伍建设工程；云南提出了"科技补短板强支撑"行动，其中包括高端人才的培育与引进；浙江提出人才强省战略，开展"人才强省六大行动"。

（4）科技强国的发展经验表明，支撑科技创新的根本资源是人才。在各省份的"十四五"规划纲要中，人才强国的部分归属于科技创新内容中，这也从侧面反映了科技强国的根本是人才。有一些省份关于人才的内容与科技创新内容融合论述，并未有单独的章节进行阐述，如陕西。此外，在规划文本中关于人才内容的章节主要是在创新篇，但是在具体的章节上，大部分省份与国家的文本结构相一致，将创新内容置于第二篇第六章，也有一些省份在文本结构安排上排序不同，如贵州在第七篇第三十一章，青海是在第四篇第十七章。北京的人才相关内容除了在科技创新部分论述了科技人才外，还进一步在第四篇"持续强化国际交往中心功能"第三章"全方位营造国际化服务环境"中提出要"加快建设一流国际人才社区"。

（5）科技人才工作需要与社会各项工作共同发展。在最热的标签词中，"人才""创新""技能""科技""建设""工程"为频次前六的科技人才相关标签词，在文本内容中出现的频率极高，这也说明各地区对应用人才的重视。其他词如"技术""创业""领军人""企业家""基层""科研""高校"等也高频出现，反映了科技人才与社会经济发展、创新创业工作、企业发展、高校科研和工程建设等的关系。

第二篇 "十四五"时期生产力布局调整思路及对策

第 **4** 章

布局区域多级动力系统，助推区域协调发展

制造业尤其是先进制造业，是立国之本、强国之基，是国民经济的主体、科技创新的主战场，也是我国布局区域多级动力系统的出发点和落脚点。从"十四五"短期看，建立和发展先进制造业的政策导向与制度设计是实现经济良性循环的关键。从我国全面建成社会主义现代化强国的长期看，制造业的提档升级也是经济从规模增长向高质量发展的长期动力与主要动力，保持独立、完整、强大的中国制造关系国家经济命脉。矢志不移地构建全国区域畅通的体系，形成有利于生产主体和市场主体创新能力提升的区域动力布局，加快解决关键核心技术"卡脖子"问题，提升产业链水平，注重利用科技创新和规模效应，率先在经济优势地区形成主动力，带动全国其他地区形成梯度合理的多级动力系统，巩固扩展新的国际竞争优势，培育储备新的战略优势条件，孕育发展新的产业集群。

4.1 激发经济优势地区主动力作用

4.1.1 引导区域从区域间竞争向参与国际高端竞争转变

党的二十大报告指出，必须坚持科技是第一生产力、人才是第一资源、创新是第一动力，深入实施科教兴国战略、人才强国战略、创新驱动发展战略，开辟发展新领域新赛道，不断塑造发展新动能新优势①。目前我国在诸多工业关键基础材料和核心零部件领域严重依赖进口，关键共性技术缺失，这已经成为制约我国新兴产业发展和产业转型升级的重要因素。我国地区发展存在明显的时空差异，以粤港澳大湾区、长江三角洲和京津冀为主的城市群发展水平高于我国其他地区，这些大城市群是我国"十四五"时期经济优势地区，其产业链条、产业发展阶段、

---

① 《习近平：高举中国特色社会主义伟大旗帜 为全面建设社会主义现代化国家而团结奋斗——在中国共产党第二十次全国代表大会上的报告》，http://www.gov.cn/xinwen/2022-10/25/content_5721685.htm[2023-03-29]。

技术水平、产业要素集聚水平都具有非常显著的优势，能够成为具有国际竞争优势的先导发展区域。这些区域应充分发挥科教资源潜力和人才优势，主动承担起我国创新型国家建设和发展的重要使命，继续加强基础科学研究，持续提升自主创新能力，对一些前沿科技领域进行重点部署，并率先对我国重点产业领域的"卡脖子"关键技术进行攻关，助推我国科研能力和创新水平跻身国际一流行列。

4.1.2　依托市场机制发挥区域比较优势

建立集成电路、大飞机等驱动力强、拉动力大、周期长的战略性制造业一定要发挥政府有形之手作用，用好各类规划手段。优先增强经济优势地区制造业技术创新能力，率先构建开放、协同、高效的共性技术研发平台。加大经济优势地区制造业技术改造和设备更新，率先完成我国新一代人工智能、工业互联网等新型基础设施建设。优先在经济优势地区布局国家实验室，重组国家重点实验室体系。优势地区更应勇于担当，聚焦具有示范和拉动效应的产业与技术领域，带头突破产业发展的基础性、关键性的共性技术难题。2019年科技日报整理了我国光刻机、芯片、操作系统、航空发动机短舱、触觉传感器、真空蒸镀机、手机射频器件等35项"卡脖子"关键技术。这些战略性产业的一个共同特点是不确定性强、风险大，完全靠市场不一定能发展起来，即使是美国、欧盟等发达经济体，也要政府投入大量资金来扶持。美国总统科技顾问委员会在2019年初的报告中明确指出，全球半导体产业发展从来没有完全交给过市场，历来都是各国政府政策紧盯的产业。

4.1.3　通过更大范围和更深层次地整合国内外创新资源掌握国际供应链主导权

各类优势地区作为我国资源要素集聚和供应链整合的枢纽，更大范围和更深层次地整合国内外资源，构建更加专业化的、优势互补的分工网络体系，对其制造业产业体系的整合提出了一定的挑战，但同时也为产业结构和供应链系统的升级创造了条件。长江三角洲、粤港澳大湾区等优势地区应充分把握其产业转型升级的历史机遇，将自身发展成为整合国内外创新资源、生产要素和供应链网络的核心。从区域竞争向形成具有国际竞争优势的条件和环境转变，从成本与补贴的优惠政策向个性化生态环境转变，实现从技术依赖到创新驱动，从点到面的协同突破，从部分优势突破到整体突破。构建高质量供给体系，掌握国际供应链主导权，加快在全球产业链和价值链中的地位跃升，从而实现转型升级、提质增效和国际竞争力提升。例如，北京、长春和上海三地的北京国望光学科技有限公司引入了中国科学院长春光学精密机械与物理研究所和中国科学院上海光学精密机械研究所作为战略投资者，推动国产光刻机核心部件生产迈出实质性步伐，加快突破国产中高端光刻机制造"卡脖子"技术难题。

4.2　优势地区与其他地区的联动发展

4.2.1　通过要素关联、产业关联深化扩展优势地区与其他地区的经济一体化程度

通过产业关联溢出效应和示范效应形成近带动、远辐射的区域发展格局。优势地区应进一步完善区域一体化机制，增强区域内部基础设施互联互通，促进资源要素自由流动，强化区域分工合作、资源共享、错位发展，以提升区域发展整体水平和效率，进而使区域整体参与到国际竞争中。各类优势地区处于我国产业体系和产业链网络的核心地位，通过产业关联和产业的溢出效应对其发展腹地和其他地区的产业发展具有显著的带动作用。经济增长长期依靠技术创新。我国有660 多个城市，其中城区人口超过 1000 万的超大城市有 7 个，人口在 500 万~1000 万的特大城市有 14 个。在以城市群为主体和区域一体化为核心的区域发展思路下，各地区的产业结构会更加趋向专业化，逐步形成逆序分工的圈层产业结构，这对劳动力要素的空间布局也提出了新的要求。要进一步取消资源流动约束，降低要素流动成本，促进劳动力形成与产业结构相匹配的分布格局，着力推动高质量发展。

4.2.2　其他地区探索形成符合中长期发展需求的差异化动力源

在高质量发展目标中，一方面，要维护国家国防安全、粮食安全、生态安全、能源安全、产业安全，东北地区以及边疆地区应服从战略功能定位，形成各具特色的农业、国防和能源产业体系。另一方面，要寻求可实施的发展路径，成为区域发展动力源，与主动力源在空间上和时序上实现差异化发展，最终形成全国区域协调的多级动力系统。

4.2.3　构建统一的区域治理体系，探索形成有效的优势转化机制

区域的协调发展应从硬件相通阶段走向软件对接阶段。要实现人的安居乐业，最重要的就是在区域内部加强医疗、教育和社保等制度的对接，以实现社会资源的优化配置和公共服务的均等化。与国外相比，我国大城市的基础设施和公共服务并不差，但城市群内的三、四线城市、小城镇，所提供的公共产品质量相对较低。世界级城市群大都非常注重城际基础设施衔接、产业结构差异互补、公共服

务均衡化以及生态环境保护等方面的统筹规划。

4.2.4 其他地区发挥比较优势，主动融入优势地区发展体系

发展遇到困难的东北地区，要积极参与对接粤港澳大湾区战略、京津冀协同发展战略、长江经济带发展战略和长江三角洲区域一体化发展，承接产业转移和创新要素辐射。深化全方位东西部对口合作，用好东部经验和资本，加强与广东、浙江、江苏、北京、上海的对口合作，加大干部人才交流、产业对接、重大项目合作力度。发挥口岸和国际通道的辐射带动作用，加快重点开发开放试验区等平台建设。加强口岸与腹地之间、航空口岸与陆路口岸之间的协作，促进大宗进出口产品落地加工，把通道经济变为落地经济。推动各类园区、企业、项目全面对接。积极开拓多元化市场，巩固与港澳台的合作，扩大贸易合作规模。重点开展与日本、韩国在农业、文化、经贸等领域的合作，与欧美国家在经贸、冰雪、旅游、高端装备制造等领域的合作，与澳大利亚、新西兰在畜牧业、乳制品等领域的合作交流，携手构建区域协同发展新机制。

第 5 章

"十四五"生产力布局形成双循环
新发展格局思路

改革开放以来，"两头在外、大进大出"出口导向型经济发展模式极大地带动了我国经济发展，也形成了我国在当前国际大循环中的角色分工。2019 年 8 月 26 日，习近平总书记在中央财经委员会第五次会议上指出，落实主体功能区战略，完善空间治理，形成优势互补、高质量发展的区域经济布局①。相较于国内生产与消费，区域产业分工更关注国际贸易。大部分内陆区域参与国际循环的比较优势不突出，需求对产业升级的带动作用不强，地区经济一体化发展滞后，地区间专业化分工和产业融合程度不强等特征也较为明显。国内与国际需求驱动的区域不平衡，也导致区域间出现东西差距的同时出现南北差距。当前，我国正逐步形成以国内大循环为主、国内国际双循环相互促进的新发展格局，重新认识各地区的比较优势，统筹各地区供应链协同与价值链分配的深层次融合，提升生产力布局对国内产业转型、培育国际竞争优势的需求适配性，最终形成消费需求牵引上游供给、新要素供给创造新需求的更高水平动态平衡。

5.1 将超大规模经济优势转化成可持续创新的
超大规模产业体系

5.1.1 集成内需规模、提高内需质量、增强内需拉动力

现阶段的生产力布局不利于根植国内超大规模市场的创新型产业体系的形成。现有生产力布局是基于过去参与国际循环分工过程中所形成的。东部沿海地区嵌

---

① 《习近平主持召开中央财经委员会第五次会议》，http://www.gov.cn/xinwen/2019-08/26/content_5424679.htm[2022-11-22]。

入全球价值链,其他地区各类生产要素被虹吸到沿海地区出口导向型部门,导致沿海地区对国内需求的满足和融合程度降低,而其他地区只能局部地、低层次地参与全国和全球的产业分工体系,加剧了城乡收入差距、地区发展差距等问题。国际大循环与国内循环融合不充分长期存在,会使我国被锁定在国际产业分工低端,很难形成独立、可持续的产业创新体系,也会导致美国等逆全球化产业调整,使我国国民经济体系的安全运行、创新攀升面临重大风险。"十四五"时期,我国生产力布局调整还需深化区域产业链、供应链、价值链、创新链分工,激发各区域、各层级的市场需求。

双循环新发展格局构建和生产力布局调整是新形势下我国根据发展阶段和内外部环境提出的重要战略抉择,构建新发展格局和区域经济布局调整都是依据我国所处发展阶段、环境、条件变化提出来的,要求提高供给体系对国内需求的适配性,形成需求牵引供给、供给创造需求的更高水平动态平衡。在新发展格局的第一阶段,区域发展战略应立足自身特征,探索差异化的新发展格局实现路径,以充分应对外部风险、实现经济发展方式转变。优势地区在发挥开放优势的同时,还应当适当引导、调整,使生产、分配、流通、消费更多依托国内市场,提升优势地区供给体系对国内需求的适配性。非优势地区要主动融入国际国内循环,积极推动产业转型升级和公共服务均等化,巩固扩大下游投资需求与最终消费需求,坚持消费需求带动投资需求、下游需求带动上游需求,避免结构失衡,实现良性循环。当前形势下,各地区在"十四五"发展中应依据双循环新发展格局,重新认识区域比较优势,充分优化自身禀赋结构,创新建立新的国际国内竞争优势。

5.1.2 提升区域一体化效能,发挥市场对开放格局的改造作用

逆全球化因素影响下,过去脱离国内需求的贸易模式无法持续,并且长期来看对经济持续增长的作用有限。资源依赖型产业结构在要素成本升高、资源约束趋紧的背景下难以保持原有的出口优势。尤其是在新冠疫情的冲击下,全球产业链可能产生本地化的趋势,未来中国产业跟全球产业的竞争,会变成产业集群与产业集群的竞争。未来全球产业链的长度可能会逐步缩短,过去点状分布、面上扩散的全球产业链将会发生改变。注重产业链下游终端产品加工制造的工业体系,使得我国的产业体系安全面临风险,同时在发达国家制造业回流、要素供应链阻断等问题出现时难以持续保证开放竞争优势。

因此,要发挥中国超大经济规模潜力,重塑国内供给体系和出口生产体系。区域一体化由强中心推动,中心的更迭往往导致相应的区域一体化组织体系瓦解和新区域一体化模式的形成。在出口导向经济模式下,已完成初步产业积累的先

发地区,其产业链完整性与区域一体化程度具备比较优势,加之通过规模经济降低生产与贸易成本、通过范围经济提高竞争效率,因而能够形成各层级区域小循环格局。沿海地区不可移动要素成本上涨和可流动的劳动力成本上涨影响制造业企业的空间区位选择,驱使企业从中心向外围迁移。非优势地区承接产业转移,能够代替优势地区在国内循环中的部分分工作用,从而使优势地区实现"制造业——知识溢出——自主创新"模式的转型升级。在优势地区与非优势地区之间建立合理的成本收益分配机制的同时,利用我国"集中力量办大事"的体制优势,充分调动巨大的国内需求,促进出口导向型向内需导向型转型升级,能够进一步支撑形成国内国际双循环相互促进的新发展格局。

5.1.3 重塑贸易竞争优势是我国下一步开放深化的重要途径

当前中国外贸发展受到国内要素成本上升、资源环境约束增强、新兴国家低成本竞争以及发达国家技术与市场封锁的多重制约。我国过去的产业发展主要利用劳动力、自然资源成本低廉等优势,通过规模经济降低生产成本,以较为低廉的产品价格开拓国外市场。我国生产力布局中制造业沿海化的背后,是沿海地区良好市场邻近和供给邻近带来的贸易成本优势。自 1978 年我国实行对外开放政策以来,沿海地区积极引进国外资本、参与国际贸易、发展外向型经济。由于发展战略的转变以及强调沿海地区的发展,中国经济的空间结构也随之发生显著的变化。改革开放后的区域战略转移,使得传统的工业基地,如辽宁和河北处于劣势,增长速度放缓,而广东、福建、浙江、江苏以及山东等得到快速发展。随着经济发展,沿海地区对不可移动的要素(如土地、生态、环境)的需求不断增长,有限的要素供给和不断增长的要素需求导致不可移动要素的成本上升,使得沿海地区制造业企业的生产成本不断走高。因此,要适应要素成本上升导致的贸易与生产的新的均衡关系,围绕新的产业变化形成贸易竞争优势。

5.1.4 扩大本地微循环规模,促进地区产业多样化引导催生新需求

按照分地域分层级原则,建立相对于本土区域间、各省间的中小循环,以及本地生产、本地消费的微循环,是扩大国内大循环的重要途径。根据全国不同区域生产与消费的优势程度,制定差异化的微循环支持政策。发挥东部沿海地区民营企业和中小微企业数量多、机制灵活、转型快、对本地消费需求及时响应等方面的优势,丰富本地产业多样性。在东北地区老龄化率高、人口流失严重的中小城市,通过合作开发、联合建设、运营托管和政府购买服务等方式扩大医疗、教育、养老等产业规模,吸纳社会资本,长效促进公共服务能力持续提升。扩大乡

村地区的市场主体，提供微循环在广大乡村地区的消费需求与就业保障。充分发挥乡镇中小企业应对重大应急事件冲击下农民工异地转移就业的岗位弹性容纳作用，并以鼓励资本下乡、回村创业等创新农村经营方式与产业形态。合理、适度地通过"合村并居"等方式提升公共资源投入效率，促进土地资源集约利用、保障城市建设用地。强化本地微循环生产端与消费端的动态平衡衔接，扩大消费流通型基础设施的建设。通过县、镇层级交通路网、网络通信基础设施建设，完善跨区域、长距离调运的流通设施建设，利用多种新型商业模式培育下沉市场，巩固、调动、扩大微循环的规模与范围。

5.2　着力构建国际需求的国内替代体系

5.2.1　加快打通重点城市群内部及城市群之间的产业、资源、人才循环流通障碍，进一步扩大本地市场规模，发挥集聚效应

充分发挥我国超大规模市场优势和内需潜力，进一步挖掘中心城市和城市群在国内大循环构建中的引领作用和核心地位，持续推进要素自由、有序流动，增强区际联系，形成高质量发展的协同效应。加快完善城市群综合交通网络布局，持续夯实互联互通基础。有序推进京津冀、长江三角洲、粤港澳大湾区、成渝等重点城市群交通一体化建设的同时，在中西部、东北等地区以中心城市和都市圈为主体，谋划推进城际铁路、市域（郊）铁路、中心城市轨道交通向周边城镇延伸等项目建设，补齐城际快速交通短板，增强中心城市辐射带动作用。

5.2.2　持续推进重点城市群同城化建设，推动共建跨行政区域的现代化社会治理体系

持续深化户籍制度改革，督促各地全面放宽、取消重点人群落户限制之外，要在重点城市群和都市圈地区深入推广基础设施、公共服务、产学研同城化发展，在广佛、沪通等一体化程度较高的地区试点更高水平的土地、财税、司法、社会治理同城化建设，着力破除行政边界对产业和各类生产要素循环流通的制约，积极探索符合新时期发展特点和规律的现代化社会治理体系。

5.2.3　推动国家物流枢纽网络建设，增强区域间供应链网络连接

持续降低社会物流税费成本，提升物流效率，加强对物流领域收费行为监管，统筹部署各地区开展货运通行费收费标准调整测算和收费模式改革工作，将电子不停车收费（electronic toll collection，ETC）通行等制度性改革和技术创新的红

利让利于民。继续实施示范物流园区工程，持续推进长江航道、三峡翻坝综合转运、宁波大宗货物海铁联运物流港等重点地区的物流联运体系建设，降低物流联运成本。加快补齐航空货运短板和弱项，推动郑州、成都加快建设国际航空货运枢纽，优化完善北京、上海、广州、深圳等综合性枢纽机场货运设施，有序推进具备条件的地区布局建设专业性货运枢纽机场。

5.2.4 进一步降低企业面向内需的制度性交易成本，加快构建高水平的国内一体化市场格局

针对外向与内需相分割的生产力分布和市场格局下国内供给与需求的结构性错配问题，要从制度层面深化推进供给侧结构性改革，进一步降低企业面向国内市场的制度性成本，通过增强本地市场效应实现技术创新和市场拓展。清理废除地方制定的影响全国统一市场形成的限制性规定，打破地域分割和行业垄断。对地方制定的市场准入和经营限制、行政事业性收费、行政审批前置中介服务等限制性政策进行规范和清理，加快放开电力、电信、铁路、石油等垄断行业竞争性环节，从源头上防止排除和限制市场竞争的行为；在全国范围内推广深圳、杭州等地优化营商环境的典型经验，进一步落实简政放权、放管结合、优化服务改革，有序推进全国营商环境评价体系构建，以评促改、以评促优，打造国际一流营商环境。

5.2.5 面对新形势适时调整出口退税政策制度，平衡外向和内需政策支持力度

发挥出口退税制度在调整产业结构、国内国际市场结构、不同外贸依赖型地区的利益分配结构等方面的积极作用，对脱离国内需求和不利于新国际竞争优势形成的产业适当降低出口退税率，从而提升供给体系对国内需求的适配性；对各地区尤其是东莞、珠海等外贸依赖程度较高地区的各类隐性的或不合理的出口补贴和退税等政策进行清理，纠正被扭曲的生产要素成本差异；完善出口退税负担机制，避免广东、上海、江苏等外贸优势地区通过出口退税获得更多的政策支持，平衡区域间的利益分配。加大出口产品转内销支持力度，畅通国际国内市场连接。加快推进食品、通信、电气设备等重点行业国内生产标准和国际标准对接，推动国际国内市场常态化连接；鼓励广东、江苏等外贸优势地区加大对企业发展"同线同标同质"产品的支持力度，即在同一生产线上按照相同标准、相同质量要求生产既能出口又可内销的产品，帮助企业降低成本、实现内外销转型。

5.3 建设跨区域协作对外开放平台，以制度开放提升企业"引进来"和"走出去"质量

5.3.1 推动各地区向自贸试验区下放省级管理权限，促进区域间不同层级开放平台的合作

建设跨区域开放平台协同治理体系，有效衔接沿海地区与内陆地区共同参与国际大循环。以 21 个自贸试验区为主体，让各区域在全国自贸区体系中自主形成比较优势。发挥上海自贸试验区在外资引进方面的引领作用，其他自贸试验区借鉴上海经验，在贸易投资便利化、外资管理制度化等方面形成差别化的外资引进制度。广西、云南、黑龙江作为沿边地区的自贸试验区，以口岸通关一体化建设拓展新的对外贸易通道。用经贸合作示范区和双边国际合作产业园对自贸区进行功能补充，针对特定行业、特定产品和特定国家制定更细致的开放举措。对传统国家级经济技术开发区、海关特殊监管区等平台进行再创新，并实行动态考核退出机制。

5.3.2 充分发挥海南自由贸易港成本洼地优势，辐射带动国内其他地区产业链、供应链与全球生产网络深入融合

与自贸区对其他地区的示范推广效应不同，自由贸易港的优势在于高度自由化的制度和进口商品免关税带来的辐射效应而非示范效应。这也符合国际自由贸易港发展惯例，如迪拜"1+N"产城融合自由贸易港，以杰贝阿里自贸区为引领来融合迪拜的金融、互联网、媒体等特色产业城区，目的在于充分发挥自由贸易港的制度红利。截至 2021 年，新加坡自由贸易港在发展过程中累计形成了 80 项避免双重征税协定、40 项投资保证协定和 22 项自由贸易协定，目的是利用贸易协议体系来降低国内企业开展国际业务的税收负担。因此，应发挥制度创新和高水平开放政策体系融合的独特优势，打造海南自由贸易港成为我国对外贸易与合作的关键支点和深度融入全球经济体系的开放高地。

5.3.3 以北京市服务业扩大开放综合试点为引领，开拓多样化的外贸形式来带动内陆地区贸易结构向高附加值转变

截至 2020 年，服务贸易已占据全球直接投资的 60%，具有较高的附加值和市场潜力，以服务贸易为载体可以有效促进地区产业结构升级。依托北京市服务业扩大开放综合试点，向内陆地区推广服务贸易经验，充分拓展内陆地区的经济规模和国际产业链参与程度，从而有效降低对外贸的依存度。在进口方面以我国庞

大的数据市场潜力吸引优质的数字技术服务外资企业，培育良好的市场竞争环境推动国内数字服务业发展。在出口方面，加强加工贸易和制造业产品的质量建设，以服务来延长商品价值链条，打造典型的"商品+服务"联合出口，发挥我国门类齐全的制造业体系优势，形成一批包括方舱医院在内的具备绝对竞争优势的系统性、高集成度的出口产品。

5.3.4　推进负面清单管理制度，扩大外商投资国民待遇范围

对标国际规则和标准来促进国内外市场规则相容，一方面延长外商投资国民待遇链条，将外商投资国民待遇由准入前的全面落实扩展到准入后。另一方面拓展外商投资国民待遇区域范围，让更多地区吸纳优质外资。上海、南京、深圳等对国际产业链供给高依赖性地区应吸引世界一流企业和进口国外具有绝对竞争优势的产品，加速外资内迁。东莞、苏州、珠海、宁波、惠州、广州、厦门等出口依赖型地区要推动营商环境建设，留住具有外迁趋势的外资企业的核心生产环节，降速外资撤离。

5.3.5　成立国内、国外产业园区管理委员会，形成跨区域、跨国家双向协同机制

组建行业协会和企业联合体来加强"走出去"企业间的交流合作，完善海外企业合作综合支撑体系，实现共商共建共享，推广中国沙特（吉赞）产能合作园建设过程中形成的"1+4"模式经验，充分发挥各地区、各企业优势。江苏、上海、河南、重庆等对"五眼联盟"国家外贸占比较高地区应注重企业"走出去"的风险隐患，以创新联合体模式培育科技型企业境外创新集群。中西部地区对外贸易分布结构相对集中，境外产业园大多分布在"一带一路"沿线的发展中国家，未来应加速产业园区向发达国家技术集聚区域布局，培育园区企业吸纳、配置境外优质创新资源的能力。

第 6 章

通过加强优势地区要素集聚持续提高
全国生产力总体质量

要素流动性及要素空间集聚的差异性重塑了生产力布局格局。不同主导要素作用下所形成的经济结构与地域分工也不尽相同。自然条件的地域差异和自然资源的赋存状况的差异使经济要素向某些地区集聚，加大了要素空间分布的梯度差。除了要素自发流动，政府主导的战略、政策在生产力布局中也影响了要素配置。除了土地、劳动力、资本、技术、制度与历史基础等非自然要素，数据等新要素也会影响区域分工格局。布局中形成的资源型、加工贸易型、知识外包型、创新型的经济结构，都在不同环节不同程度地参与着全球分工网络。

6.1 盘活城市存量与农村城市用地，
优化土地要素配置与转换

6.1.1 提升区域内土地配置效率，推动不同用地类型合理转换

建设用地是区域生产力发展的基础性要素，而城市建设用地作为生产力发展的生产要素长期存在资源错配的现象，表现为产业发展较快的地区产业用地供给弹性不足，而经济发展相对落后地区大量的要素供给利用效率不高的现象一直存在。作为我国经济发展水平最高的区域之一，深圳 2010~2016 年建设用地平均供应实际实施率仅为规划的 80%，新增供地规模呈下降趋势，2010 年规划供应建设用地 2670 公顷，2016 年规划供应总量为 1350 公顷，仅占 2010 年的 50.6%。生态用地、建设用地、混合用地转换困难也制约了北京、上海、珠江三角洲等优势发达地区的产业更新。中西部地区，"建设新城—土地抵押与再融资—新城扩大

建设"的循环扩张过度使得工业园区用地大量闲置,故亟须推进存量用地转型,明晰用地划分依据,限定城市工业、居住用地、留白用地范围及规模。加快处理工业园区闲置用地、集体闲置性建设用地、闲置宅基地等,以深圳新兴产业用地政策为蓝本,探索符合区域自身需求的产业用地弹性利用模式,激发存量用地的"新生产力"要素属性。例如,《北京市战略留白用地管理办法》是区县尺度弹性应对长期发展中的不确定性的重要实践,可有效缓解当前用地需求增加而可用地量趋紧、低效用地挤占战略性功能性用地的问题,通过用地置换优化集中布局。

6.1.2　探索土地要素在优势地区与非优势地区的跨区域再配置

从全国趋势来看,东部优势地区产业用地供给趋紧,非优势地区产业用地扩张但效率较低。例如,2009~2014 年在区域上城镇土地供给量向中西部地区偏移,中部、西部地区城镇土地增幅分别达到 27.8%和 32.6%,均明显高于全国总增幅。但中西部地区产业用地扩张的同时,实际集约利用和产出水平均低于其他地区。从土地要素集约利用水平来看,西部地区开发区土地供应率、工业用地率明显低于其他区域,处于全国最低水平。从产出效益来看,工矿仓储用地产出效益呈现"西部→东北部→中部→东部"的递增趋势,东部地区的工矿仓储用地产出效益为西部的近两倍。因此,应将更多的产业用地配置给拥有先进生产力的优势地区,将用地计划适当向用地资源紧张的优势地区倾斜,优先保障优势地区用地需求和产业升级空间。建立满足不同区域开发需求的集约节约用地制度、评价标准以及存量建设用地盘活处置政策体系,提高开发区、园区等产业用地的开发强度、使用强度和投资强度。

6.1.3　统一土地要素市场,盘活农村用地,实现人地共同城镇化

当前我国城市与农村建设用地市场机制不统一,农村闲置宅基地、农户住宅、农村集体经营性建设用地缺乏作为生产力要素的市场化机制。同时,这几类用地作为产业发展建设用地来源的要素流动通道还未打通。我国农村宅基地的闲置率呈现东部最高、西部次之、东北第三、中部最低的格局,其闲置率分别为 13.5%、11.4%、11.1%和 7.7%。因此,要拓展农村建设用地作为土地生产力要素的新属性,实现农村建设用地的生产性功能。以国家农村建设用地基础性法规、政策为依托,盘活农村建设用地利用方式,探索农村宅基地由拥有权向开发权的转变,赋予其资产新属性。畅通城乡建设用地流转与城乡劳动力双向流动,加快我国新型城镇化与乡村振兴的进程。

6.2 引导人口规模优势转化为人口质量优势

6.2.1 以提高中小城市城镇化率作为提升全国生产力布局质量的劳动力要素供给基本保障

城市群是我国当前人口生产要素布局的主阵地,但人口过度流向特定地区将会加剧人口流出地区经济生产动力不足的问题。随着我国经济的不断发展,大量农村人口迁移到城市,并持续向东部地区的京津冀、长江三角洲、粤港澳大湾区这三大区域城市群以及中西部地区的重庆、长沙、成都、西安、郑州和武汉六个核心城市聚集。根据 2015 年全国 1%人口抽样调查结果推算,城市群承载了全国 75%的常住人口,其中,京津冀、长江三角洲和珠江三角洲城市群的人口集聚规模最大,承载了全国 23.43%的常住人口。2019 年常住人口增量排名前五的城市全部位于东部沿海地区,分别是杭州 55.4 万人、深圳 41.2 万人、广州 40.1 万人、宁波 34.0 万人和佛山 24.3 万人。

通过提高区域之间人口布局规模的协调性和均衡性,保障中西部地区劳动密集型产业分工的人口规模优势。"十四五"期间,人口将持续向城市群和中心城市等优势地区聚集,尤其是向中西部城镇化率偏低城市群和省份的中心城市集聚,这就需要持续推动户籍制度改革向纵深发展,不断开放城市落户限制,优化一些人口承载已经饱和的超大城市,推动未来中小城市作为人口最主要的承载地区。河南、安徽等地提出推进农村综合改革,实现农业人口城镇转移;福建和湖北分别通过实现基本公共服务常住人口全覆盖和建设高质量特色小镇等举措,加快实现农业转移人口市民化。

6.2.2 全国性中心城市应在人口疏解过程中实现人口布局质量提升

城市群和中心城市等优势地区的人口质量布局,是提高区域生产力布局质量,打造具有全国甚至全球比较优势和竞争优势的关键,劳动力要素需求已从人口布局规模扩大转变为人口布局质量的提升。《国家新型城镇化规划(2014—2020 年)》中明确指出:"京津冀、长江三角洲和珠江三角洲城市群,是我国经济最具活力、开放程度最高、创新能力最强、吸纳外来人口最多的地区,要以建设世界级城市群为目标,继续在制度创新、科技进步、产业升级、绿色发展等方面走在全国前列,加快形成国际竞争新优势,在更高层次参与国际合作和竞争,发挥其对全国经济社会发展的重要支撑和引领作用。"京津冀、长江三角洲和珠江三角洲城市群要以建设世界级城市群为目标,争取在全球城市网络中占据枢纽地位。应统筹全国性中心城市的非核心功能,将次要产业、基础设施和知识技术向其他中心城市和全国中小城市同步扩散。以北京的政治核心功能、上海的金融核心功能以及深圳的创新核心功能作为城市群核心产业人口高质量布局的依据，使人口规模和人口质量布局与城市群在区域分工体系中所需要具备的全球技术创新功能和引领全球资源配置的经济功能相匹配，发挥其对全国经济社会发展的重要支撑和带动作用，加快形成国际竞争新优势，持续推动城市群的生产力布局高质量转型。

6.2.3　其他城市群、中心城市和欠发达地区形成与地区资源环境承载力相协调、人口流动和公共服务资源相匹配的人口高质量布局

城市群和中心城市的人力资本尚未形成具有国际竞争优势的人才结构布局。中西部地区人力资本积累不足是其无法进行产业转型升级和承接产业转移的重要原因。东部沿海地区集聚的大量产业，不仅基于这些地区享有的优惠政策，具备出口的区位优势，还吸附了大量的人力资本。尤其是当前，人力资本持续向东部城市群和中心城市集聚，会进一步加剧区域人口布局质量的差距。以北京、上海、广州和深圳为代表的国家级中心城市已经完成了人口规模的积累，对于劳动生产要素的需求已由从前的第二产业转向对第三产业或某些新兴行业人力资本的需求，高素质人力资本的流入是中心城市人口流动的新特征。虽然北京、上海和深圳分别作为京津冀、长江三角洲和珠江三角洲城市群的核心城市，对高质量人才的吸附能力全国领先，但其人才比重尚不足以对标世界级城市群。长期以来，中西部、东北地区城市人口增长的主要驱动力来源于乡—城人口转移。中西部地区城市群承接东部劳动密集型产业转移，国家统计局发布的《2019 年农民工监测调查报告》显示，2019 年我国农民工总量较上年增加 241 万人，增长 0.8%。中西部地区是吸纳农民工的主要地区，2019 年达到 12 396 万人，比上年增加 352 万人，而东部地区就业的农民工较上年减少 108 万人。但中西部和东北地区缺乏东部沿海地区的出口区位优势，且未充分发挥出与东部地区同样优惠政策的作用，东北地区除沈阳、大连等中心城市，其余大部分区域人口增速明显低于全国平均水平，这类地区的人口结构布局质量有待提高。

近年来各地城市相继出台各类吸引大学生群体落户的优惠政策，如长春的促进高校毕业生来（留）长创业就业服务工程、武汉在 2020 年提出新增留汉大学毕业生 25 万名等，这些政策有助于城镇化发展和人口布局质量的提升。但随着各地区一系列人才政策的出台和优势地区落户门槛的不断放宽，未来人才政策的边际效果会逐渐降低，使城市间的人才竞争快速回归到城市的经济发展、产业集中和交通便捷的基本面竞争。非优势地区需同步基础设施建设，达到基本公共服务均等化标准，具备承接人才转移的基础，通过培育特色优势产业形成自身的全国竞争优势。

6.3 推进资本要素由优势地区集聚向关键环节集聚转变

6.3.1 充分利用资本流动性强、自然地理限制弱、对市场敏感性强的特性，发挥在资源配置中对其他要素的引导撬动作用

当前我国经济发达地区的资本要素存量明显高于其他地区，在各城市群投资减缓的整体趋势下，优势地区仍然是资本要素的主要流入地。但从近年来全国各地区的社会融资规模增量情况和新增固定资产投资分布情况来看，固定投资总额较多的城市群为长江三角洲城市群、长江中游城市群、中原城市群、京津冀城市群、成渝城市群。考虑到国家五年计划的制定与实施，投资增长率基本呈现每五年为一个周期的波动，自"十一五"时期以来，投资增长波动减小。其中受到2008年全球金融危机影响与产业结构升级影响，2009年以来投资增速呈持续下降趋势。在社会融资规模增量情况方面，2013~2019年江苏、广东融资规模增加量持续处于全国前三强，同时北京、浙江、山东融资规模增加量保持稳定上升，而青海、海南、宁夏、西藏融资规模增量较低且均处于下降趋势，全国占比率持续减少，地区差异被进一步拉大。在固定资产投资分布方面，长江三角洲、珠江三角洲、成渝等优势地区仍然是资本投资的核心地区，东北、西部等地区由于缺少资本要素投入，难以挖掘自身比较优势实现产业转型升级，区域资本回报率进一步降低，从而形成"马太效应"，区域发展差距被进一步拉大。

通过产业清单、异地PPP（public-private partnership，公私合作）项目引导，为区域优势互补、对口合作搭建桥梁，积极吸引优势地区的PPP投资主体到非优势地区进行投资。大力引入先进技术、高级管理和专业人才，持续改善和提高非优势地区的项目投资效率与发展。例如，上海在打造全球性金融中心的过程中，着力提高将全国资本要素转换为全球资本要素的配置能力，利用资本要素参与非优势地区的功能发挥，增强优势地区的辐射带动作用。

6.3.2 促进产业积累向产业升级转换，利用市场机制提供技术创新的资本基础

我国现阶段产业积累并未有效转化为产业升级的驱动力，各个时期资本要素的空间布局代表了当期的资本存量与产业基础，而投资空间流向的总体趋势则反映了产业布局的指向性与未来一段时间内区域的发展潜力。改革开放之后，中国制造业集聚东部沿海的重要推动力量是外商资本，发达地区投资通过技术外溢影响了区域经济增长，投资差异也加大了区域差异。凭借邻近国际市场的地理优势、历史形成的工业基础以及国家出口导向的开放政策与沿海地区优先发展战略，制

造业越来越向上海、江苏、浙江、广东、辽宁、山东等沿海省市集聚。由于地理位置以及人为政策上的原因，我国的中西部地区长期以来很少能吸引到国外的直接投资，有相当比例的技术引进项目不能很好地发挥作用，或者引进的技术已经落后，区域间资本积累差距加大。

当前我国正在扭转以往通过技术贸易方式引进技术的格局，通过自主创新促进技术进步，亟须促进技术要素与资本要素融合发展。引导资本推动制造业由知识外包型向创新型转变，需要提高优势与非优势地区在不同产业不同环节的资金供应配套能力，以及借助培养、引进、用好人才的方式不断提高技术吸收能力。美国纳斯达克交易所、香港交易所新政的实施，以及上海证券交易所科创板落地等举措均可为资本流向创新性技术性环节、企业提供资本市场渠道。未来应继续积极探索通过天使投资、创业投资、知识产权证券化、科技保险等方式推动科技成果资本化。

6.4　形成多层级创新主体联动，加快发展技术要素市场

6.4.1　建设跨区域科技协同创新共同体，由自然资源禀赋区域分工格局向技术链分工格局转变

当前要素布局未形成技术创新导向型地域分工格局，创新要素跨区域流动缓慢，未能突破基于自然资源禀赋的区域分工初始布局。创新要素在我国的流动速度增幅正在逐渐增大，但是经济差距造成的壁垒是阻碍创新要素有效流通的主要因素。优势地区凭借自身技术要素禀赋形成技术要素生产和使用的孤岛，而劣势地区难以吸收优势地区的技术要素。就全国范围而言，东部地区和中西部地区之间的技术差距分化严重。北京、广东、江苏、上海、浙江等发达地区已成为创新要素高度集聚的地区。例如，研发经费、科研人员、高等学校、科研机构、发明专利授权量、技术交易额、高技术企业数量、风险资本等增量区间都集中在这些地区。中部地区作为承接东部经济和科技资源向西部转移的过渡地带，东中西部地区经济发展梯度差使中部地区无法高效衔接东部和西部地区科技转移，东北和西北地区无法在较高的经济发展水平上吸收和消化其他省份的知识溢出。

因此，一要基于经济大区，构建区域内部及跨区域的科技协同创新共同体，促进技术成果产业化和商业化。二要大力培育跨区域的创新中介组织，根据地方和企业的不同需求，在金融资本、人才流动、资源整合等方面提供专业化、精准化服务，形成全链条的科技供给服务体系。三要加强区域协调机制建设，打造在关键重点领域具有高水平示范引领力的创新型城市，坚决破除城市群城市之间的

利益藩篱和政策壁垒。

6.4.2 在优势地区布局具有较强影响力和引导力的综合性科创中心，带动非优势地区科技发展

当前我国新技术未发挥集聚优势，无法高效支撑产业转型升级来提升地区国土空间承载阈值。技术的集聚对实现制造业转型升级、推动优势产业在全球产业链和产业体系中占据竞争优势具有重要作用。科创中心是引领技术集聚、布局新一批战略性产业、抢占新一轮科技革命先机的关键。当前我国在北京、上海、粤港澳大湾区科创中心的建设中已形成一定的优势。例如，北京部分研究人工智能的高科技公司已经达到全球领先水平，粤港澳大湾区在 5G 技术应用方面全球领先，上海在重大装备制造、部分芯片制造领域处于全球前列。总的来看，这三个科创中心在全球创新链中占据一定领域的优势，或在产业链条的某些环节处于领先，还有一大批产业正处于快速突破的阶段。但是，与世界级科创中心相比，北京、上海、粤港澳大湾区最突出的短板是世界级的优秀人才集聚不足，基础科学研究成果储备有限，以及基础科学研究的能力体系明显薄弱。在此基础上，技术要素无法形成对生产活动的集约化改造，使地区资源利用接近阈值时对生产力增长造成刚性约束。

因此，一要围绕国家区域发展战略扎实落地，加快重点区域创新发展。在京津冀、长江三角洲、粤港澳大湾区建设综合性的国家技术创新中心，加强技术研发、创新要素配置，支持全产业链提质增效。二要依托国家战略科技力量，建设一批国家科学中心，支撑国家在基础研究原始创新、重要领域"卡脖子"技术问题等问题上取得突破，坚决打赢关键核心技术攻坚战。三要促进科创中心与中西部地区的互动发展。通过有效发挥政策的指导作用，特别是在现代科技手段大幅缩短了空间距离的情况下，持续强化北京、上海和粤港澳大湾区三大科创中心与中西部的联系，在产业链条、研发机构、产品市场和人才培养等方面加强合作，调动和利用好中西部地区的科技力量。

6.4.3 通过中小城市扩容增效释放区域技术创新活力

积极鼓励中小城市促创新、提效率和降成本，大力发展细分创新"制造业小集群"。在充分评估分析中小城市产业基础、发展条件、区位优势等多重因素的基础上，发挥互联网高效精准、实时便捷的优势，将各地主城区和特色小镇、园区、公共服务机构、企业、物流、仓储、实验室、工作室及个人高效地链接在一起。用好技术产业先发地区的要素外溢资源，在地区发展规划中明确重点承接领域，充分引导民间投资，积极应用人工智能、物联网、大数据、机器人等新一轮工业

革命先导技术。发展高质量服务业，以及医疗护理、健康、旅游、保险等内需服务业，充分动员外资和民企投资。利用国家的高铁网、高速公路网、二级乡村道路网，实现快速沟通，促进协同、共享，瞄准新技术、新产品，着眼需要人员少、场地和规模都比较小，产业链相对高端，具有核心竞争力，与存量制造业集群形成功能互补的制造业"短链条""小集群"。

6.4.4　扩大技术研发、应用与产业的多环节融合，形成技术创造与创新要素流动的新型合作模式和全国交易市场

从大区域的角度来看，我国的高校和科研院所资源集中在东部地区，中西部地区较少。从城市的角度来看，我国的科教资源大多集中在省会城市和直辖市，非省会城市的科教资源，尤其是高水平科教资源非常稀缺。研发经费内部支出超过 200 亿元的城市中，北京、上海和深圳占据前三，且与其他的城市的差距较大。创新资源及技术要素在空间上的分布不均，存在着供需关系的区域差异。经济不发达的地区，企业数量较少，对技术创新的需求较弱。经济发达但创新资源稀缺的地区则存在着严重的技术要素供需失衡，这种矛盾在长江三角洲和珠江三角洲两个地区最为凸显。这两个区域的经济发展水平较高，且城市间发展较为均衡，县域经济发达，但科教资源主要集中在省会城市，导致创新的供需矛盾在非省会城市非常突出。技术产生地与技术应用地之间存在割裂，而现阶段因集成科研、孵化、资本等功能的新型研发机构缺乏，导致区域经济发展难以有效整合技术成果和发掘企业等各类市场需求，也难以解决跨国别、跨地区、跨行业的技术投射和技术成果产业化问题。

因此，一要鼓励新型研发机构的开放合作行为，尤其是与本地高校、科研院所、企业、投资机构、孵化器的合作，实现技术要素的高效创造。二要建立公开的新型研发机构数据库，实现每所高校和科研院所的校地合作与院地合作行为的公开和可查询，为技术成果规范化、价值化、市场化奠定基础。三要在区域层面对新型研发机构的建设进行统筹协调，避免重复建设，通过市场高效配置技术要素，推动区域技术供给高质量匹配市场需求。

第 7 章

通过数字经济改造生产力的质量、组织形式与空间布局

7.1 增强数字经济对要素、产业和市场组织形式的改造能力，突破国土空间对生产活动的承载约束

《国务院关于数字经济发展情况的报告》中指出，党的十八大以来我国数字经济发展成效显著，但现阶段仍存在大而不强、快而不优等问题。主要表现在三产数字经济发展超前，第一产业、第二产业发展滞后。数字经济通过影响要素流动，以及改变生产组织、资源配置、价值创造方式等作用于传统产业，在三大产业中催生新的经济动能。2019 年我国服务业数字经济增加值占行业增加值比重为 37.8%，同比上升 1.9 个百分点，显著高于全行业平均水平。对比工业数字经济增加值占行业增加值比重为 19.5%，同比上升 1.2 个百分点，融合程度低于服务业。从生产设备的数字化水平看，2018 年规模以上工业企业的生产设备数字化率、关键工序数控化率、数字化设备联网率分别达到 45.9%、48.7%、39.4%。根据农业农村部信息中心牵头编制的《中国数字乡村发展报告（2022 年）》，2021 年我国农业生产信息化率达到 25.4%，相较于 2020 年有较大提升，但仍低于第二、三产业。此外，2022 年我国实物商品网上零售额 11.96 万亿元，占社会消费品零售总额的比重为 27.2%，全国农产品网络零售额 5313.8 亿元，同比增长 9.2%，可见农产品电商仍存在较大的发展空间。为了充分发挥数字经济对经济增长的助推作用，应引导数字经济与实体经济深度互融互促。

因此，需要促进数字技术与人口、土地、资本等要素的深度融合，赋予各类要素新的利用特征，提升各类要素的投入产出效率与流动效率；发挥数字作为新产业、新要素的创新作用，依托人工智能、大数据等核心数字产业，形成以中心

城市和城市群为核心、优势地区带动非优势地区的全链接闭环算力体系，连通东部地区创新能力与中西部地区算力资源；在创业链、产业链及功能链等方面实现数字内容产业各领域合作融合，在各个城市群覆盖范围内形成全产业链数字产业集群，实现数字内容与产业各领域合作融合；以数字技术革新市场参与主体的行为方式，创新市场交易机制，实现要素市场和产品市场供给及需求的精准匹配。

7.2　形成传统基础设施—数字经济—新基础设施的累积发展机制，通过数字经济推动国内国际双循环格局

算力是使得数字要素介入经济体系，支撑产业和社会智能化发展的基础。我国以算力为核心的数据基础设施建设与利用不均衡。东部创新能力强，但算力基础设施资源紧张，中西部能源和算力资源丰富，但产业过于低端化。数据中心是目前我国云端算力的主要产品形态。为了促进东西部算力协同联动，2022 年 2 月 17 日，国家发展和改革委员会、中共中央网络安全和信息化委员会办公室、工业和信息化部、国家能源局四部门联合印发文件，启动建设国家"东数西算"战略，在京津冀、长三角、粤港澳大湾区、成渝、内蒙古、贵州、甘肃、宁夏启动建设国家算力枢纽节点，并规划了张家口集群等 10 个国家数据中心集群。截止至 2022 年底，全国在用数据中心机架总规模已超过 650 万标准机架。但从机柜上架率来看，一线大城市机柜上架率相对较高，平均在 50%左右；而三、四线城市上架率普遍偏低，大多在 10%~20%，资源浪费问题比较突出。与其他生产要素类似，数字要素在行业与虚拟空间上表现出不同的禀赋结构，算力布局与产业应用的不均衡将不利于数字要素对产业的智能化改造。

因此，通过新型基础设施建设加速数字要素和数字产业的布局，并利用数字化进一步改造升级交通、能源等传统基础设施。以长江三角洲、珠江三角洲、京津冀三大城市群为起始点，连带东部沿海地区向中部和西部地区延伸，打造数字经济走廊。以数字经济驱动雁阵模式，形成以数字经济为核心的新产业、新业态、新模式，推动传统产业由优势地区向非优势地区转移。同时，在非优势地区构建数据技术的逆梯度转移模式，实现非优势地区的跨越式发展。实现数字经济结构和生产力布局结构的协同发展，从而推进优势地区和非优势地区参与国内国际双循环的高效协作，在国内循环中形成具备规模经济效应、产业集群优势和现代物流网络体系的超大规模市场，在国际循环中以数字技术创新来开拓全球生产体系新高地。

7.3　以数字经济为依托推进优势地区参与国际高价值链环节

经济优势地区要对芯片等关键部件与数字化核心技术重点突破,培育数字产业集群。长江三角洲、粤港澳大湾区等制造业、服务业发展优势地区拥有丰富的数字化应用市场和融合发展空间,应深化发展以互联网与制造业融合为主体的融合型数字经济。推动长江三角洲、粤港澳大湾区率先共建数字经济领域重大创新平台、跨区域数据中心等战略性数字基础设施。推动国家级 5G、人工智能等重大创新载体落户深圳、上海等中心城市,同时设立联合创新中心,周边城市群提供制造集聚区与应用融合区。依托中国移动等龙头企业在雄安、上海、成都等重点地区设立的产业研究院,打造 5G 产业及创新应用策源地。珠江三角洲依托优势产业补齐补强产业链上游核心设备和关键零部件环节,培育万亿级 5G 产业集群。在上海、深圳等发展优势地区中心城市设立数字经济评价试点项目,创造有利于新技术快速大规模应用和迭代升级的独特优势,摸索数字经济发展规律和监管框架,通过分类指标建立评估机制,衔接国家"放管服"改革体系。构建跨区域数字创新生态链。通过建立国际化、自由化的初创企业园区支持新兴领域初创企业发展。面向制造业、教育、交通、医疗、电力等垂直行业,建设数字融合应用技术创新中心和成果转化基地,采用"商业俱乐部"模式一方面撬动传统企业对初创企业的资金支持,另一方面由初创数字化企业激发传统企业的数字转型需求,并帮助其加快数字化改革。整合全国乃至世界最佳的企业资源,如深圳依托 IT(information technology,信息技术)领袖峰会和 BT(biotechnology,生物技术)领袖峰会等形成促进创新创业的重要平台。将数字化高端人才纳入各级政府急需紧缺人才引进目录,推动高等院校、重点职业学校设立相关技术课程,保障数字化技术的人才支撑。

7.4　在全国范围内统筹"中心—区域—边缘"数字功能中心布局

当前各大中心城市数据、云计算中心建设已经初步满足中心云相关服务需求,而在区域云和边缘云等满足近端计算的基础设施建设中还存在数量少、覆盖小、网络差等问题。分布式边缘计算有助于降低数据延迟和能耗。北京、上海、深圳等中心城市应限量提质,在土地、水、能源、资源约束下须提高新建大数据中心、超算中心的落地标准，限制数量扩张。周边地区将成为承接中心城市数据中心新增需求的重点区域，按照中心城市—城市群—周边城镇地区—农村重点区域的次序推进 5G 等信息基础设施建设，为区域、城乡数字经济一体化提供保障。非优势地区通过提供区域性或边缘性数字功能，与优势地区协同促进数字相关要素资源分布式发展。中西部城市依托自然资源禀赋，积极出台产业鼓励清单、派发数字技术补贴等措施手段，利用数字经济对本地实体产业基础依赖较少的特点，实现地区价值链升级。例如，贵州、四川等地依托大数据综合试验区、云计算中心建设，海南借助自由贸易港国际互联网数据专用通道等数字基础设施建设，形成"区域—国内—国际"数据资源集聚与应用开放高地，打造非优势地区在数字经济下的比较优势。

7.5　打造数字交易新机制，加速数字要素市场化配置

建设跨区域数字交易平台，协调数字要素交易参与者打通数字孤岛，围绕中心城市和城市群构建数字交易中心，有效衔接各类数字资源在不同行业和部门的流通；推进数据价值化建设，形成数字要素分类标准，完善数字要素价格形成机制；以区块链技术保证数字要素和数字产品在交易过程中的隐私性，解决数字要素在交易中的信息不对称问题，明确数字资源的产权形式，构建良好的市场竞争环境；发挥优势地区数字要素在创新创造方面的比较优势，以及非优势地区在数字要素存储、处理环节的比较优势，形成全域数字经济循环积累效应。

第 8 章

推动区域间合作，
提升重大生产力布局质量

8.1 促进优势地区与非优势地区的分工深化

8.1.1 在关键高技术领域优先布局、合理分工，培育区域在全国创新链不同节点的错位协同

形成以中心城市高端创新牵动外溢地区大规模制造的产业布局体系。以创新链的不同分工驱动中心城市从制造创新向知识创新引领的方向演变，如在上海布局芯片高端制造、北京布局算法算力及其支撑系统开发、深圳布局数字经济下辖高端制造和高端网络应用，形成我国发达地区中心城市创新分工、错位发展的布局体系。次级中心城市须培育主导产业的创新生产综合体，佛山三龙湾高端创新集聚区等外溢地区探索利用如创新园区建设、税收返还、配套资助、组建产业技术创新联盟、制定优惠目录等举措布局国家级与省级项目，进行延展性研究和产业化应用。

8.1.2 建立以政府间行政协议为主、区域协作立法和跨区域协调组织为辅的治理机制

制定《长三角 G60 科创走廊建设方案》《长三角地区推进工业互联网平台集群联动战略合作框架协议》《长三角地区建立协同优势产业基金投资意向协议》等一系列政策性意见，《长三角 G60 科创走廊建设方案》提出"促进长三角基层加强合作和跨行政区域协调联动"，"建成科技和制度创新双轮驱动、产业和城市一体化发展的先行先试走廊"。中部地区武汉的下一代信息网络、赣州的新型功能材料等产业集群已逐步形成全国比较优势。重庆、成都、西安等西部城市也在高端装备、大数据等领域形成了一批独具特色的集群，推动了区域产业合理布局。

8.1.3 东部优势地区加强与其他地区的对口合作，促进与国内、中西部价值链的深度融合与分工

粤港澳大湾区、长江三角洲、京津冀存量建设用地趋紧，对于先进制造业落地的空间不足等问题，可通过引导部分土地密集型、劳动密集型、资源依赖型产业向中西部高质量转移，共建加工贸易产业园，支撑优势与非优势地区产业体系协调发展。发挥制度优势，总结多年来形成的区域间对口支援经验，可以将东北地区或西北地区的部分县市由发达地区的省市直接管辖（托管），使其形成新的增长极。西部成都、重庆、西安的科研、教育相对发达，同时人均人力资本成本比其他区域低，可以更好地承接东部产业的扩散。中部郑州、合肥、武汉是综合交通运输大通道的中枢，也是国内先进制造业从长江三角洲往中西部迁移的核心节点。

8.1.4 资源依赖型区域可通过生态补偿、专项补贴等方式促进区域产业转型

对东北、西北等北方地区的工业内部结构进行优化和转型升级，降低这些地区对资源型产业的依赖程度，增加技术集约型行业比重。通过生态补偿制度和完善财政转移支付制度，统筹资源依赖型产业布局与生态功能区的发展转型。明晰现有布局中因资源有限性导致的增长边界，确保国家特定功能地区具有相应的人口与经济承载规模。实行灵活土地供应政策，保障资源型城市转型发展的土地需求，对于战略性资源开发项目、灾害移民、生态移民、新农村建设等问题，完善采矿用地补偿、"一步城镇化"安置补偿、农民生态补偿等多元化补偿制度。加强北方地区国家中心城市以及大都市圈建设，沈阳、青岛等城市进一步扩容增效，成为国家中心城市，有助于其承载更多的人口和经济功能。针对人口流失直接影响到地区消费能力提升和经济发展新动能培育的问题，国家应该针对东北地区和西北地区设立人力资本专项和科技专项，给予特别支持。

8.2 通过提升产业链布局质量增强产业安全和产业竞争优势

8.2.1 分类引导产业链合理布局，依托制度设计增强国家产业安全能力

虽然逆全球化因素日趋常态化，但经济全球化和全球产业分工体系仍然是长期不变的趋势，过度追求产业体系的独立完整可能会陷入被全球产业体系孤立的陷阱中，增强产业韧性、保障关键环节、提高供应链多元化程度是提升产业安全

的核心。对于满足人民生活和产业发展基本需求的产业,要促进其供应链的区域化布局,即满足基本需求的产品要尽可能由国内供给且实现国内供给的多元化;对于对国家国防安全和经济安全有重大影响力的关键产业环节和关键核心企业,要促进其产业链的本土化;对于一般产业和企业,要促进其供应链的多元化,并依托国内超大规模的供应链和对关键环节的掌握推动国内外供应链网络的深度融合,以此实现良性的双向循环互动。要充分发挥法律和制度在国家产业安全方面的重要约束作用,从规划层面统筹考虑国家、区域、省、市的多层次产业安全格局,对重点地区、重点行业建立产业安全的评估和风险预警机制,并适时启动产业安全立法的相关工作,从全局性、系统性的角度来保障国家产业安全。

8.2.2 通过强化交通和信息基础设施互联互通打破地理板块边界,构建优势互补的区域一体化发展格局来带动提升区域整体竞争能力

国内超大规模的市场和供应链是我国持续增强国际竞争力的基础,继续增强区域互联互通水平是整合并发挥超大规模市场优势和供应链优势的重要突破口。要进一步加强交通和信息基础设施联通,推进国家多层次的交通、物流和信息枢纽建设,将少数中心城市和优势地区与广袤的内陆腹地进行更大范围、更深层次的跨空间连接,打破地理邻近的限制,更大程度地发挥优势地区的示范带动和产业协同作用,实现区域整体经济效率的提升。非优势地区要把握区域经济发展中的梯度差异和转移规律,充分发挥自身资源丰富、要素成本低、承载空间大等比较优势,加强与优势地区和相连接地区的产业联动,努力与区域整体形成分工合理、优势互补的战略关系,通过更深层次地融入全国乃至全球产业分工体系来带动自身经济发展。

8.2.3 优势地区应充分依托供应链和国内市场规模优势,以生产过程模块化为抓手培育和增强产业核心竞争力

我国现阶段的产业优势已经由相对低廉的要素成本转变为庞大的、复杂的供应链体系,极度专业化的供应链环节形成了中国在模块化产品生产方面的效率和成本优势,供应链网络的规模性又使整个产业体系保持弹性,不会被锁死在特定的产品阶段,但以数字化、智能化为特征的第三次工业革命将重塑现阶段的供应链体系。在第三次工业革命的影响下,以流水线生产方式生产的模块化产品已无法满足大规模个性化的产品需求,生产系统的一体化和生产过程的模块化成为重要特征,优势地区应以国内供应链和市场规模优势为基础,充分发挥引领示范作用,努力从产品模块化向生产过程模块化转变,强化在模块标准制定和生产系统

架构方面的主导权，从而形成我国独特的基于产业生态的生产优势和创新优势。

8.3 发挥新要素在提升区域合作、促进生产力高质量布局中的作用

8.3.1 以工业互联网为代表的组织新模式推动了地区分工关系重塑，扩大了优势地区的要素配置能力与范围

工业互联网是新技术革命下新技术与现代工业技术融合的重要产物，也是新技术重塑地区分工关系的典型场景。工业和信息化部于 2019 年 11 月发布的《"5G+工业互联网"512 工程推进方案》提出，工业互联网是第四次工业革命的关键支撑，5G 是新一代信息通信技术演进升级的重要方向，二者都是实现经济社会数字化转型的重要驱动力量。基于"应用相对普遍、融合程度较深、产业影响较大、产业链中上游"的原则，2022 年 11 月，中国信息通信研究院在 512 工程收官之际发布了《2022 中国"5G+工业互联网"发展成效评估报告》，指出我国"5G+工业互联网"512 工程任务高质量完成，全国 4000 余个"5G+工业互联网"项目已覆盖 41 个国民经济大类，5G 全连接工厂种子项目中，工业设备 5G 连接率超过 60%的项目占比超一半，5G 技术与工业融合的广度和深度不断拓展。当前全国"5G+工业互联网"发展已形成以长三角地区、粤港澳大湾区为引领，向京津冀地区、西部地区和东北老工业基地延伸的"东中西"梯次推进的全新发展格局。我国 31 个省区市"5G+工业互联网"发展总体呈现四种差异化、特色化的发展形态。江苏、广东、浙江、山东、安徽、北京 6 个省市呈现示范引领的特点，湖北、辽宁、江西、河北、河南、上海、福建、天津、四川、重庆、湖南、广西、山西 13 个省区市呈现快速崛起的特点，新疆、甘肃、黑龙江、云南、内蒙古、宁夏、贵州、陕西 8 个省区呈现蓄力奋发的特点，西藏、海南、吉林、青海 4 个省区呈现孕育起步的特点。我国"5G+工业互联网"创新发展已进入快车道，在新一代信息技术的加持下，未来我国"5G+工业互联网"的发展将向更大范围、更深程度、更高水平迈进，进一步发挥工业互联网的赋能、赋值、赋智作用。

从优势地区层面来看，长江三角洲区域工业互联网平台建设正在成为长江三角洲产业合作的核心，成为智能制造的新引擎。生产、管理、设备的全面上云让制造业企业的经营角度发生了重大的变革。产业聚集和完备的工业体系，也为长江三角洲构建区域协同的工业互联网平台奠定了基础。浙江积极响应工业和信息化部对建设 5G 全连接工厂的号召，强化与工业企业和通信设备制造企业协同合作，建设了一批特色鲜明的 5G 全连接工厂。依托 5G 和大数据技术，建设 5G 混合专

网、5G MEC（multi-access edge computing，多接入边缘计算）平台、5G 智能网络运维平台和"5G+工业互联网"平台。截止至 2022 年底，浙江省已有超 280 家企业建立起了 5G 全连接工厂，孵化出了各具特色的 5G 全连接应用场景。上海于 2020 年实施"工赋上海"三年行动计划（2020—2022 年），深入推进制造业数字化转型升级。2023 年初，上海已在造船、能源、消费品、高端装备、集成电路等多条产业链中，确立了约 10 家工业互联网链主，打造了 30 个有影响力的工业互联网平台，链接了 800 万多台工业设备，形成了行业性数字化转型"雁阵"。江苏充分发挥了"5G+工业互联网"在实现工业化与数字化、网络化、智能化融合的关键作用，截止至 2022 年 11 月，江苏全省实施"5G + 工业互联网"融合应用项目超过 440 个，累计投资额达 78 亿元，涵盖工程机械、电子信息、汽车及零部件、高端装备、纺织服装等 16 个先进制造业集群，培育形成柔性生产制造、机器视觉质检、远程设备操控等 20 个典型场景应用。中兴通讯南京滨江智能制造基地项目、扬子石化"5G+安全石化"项目入选工业和信息化部十个典型应用场景和五个重点行业实践。如今，长江三角洲地区已形成全域工业互联网平台体系，实现产业链智能协同，为中国经济发展注入了新动能。

8.3.2　通过新型基础设施促进区域间共享机制形成，提高非优势地区的创新要素联结能力

构建更加完善的产业基础平台有助于优势地区的创新成果转化。依托龙头企业建立开源开放平台。人工智能等新产业的迅速发展和算法开源开放关系密切。全球最有影响力的平台都掌握在国外政府和企业手中。上海张江、北京中关村、深圳南山等核心技术龙头应加强联合，共同支持本土企业从应用（开放创新平台）、芯片（围绕芯片的开发工具链）和基础算法（开源基本模型）协同入手，打造完整创新链的人工智能平台新生态。加快开放应用领域。人工智能产业链想要继续发展壮大，必须让其有更广阔的应用空间。比如，人工智能机器人应拓展在老年陪护、康复、助残、儿童教育等领域的应用；无人机应拓展在巡检、导览、消防救援等特殊领域的应用；拓展人工智能在脑、肺、眼、骨、心脑血管、乳腺等典型疾病医学影像辅助诊断领域的应用等。加大柔性引才力度，大力度引进一批人工智能领域国内外顶尖科学家、科技领军人才、高水平创新团队和优秀青年人才，开辟专门渠道，探索制定个性化政策，实现人工智能高端人才精准引进。完善数据公共资源库，加快制定数据共享地方规范和导则，优先整合信用、交通、医疗、教育、环境、金融、统计、企业登记监管等领域的政府数据集，建立具有一致性的协议和相应接口数据公共资源库，同时增加对数据的溯源、处理历史、演化及更新和数据安全等方面的标准研究，促进数据开放共享、安全有序。

8.3.3 以跨地区 PPP 项目投资带动优势地区与非优势地区的联结，带动远距离地区产业升级

现有 PPP 机制是基于地区内部政府的投资行为和政府主导的区域发展重点产业的重要手段。根据 2016 年至今的财政部政府和社会资本合作中心网站 PPP 项目库的数据，以及国家统计局发布的《新产业新业态新商业模式统计分类（2018）》，将 9399 个共计入库 PPP 项目中划分为"三新"项目和非"三新"项目两大类，并按照省区市对"三新"和非"三新"项目进行分区统计，整理出全国 31 个省区市对应的项目数量和"三新"项目占比。

截至 2019 年 11 月底，从全国范围来看，广东、贵州、四川、河南、浙江和江苏的"三新"PPP 项目数量较大，均高于全国平均水平。其中，广东和贵州的项目数量分别为 263 个和 227 个，占比分别为 50.87% 和 43.57%，均为全国领先水平。对全国 31 个省区市进行分区统计，结果显示优势地区中，一线城市（北京、上海和广州）"三新"PPP 项目分别占总 PPP 项目总数的 76.47%、60.00% 和 50.87%，均高于全国平均水平（39.01%）。其他优势地区包括杭州、南京、武汉、郑州、西安和成都中心城市所在的省份，即浙江、江苏、湖北、安徽、陕西和四川的"三新"PPP 项目占总 PPP 项目比重分别为 35.74%、44.85%、43.91%、54.20%、40.07% 和 33.45%。

截至 2019 年 11 月底，从困难地区内部看，差异较大。西北地区由政府主导的政府社会资本合作中"三新"项目占比显著高于东北地区，西北地区中仅宁夏回族自治区的"三新"PPP 项目占比低于全国平均水平，而东北地区中的黑龙江和吉林的"三新"PPP 项目占比分别为 36.79% 和 36.99%，均低于全国和西北地区水平。其中，"三新"PPP 项目多是节能环保活动、新型生活性服务活动和新型能源活动，三类 PPP 项目数量分别为 2024 个、535 个和 456 个，分别占"三新"PPP 项目总数的 55.19%、14.59% 和 12.44%，合计占"三新"PPP 项目总数的82.22%。以上统计数据表明了优势地区的"三新"PPP 项目占比较高的特征。

尝试通过设立跨地区"三新"PPP 项目政策工具，搭建区域对口合作桥梁，为区域间的优势互补发展提供支持，吸引优势地区的 PPP 投资主体到非优势地区进行投资。通过引入先进技术、高级管理和专业人才的路径，提高非优势地区的项目投资效率与发展能力，即通过跨地区的"三新"PPP 项目投资进一步充分发挥优势地区的带动作用。

参 考 文 献

波特. 2012. 国家竞争优势（下）. 李明轩, 邱如美, 译. 北京：中信出版社.

蔡玉梅, 董祚继, 邓红蒂, 等. 2005. FAO 土地利用规划研究进展评述. 地理科学进展,（1）：70-78.

陈才. 1987. 区域经济地理学基本理论问题研究. 长春：东北师范大学出版社.

陈健, 郭冠清. 2020. 马克思主义区域协调发展思想：从经典理论到中国发展. 经济纵横,（6）：1-10.

陈小勇. 2017. 产业集群的虚拟转型. 中国工业经济,（12）：78-94.

陈云, 王浩. 2013. 中国城乡居民收入差距扩大的成因研究综述. 首都经济贸易大学学报, 15（1）：86-93.

邓曦泽. 2014. 家庭联产承包责任制成功的原因、普遍机制及其走势——从"唯利是图"到"义利兼顾". 农业经济问题, 35（9）：74-87, 111-112.

董雪兵, 李霁霞, 史晋川. 2019-10-18. 塑造区域协调发展新格局. 人民日报（7）.

董祚继. 2020. 从土地利用规划到国土空间规划——科学理性规划的视角. 中国土地科学, 34（5）：1-7.

杜能. 1986. 孤立国同农业和国民经济的关系. 吴衡康, 译. 北京：商务印书馆.

樊杰, 赵艳楠. 2021. 面向现代化的中国区域发展格局：科学内涵与战略重点. 经济地理, 41（1）：1-9.

樊杰. 2015. 中国主体功能区划方案. 地理学报, 70（2）：186-201.

方创琳. 2003. 区域人地系统的优化调控与可持续发展. 地学前缘,（4）：629-635.

范恒山. 2011. 我国促进区域协调发展的理论与实践. 经济社会体制比较,（6）：1-9.

丰雷, 任芷仪, 张清勇. 2019. 家庭联产承包责任制改革：诱致性变迁还是强制性变迁. 农业经济问题,（1）：32-45.

冯之浚. 2015. 研究"可持续发展科学"的中国学派——推荐我国学者新著《2015 世界可持续发展年度报告》. 科学学研究, 33（11）：1601-1606.

傅勇, 张晏. 2007. 中国式分权与财政支出结构偏向：为增长而竞争的代价. 管理世界,（3）：4-12, 22.

高中岗, 卢青华. 2013. 霍华德田园城市理论的思想价值及其现实启示——重读《明日的田园城市》有感. 规划师, 29（11）：105-108.

顾朝林. 1990. 中国城镇体系等级规模分布模型及其结构预测. 经济地理,（3）：54-56.

顾朝林, 张勤. 1997. 新时期城镇体系规划理论与方法. 城市规划汇刊,（2）：14-26, 65.

郭建军. 2007. 我国城乡统筹发展的现状、问题和政策建议. 经济研究参考,（1）：24-44.

韩中. 2010. 中国制造业空间集聚、要素流动与技术进步. 云南财经大学学报, 26（4）：53-61.

贺灿飞, 朱彦刚, 朱晟君. 2010. 产业特性、区域特征与中国制造业省区集聚. 地理学报, 65（10）：1218-1228.

贺琨, 曾立. 2015. 军民融合机理的范围经济解释. 科技进步与对策, 32（9）：110-115.

洪银兴. 2013. 现代化的创新驱动：理论逻辑与实践路径. 江海学刊,（6）：20-27.

胡序威. 1998. 沿海城镇密集地区空间集聚与扩散研究. 城市规划,（6）：22-28.

胡志坚, 苏靖. 1999. 区域创新系统理论的提出与发展. 中国科技论坛,（6）：20-23.

黄朝峰，鞠晓生，纪建强，等. 2017. 军民融合何以能富国强军?——军民融合、分工演进与报酬递增. 经济研究，52（8）：187-201.

黄少安. 2018. 改革开放 40 年中国农村发展战略的阶段性演变及其理论总结. 经济研究，53（12）：4-19.

黄雯. 2020-07-02. 推动区域协调发展的方法论. 中国社会科学报（A01）.

黄征学，覃成林，李正图，等. 2019. "十四五"时期的区域发展. 区域经济评论，（6）：1-12，165.

霍华德. 2000. 明日的田园城市. 金经元，译. 北京：商务印书馆.

纪学朋，黄贤金，陈逸，等. 2019. 基于陆海统筹视角的国土空间开发建设适宜性评价——以辽宁省为例. 自然资源学报，34（3）：451-463.

季书涵，朱英明，张鑫. 2016. 产业集聚对资源错配的改善效果研究. 中国工业经济，（6）：73-90.

贾晋，李雪峰，申云. 2018. 乡村振兴战略的指标体系构建与实证分析. 财经科学，（11）：70-82.

贾若祥，张燕，王继源，等. 2019. 我国实施区域协调发展战略的总体思路. 中国发展观察，（9）：24-27.

金凤君，姚作林. 2021. 新全球化与中国区域发展战略优化对策. 世界地理研究，30（1）：1-11.

孔祥智，何安华. 2009. 新中国成立 60 年来农民对国家建设的贡献分析. 教学与研究，（9）：5-13.

李爱民. 2019. 我国城乡融合发展的进程、问题与路径. 宏观经济管理，（2）：35-42.

李兰冰. 2020. 中国区域协调发展的逻辑框架与理论解释. 经济学动态，（1）：69-82.

李世杰，胡国柳，高健. 2014. 转轨期中国的产业集聚演化：理论回顾、研究进展及探索性思考. 管理世界，（4）：165-170.

李顺才，李伟. 2007. 基于知识根植性视角的联盟协作创新研究. 研究与发展管理，（1）：1-5，20.

李震，顾朝林，姚士媒. 2006. 当代中国城镇体系地域空间结构类型定量研究. 地理科学，（5）：5544-5550.

栗惠民，莫壮才. 2011. 国外城乡统筹发展理论与实践探索. 海南金融，（6）：14-17.

梁琦. 2004. 产业集聚论. 北京：商务印书馆.

廖晓东，袁永，胡海鹏，等. 2018. 新加坡创新驱动发展政策措施及其对广东的启示. 科技管理研究，38（10）：53-59.

林坚，许超诣. 2014. 土地发展权、空间管制与规划协同. 城市规划，38（1）：26-34.

林坚，赵冰，刘诗毅. 2019. 土地管理制度视角下现代中国城乡土地利用的规划演进. 国际城市规划，34（4）：23-30.

林坚，赵晔. 2019. 国家治理、国土空间规划与"央地"协同——兼论国土空间规划体系演变中的央地关系发展及趋向. 城市规划，43（9）：20-23.

刘红玉，彭福扬. 2009. 马克思关于创新的思想. 自然辩证法研究，25（7）：92-96.

刘立. 2001. 创新系统研究述评. 中国科技论坛，（5）：12-15.

刘瑞明，赵仁杰. 2015. 国家高新区推动了地区经济发展吗?——基于双重差分方法的验证. 管理世界，（8）：30-38.

刘彦随，陈百明. 2002. 中国可持续发展问题与土地利用/覆被变化研究. 地理研究，（3）：324-330.

刘燕华, 李宇航, 王文涛. 2020. 新时代对可持续发展理念的再探讨. 可持续发展经济导刊, (Z1): 49-52.

刘玉, 刘毅. 2003. 中国区域可持续发展评价指标体系及态势分析. 中国软科学, (7): 113-118.

柳卸林. 1998. 国家创新体系的引入及对中国的意义. 中国科技论坛, (2): 26-28.

卢向虎, 秦富. 2019. 中国实施乡村振兴战略的政策体系研究. 现代经济探讨, (4): 96-103.

陆大道. 2020a. 《关于中国国土开发与可持续发展的报告》的序言. 地理研究, 39 (1): 3-12.

陆大道. 2020b. 地理国情与国家战略. 地球科学进展, 35 (3): 221-230.

陆大道, 樊杰. 2012. 区域可持续发展研究的兴起与作用. 中国科学院院刊, 27 (3): 290-300, 319.

马克思. 2004. 资本论: 第 1 卷. 中共中央马克思恩格斯列宁斯大林著作编译局, 译. 北京: 人民出版社.

马克思. 2004. 资本论: 第 3 卷. 中共中央马克思恩格斯列宁斯大林著作编译局, 译. 北京: 人民出版社.

马克思, 恩格斯. 1972. 马克思恩格斯全集: 第 23 卷. 中共中央马克思恩格斯列宁斯大林著作编译局, 译. 北京: 人民出版社.

马克思, 恩格斯. 1980. 马克思恩格斯全集: 第 46 卷 (下). 中共中央马克思恩格斯列宁斯大林著作编译局, 译. 北京: 人民出版社.

马克思, 恩格斯. 1982. 马克思恩格斯全集: 第 40 卷. 中共中央马克思恩格斯列宁斯大林著作编译局, 译. 北京: 人民出版社.

马克思, 恩格斯. 2009. 马克思恩格斯文集. 中共中央马克思恩格斯列宁斯大林著作编译局, 译. 北京: 人民出版社.

毛汉英. 2018. 人地系统优化调控的理论方法研究. 地理学报, 73 (4): 608-619.

牛坤玉, 钟钰, 普蕊喆. 2020. 乡村振兴战略研究进展及未来发展前瞻. 新疆师范大学学报 (哲学社会科学版), 41 (1): 48-62.

牛文元. 2012a. 可持续发展理论的内涵认知——纪念联合国里约环发大会 20 周年. 中国人口·资源与环境, 22 (5): 9-14.

牛文元. 2012b. 中国可持续发展的理论与实践. 中国科学院院刊, 27 (3): 280-289.

潘晓成. 2019. 论城乡关系: 从分离到融合的历史与现实. 北京: 人民日报出版社.

裴雷, 孙建军, 周兆韬. 2016. 政策文本计算: 一种新的政策文本解读方式. 图书与情报, (6): 47-55.

配第. 2010. 政治算术. 马妍, 译. 北京: 中国社会科学出版社.

彭宣新, 邹珊刚. 2002. 国家创新能力与中国高技术产业发展. 华中科技大学学报 (人文社会科学版), (2): 62-66.

钱书法, 郑子媛, 周绍东. 2021. 对外开放与对内开放的协同机制研究——以党的十八大以来区域协调发展战略为例. 现代管理科学, (1): 16-21.

任保平, 郭晗. 2013. 经济发展方式转变的创新驱动机制. 学术研究, (2): 69-75, 159.

沙里宁. 1986. 城市: 它的发展 衰败与未来. 顾启源, 译. 北京: 中国建筑工业出版社.

申玉铭, 毛汉英. 1999. 区域可持续发展的若干理论问题研究[J]. 地理科学进展, (4): 287-295.

斯密. 2009. 国富论. 胡长明, 译. 北京: 人民日报出版社.

宋华, 卢强. 2017. 基于虚拟产业集群的供应链金融模式创新: 创捷公司案例分析. 中国工业经济，（5）：172-192.

宋家泰，顾朝林. 1988. 城镇体系规划的理论与方法初探. 地理学报，（2）：97-107.

隋映辉. 2004. 城市创新系统与"城市创新圈". 学术界，（3）：105-112.

孙斌栋，丁嵩. 2016. 大城市有利于小城市的经济增长吗?——来自长三角城市群的证据. 地理研究，35（9）：1615-1625.

孙博. 2020. 环境经济地理学研究进展. 经济学动态，（3）：131-146.

孙久文，李姗姗，张和侦. 2015. "城市病"对城市经济效率损失的影响——基于中国 285 个地级市的研究. 经济与管理研究，36（3）：54-62.

孙久文，苏玺鉴. 2020. 新时代区域高质量发展的理论创新和实践探索. 经济纵横，（2）：2，6-14.

孙久文. 2004. 区域经济规划. 北京：商务印书馆.

孙圣民，陈强. 2017. 家庭联产承包责任制与中国农业增长的再考察——来自面板工具变量法的证据. 经济学（季刊），16（2）：815-832.

孙晓华，郭旭，王昀. 2018. 产业转移、要素集聚与地区经济发展. 管理世界，34（5）：47-62，179-180.

孙侦，贾绍凤，严家宝，等. 2018. 中国水土资源本底匹配状况研究. 自然资源学报，33（12）：2057-2066.

孙志燕. 2019. 当前区域不平衡发展的多视角观察和政策应对. 中国发展评论：中文版，（5）：9-19.

谈慧娟，罗家为. 2018. 乡村振兴战略：新时代"三农"问题的破解与发展路径. 江西社会科学，38（9）：209-217，256.

谭雪晶，姜广辉，付晶，等. 2011. 主体功能区规划框架下国土开发强度分析——以北京市为例. 中国土地科学，25（1）：70-77.

唐根年，管志伟，秦辉. 2009. 过度集聚、效率损失与生产要素合理配置研究. 经济学家，（11）：52-59.

田霖，韩岩博. 2021. 虚拟集聚理论与应用研究评介. 重庆大学学报（社会科学版），27（1）：77-90.

童中贤. 2021. "一带一部"：区域战略建构的逻辑奇点. 求索，（2）：180-187.

王缉慈. 2001. 创新的空间——企业集群与区域发展. 北京：北京大学出版社.

王辑宪. 2001. 国外城市土地利用与交通一体规划的方法与实践. 国外城市规划，（1）：5-9.

王剑锋，邓宏图. 2014. 家庭联产承包责任制：绩效、影响与变迁机制辨析. 探索与争鸣，（1）：31-37.

王凯. 2007. 全国城镇体系规划的历史与现实. 城市规划，（10）：9-15.

王露，王铮，杨妍，等. 2002. 知识网络动态与政策控制（Ⅱ）——中国国家创新体系调控模拟. 科研管理，（1）：17-26.

王如玉，梁琦，李广乾. 2018. 虚拟集聚：新一代信息技术与实体经济深度融合的空间组织新形态. 管理世界，34（2）：13-21.

王铁明，曾娟. 2000. 关于城市技术创新体系建设的思考. 科技进步与对策，17（10）：1-2.

文琦，郑殿元，施琳娜. 2019. 1949—2019 年中国乡村振兴主题演化过程与研究展望. 地理科学进展，38（9）：1272-1281.

吴次芳，叶艳妹. 2000. 20 世纪国际土地利用规划的发展及其新世纪展望. 中国土地科学，（1）：15-20，33.

吴良镛. 1991. 展望中国城市规划体系的构成——从西方近代城市规划的发展与困惑谈起. 城

市规划,(5):3-12.

吴敏, 周黎安. 2018. 晋升激励与城市建设:公共品可视性的视角. 经济研究, 53(12):97-111.

吴友仁. 1979. 关于我国社会主义城市化问题. 城市规划,(5):13-25.

仵宗卿, 戴学珍, 杨吾扬. 2000. 帕雷托公式重构及其与城市体系演化. 人文地理,(1):15-19.

习近平. 2016. 在党的十八届五中全会第二次全体会议上的讲话(节选). 求是,(1):3-10.

习近平. 2018-02-01. 深刻认识建设现代化经济体系重要性 推动我国经济发展焕发新活力迈上新台阶. 人民日报, 01版.

习近平. 2019. 推动形成优势互补高质量发展的区域经济布局. 求是,(24):4-9.

席强敏, 陈曦, 李国平. 2015. 中国城市生产性服务业模式选择研究——以工业效率提升为导向. 中国工业经济,(2):18-30.

项继权, 周长友. 2017. "新三农"问题的演变与政策选择. 中国农村经济,(10):13-25.

谢勒. 2001. 技术创新:经济增长的原动力. 姚贤涛, 王倩, 译. 北京:新华出版社.

新华社. 2018. 中共中央 国务院关于建立更加有效的区域协调发展新机制的意见. http://www.gov.cn/zhengce/2018-11/29/content_5344537.htm[2018-11-29].

熊彼特. 1990. 经济发展理论——对于利润、资本、信贷、利息和经济周期的考察. 何畏, 易家祥, 等译. 北京:商务印书馆.

徐宏. 2004. 统筹城乡产业发展是城乡协调发展的基础. 农业经济,(6):3-5.

郇庆治. 2020. 生态文明建设与可持续发展的融通互鉴. 可持续发展经济导刊,(1):59-62.

杨爱君, 杨昇. 2021. 构建中国特色的原创性城乡融合发展理论. 河南社会科学, 29(1):92-99.

杨爱平. 2011. 从垂直激励到平行激励:地方政府合作的利益激励机制创新. 学术研究,(5):47-53, 159.

姚毓春, 梁梦宇. 2020. 新中国成立以来的城乡关系:历程、逻辑与展望. 吉林大学社会科学学报, 60(1):120-129, 222.

伊特韦尔, 米尔盖特, 纽曼. 1996. 新帕尔格雷夫经济学大辞典:第2卷. 陈岱孙, 译. 北京:经济科学出版社.

曾国屏, 李正风. 1998. 国家创新体系:技术创新、知识创新和制度创新的互动. 自然辩证法研究,(11):18-22.

张德平. 2001. 建立城市技术创新体系促进区域经济发展. 吉林大学社会科学学报,(5):124-129.

张辉鹏, 石嘉兴. 2004. 面向知识经济时代的城市技术创新体系. 北京:中国金融出版社.

张军, 吴桂英, 张吉鹏. 2004. 中国省际物质资本存量估算:1952—2000. 经济研究,(10):35-44.

张荣耀. 2008. 中国国家创新系统理论与实证研究综述. 商业现代化,(4):398-399.

张庭伟. 2001. 1990年代中国城市空间结构的变化及其动力机制. 城市规划,(7):7-14.

张治河, 丁华, 孙丽杰, 等. 2006. 创新型城市与产业创新系统. 科学学与科学技术管理, 27(12):150-155.

赵冰, 林坚, 刘诗毅. 2019. "外引"与"内消"——国际经验对中国城乡土地利用相关规划的影响探析. 国际城市规划, 34(4):31-36.

赵黎明. 2002. 城市创新系统. 天津:天津大学出版社.

赵勇, 魏后凯. 2015. 政府干预、城市群空间功能分工与地区差距——兼论中国区域政策的有效性. 管理世界，（8）：14-29，187.

钟文，钟昌标，郑明贵. 2020. 资本匹配、创新力培育与区域协调发展：理论机制与经验证据. 科技进步与对策，37（18）：36-43.

周一星. 1996. 区域城镇体系规划应避免"就区域论区域". 城市规划，（2）：14-17，63.

朱喜，史清华，盖庆恩. 2011. 要素配置扭曲与农业全要素生产率. 经济研究，46（5）：86-98.

朱旭峰，吴冠生. 2018. 中国特色的央地关系：演变与特点. 治理研究，（2）：50-57.

朱旭峰，张超. 2020. 央地间官员流动、信息优势与政策试点——以国家可持续发展议程创新示范区为例. 公共行政评论，13（4）：130-146，209-210.

Agarwal R, Animesh A, Prasad K. 2009. Research note: social interactions and the "digital divide": explaining variations in Internet use. Information Systems Research, 20(2): 277-294.

Agrawal A, Goldfarb A. 2008. Restructuring research: communication costs and the democratization of university innovation. The American Economic Review, 98(4): 1578-1590.

Aguiar L, Waldfogel J. Digitization, Copyright, and the Welfare Effects of Music. [2022-09-19]. https://ssrn.com/abstract=2603238.

Ahlfeldt G M, Redding S J, Sturm D M, et al. 2015. The economics of density: evidence from the Berlin Wall. Econometrica, 83(6): 2127-2189.

Alamá-Sabater L, Artal-Tur A, Navarro-Azorín J M. 2011. Industrial location, spatial discrete choice models and the need to account for neighbourhood effects. The Annals of Regional Science, 47(2): 393-418.

Alonso W. 1964. Location and Land Use: Toward a General Theory of Land Rent. Cambridge: Harvard University Press.

Alonso W. 1973. Urban Zero Population Growth. Daedalus, 102(4): 191-206.

Anderson E T, Fong N M, Simester D I, et al. 2010. How sales taxes affect customer and firm behavior: the role of search on the Internet. Journal of Marketing Research, 47(2): 229-239.

Asheim B, Isaksen A. 2000. Localised Knowledge, Interactive Learning and Innovation: Between Regional Networks and Global Corporations. Aldershot: Ashgate: 163-198.

Audretsch D B, Feldman M P. 1996. R&D spillovers and the geography of innovation and production. The American Economic Review, 86(3): 630-640.

Autio E. 1998. Evaluation of RTD in regional systems of innovation. European Planning Studies, 6(2): 131-140.

Autor D H, Levy F, Murnane R J. 2003. The skill content of recent technological change: an empirical exploration. The Quarterly Journal of Economics, 118(4): 1279-1333.

Balasubramanian S. 1998. Mail versus mall: a strategic analysis of competition between direct marketers and conventional retailers. Marketing Science, 17(3): 181-195.

Basco S, Mestieri M. 2018. Mergers along the global supply chain: information technologies and routine tasks. Oxford Bulletin of Economics and Statistics, 80(2): 406-433.

Baum-Snow N, Ferreira F. 2015. Causal inference in urban and regional economics. Handbook of Regional and Urban Economics, 5: 3-68.

Baye M R, Morgan J, Scholten P. 2006. Information, Search, and Price Dispersion// Hendershott T. Handbooks in Information Systems: Economics and Information Systems.

Bingley: Emerald Group Publishing.

Behrens K, Robert-Nicoud F. 2015. Agglomeration theory with heterogeneous agents. Handbook of Regional and Urban Economics. Amsterdam: Elsevier, 5: 171-245.

Bengt-Åke L. 2010. National Systems of Innovation: Towards a Theory of Innovation and Interaction Learning. London: Anthem Press.

Berliant M. Central Place Theory. [2022-09-19]. https://www.researchgate.net/publication/23749688_Central_Place_Theory.

Berry B J L, Garrison W L. 1958. A note on central place theory and the range of a good. Economic Geography, 34(4): 304-311.

Bertaud A, Brueckner J K. 2005. Analyzing building-height restrictions: predicted impacts and welfare costs. Regional Science and Urban Economics, 35(2): 109-125.

Blaug M. 1997. Economic Theory in Retrospect. Cambridge: Cambridge University Press.

Blinder A S. 2006. Offshoring: the next industrial revolution. Foreign Affairs, 85（2）113-128.

Bloom N, Sadun R, van Reenen J. 2012. Americans do IT better: US multinationals and the productivity miracle. The American Economic Review, 102(1): 167-201.

Blum B S, Goldfarb A. 2006. Does the Internet defy the law of gravity?. Journal of International Economics, 70(2): 384-405.

Boschma R A, Wenting R. 2007. The spatial evolution of the British automobile industry: Does location matter?. Industrial and Corporate Change, 16(2): 213-238.

Boudeville J R. 1966. Problems of regional economic planning. Edinburgh: Edinburgh University Press.

Braczyk H J, Cooke P, Heidenreich M. 1998. Regional Innovation Systems: The Role of Governances in a Globalized World. London: Routledge.

Breschi S, Malerba F. 1997. Sectoral innovation systems: technological regimes, Schumpeterian dynamics, and spatial boundaries// Edquist C. Systems of innovation: Technologies, Institutions and Organizations. London: Routledge.

Bresnahan T, Greenstein S. 1996. Technical progress and co-invention in computing and in the uses of computers. Microeconomics, 27: 1-83.

Brown J R, Goolsbee A. 2002. Does the Internet make markets more competitive? Evidence from the life insurance industry. Journal of Political Economy, 110(3): 481-507.

Brueckner J K. 1987. The structure of urban equilibria: a unified treatment of the muth-mills model. Handbook of Regional and Urban Economics, 2: 821-845.

Brynjolfsson E, Hu Y, Smith M D. 2003. Consumer surplus in the digital economy: estimating the value of increased product variety at online booksellers. Management Science, 49(11): 1580-1596.

Burchfield M, Overman H G, Puga D, et al. 2006. Causes of sprawl: a portrait from space. The Quarterly Journal of Economics, 121(2): 587-633.

Cairncross F. 1997. The Death of Distance: How the Communications Revolution Will Change Our Lives. Cambridge: Harvard Business School Press.

Capello R. 2000. The city network paradigm: measuring urban network externalities. Urban Studies, 37(11): 1925-1945.

Carlsson B, Jacobsson S, Holmén M, et al. 2002. Innovation systems: analytical and methodological issues. Research Policy, 31(2): 233-245.

Charlot S, Duranton G. 2006. Cities and workplace communication: some quantitative French evidence. Urban Studies, 43(8): 1365-1394.

Chen Y Y, Jin G Z, Kumar N, et al. 2013. The promise of Beijing: evaluating the impact of the 2008 Olympic Games on air quality. Journal of Environmental Economics and Management, 66(3): 424-443.

Chenery H, Syrquin M. 1975. Patterns of Development, 1950-1970. Oxford: Oxford University Press.

Choi J, Bell D R. 2011. Preference minorities and the Internet. Journal of Marketing Research, 48(4): 670-682.

Clark C. 1940. The Conditions of Economic Progress. London: Macmillan & Co. Ltd.

Combes P P, Duranton G, Gobillon L, et al. 2012. The productivity advantages of large cities: distinguishing agglomeration from firm selection. Econometrica, 80(6): 2543-2594.

Desmet K, Rossi-Hansberg E. 2013. Urban accounting and welfare. The American Economic Review, 103(6): 2296-2327.

Ding W W, Levin S G, Stephan P E, et al. 2010. The impact of information technology on academic scientists' productivity and collaboration patterns. Management Science, 56(9): 1439-1461.

Dixit A K, Stiglitz J E. 1977. Monopolistic competition and optimum product diversity. The American Economic Review, 67(3): 297-308.

Doloreux D. 2003. Regional innovation systems in the periphery: the case of the Beauce in Québec (Canada). International Journal of Innovation Management, 7(1): 67-94.

Dosi G. 1988. The nature of the innovative process// Dosi G, Freeman C, Nelson R, et al. Technical Change and Economic Theory. London: Pinter: 221-238.

Douglass M. 1998. A regional network strategy for reciprocal rural-urban linkages, an agenda for policy research with reference to Indonesia. Third World Planning Review, 20(1): 1-33.

Dranove D, Forman C, Goldfarb A, et al. 2014. The trillion dollar conundrum: complementarities and health information technology. American Economic Journal: Economic Policy, 6(4): 239-270.

Duranton G, Puga D. 2004. Micro-foundations of urban agglomeration economies// Henderson J V, Thisse J F. Handbook of Regional and Urban Economics: Cities and Geography. Amsterdam: North Holland: 363-375.

Duranton G, Puga D. 2005. From sectoral to functional urban specialisation. Journal of Urban Economics, 57 (2): 343-370.

Duranton G, Strange W C. 1999. Applied urban economics. Handbook of Regional and Urban Economics, 3: 1323-1335.

Duranton G, Henderson V, Strange W. 2015. Neighborhood and Network Effects. Handbook of Regional and Urban Economics, 5: 561-624.

Einav L, Knoepfle D, Levin J, et al. 2014. Sales taxes and Internet commerce. American Economic Review, 104(1): 1-26.

Ellison G, Ellison S F. 2009. Tax sensitivity and home state preferences in Internet purchasing. American Economic Journal: Economic Policy, 1(2): 53-71.

Ellison G, Glaeser E L. 1997. Geographic concentration in U. S. manufacturing industries: a dartboard approach. Journal of Political Economy, 105 (2): 889-927.

Engel E. 1857. Die productions-und consumtionsverhältnisse des königreichs sachsen. Zeitschrift des Statistischen Bureaus des Königlich Sächsischen Ministeriums des Innern, 8: 1-54.

Epstein T S, Jezeph D. 2001. Development—there is another way: a rural-urban partnership development paradigm. World Development, 29 (8): 1443-1454.

Essletzbichler J. 2012. Renewable energy technology and path creation: a multi-scalar approach to energy transition in the UK. European Planning Studies, 20(5): 791-816.

Feldman M P. 1994. The Geography of Innovation. Berlin: Springer Science & Business Media.

Food and Agriculture Organization of the United Nations. 1976. A Framework for Land Evaluation. Lanham: Bernan Press.

Food and Agriculture Organization of the United Nations. 1995. Our Land, Our Future: a New Approach to Land Use Planning and Management. Lanham: Bernan Press.

Forman C, Goldfarb A, Greenstein S. 2005. How did location affect adoption of the commercial Internet? Global village vs. urban leadership. Journal of Urban Economics, 58(3): 389-420.

Forman C, Goldfarb A, Greenstein S. 2008. Understanding the inputs into innovation: Do cities substitute for internal firm resources?. Journal of Economics & Management Strategy, 17(2): 295-316.

Forman C, Goldfarb A, Greenstein S. 2012. The Internet and local wages: a puzzle. The American Economic Review, 102(1): 556-575.

Forman C, van Zeebroeck N. 2012. From wires to partners: how the Internet has fostered R&D collaborations within firms. Management Science, 58(8), 1549-1568.

Fort T C. 2017. Technology and production fragmentation: domestic versus foreign sourcing. The Review of Economic Studies, 84(2): 650-687.

Freund C L, Weinhold D. 2004. The effect of the Internet on international trade. Journal of International Economics, 62(1): 171-189.

Freund C, Weinhold D. 2002. The Internet and international trade in services. American Economic Review, 92(2): 236-240.

Friedman T L. 2005. The World Is Flat: A Brief History of the Twenty-first Century. New York: Farrar, Straus and Giroux.

Fujita M. 1991. Urban Economic Theory: Land Use and City Size. Cambridge: Cambridge University Press.

Fujita M, Hamaguchi N. 2016. Supply chain internationalization in East Asia: inclusiveness and risks. Papers in Regional Science, 95(1): 81-100.

Fujita M, Hu D P. 2001. Regional disparity in China 1985—1994: the effects of globalization and economic liberalization. The Annals of Regional Science, 35(1): 3-37.

Garriga C, Hedlund A, Tang Y, et al. Rural-urban migration, structural transformation, and housing markets in China. [2022-09-01]. https://www.nber.org/papers/w23819.

Gaspar J, Glaeser E L. 1998. Information technology and the future of cities. Journal of Urban economics, 43(1): 136-156.

Glaeser E L, Kahn M E. 2001. Decentralized employment and the transformation of the American city. Brookings-Wharton Papers on Urban Affairs, (1): 1-63.

Glaeser E L, Kallal H D, Scheinkman J A, et al. 1992. Growth in cities. Journal of Political Economy, 100(6): 1126-1152.

Glaeser E L, Ponzetto G A M. 2010. Did the death of distance hurt detroit and help New York? // Glaeser E L. Agglomeration Economics. Chicago: The University of Chicago Press: 303-338.

Glaeser E L. 1999. Learning in cities. Journal of Urban Economics, 46(2): 254-277.

Glaeser E L, Kerr W R, Ponzetto G A. 2010. Clusters of entrepreneurship. Journal of Urban Economics, 67(1): 150-168.

Goldfarb A, Tucker C E. 2011. Privacy regulation and online advertising. Management Science, 57(1): 57-71.

Goldfarb A. 2006. The (teaching) role of universities in the diffusion of the Internet. International Journal of Industrial Organization, 24(2): 203-225.

Goldmanis M, Hortaçsu A, Syverson C, et al. 2010. E-commerce and the market structure of retail industries. The Economic Journal, 120(545): 651-682.

Greenstein S. 2015. How the Internet Became Commercial: Innovation, Privatization, and the Birth of a New Network. Princeton: Princeton University Press.

Grubesic T H. 2012. The US national broadband map: data limitations and implications. Telecommunications Policy, 36(2): 113-126.

Hamermesh D S, Oster S M. 2002. Tools or toys? The impact of high technology on scholarly productivity. Economic Inquiry, 40: 539-555.

Handy S L, Boarnet M G, Ewing R, et al. 2002. How the built environment affects physical activity: views from urban planning. American Journal of Preventive Medicine, 23(2): 64-73.

Hart D. Innovation clusters: key concepts. [2022-09-24]. https://centaur.reading.ac.uk/27212/.

Heblich S, Redding S J, Sturm D M. 2020. The making of the modern metropolis: evidence from London. The Quarterly Journal of Economics, 135(4): 2059-2133.

Henderson J V. 1987. General equilibrium modeling of systems of cities. Handbook of Regional and Urban Economics, 2: 927-956.

Henderson J V. 2003. Marshall's scale economies. Journal of Urban Economics, 53(1): 1-28.

Henderson J V, Storeygard A, Weil D N. 2012. Measuring economic growth from outer space. American Economic Review, 102(2): 994-1028.

Hindman D B. 2000. The rural-urban digital divide. Journalism & Mass Communication Quarterly, 77(3): 549-560.

Holmes T J, Sieg H. 2015. Structural estimation in urban economics. Handbook of Regional and Urban Economics, 5: 69-114.

Hoover E M. 1937. Spatial price discrimination. The Review of Economic Studies, 4(3): 182-191.

Hortaçsu A, Martínez-Jerez F A, Douglas J. 2009. The geography of trade in online transactions: evidence from eBay and MercadoLibre. American Economic Journal: Microeconomics, 1(1): 53-74.

Hotz-Hart B. 2000. Innovation networks, regions, and globalization// Clark G L, Gertler M S, Feldman M P. The Oxford Handbook of Economic Geography. Oxford: Oxford University Press: 432-450.

Hsu W T, Ma L. 2021. Urbanization policy and economic development: a quantitative analysis of China's differential hukou reforms. Regional Science and Urban Economics, 91: 103639.

Isard W. 1956. Location and Space-economy. Cambridge: The MIT Press.

Jacobs J. 1970. The Economy of Cities. New York: Vintage.

Jaffe A B. 1989. Real effects of academic research. The American Economic Review, 79(5): 957-970.

Jaffe A B, Jones B F. 2015. The Changing Frontier: Rethinking Science and Innovation Policy. Chicago: University of Chicago Press.

Jaffe A B, Trajtenberg M, Henderson R. 1993. Geographic localization of knowledge spillovers as evidenced by patent citations. The Quarterly Journal of Economics, 108(3): 577-598.

Jank W, Kannan P K. 2005. Understanding geographical markets of online firms using spatial models of customer choice. Marketing Science, 24(4): 623-634.

Jofre-Monseny J, Marín-López R, Viladecans-Marsal E. 2014. The determinants of localization and urbanization economies: evidence from the location of new firms in Spain. Journal of Regional Science, 54(2): 313-337.

Jones B F, Wuchty S, Uzzi B. 2008. Multi-university research teams: shifting impact, geography, and stratification in science. Science, 322(5905): 1259-1262.

Jorgenson D W, Ho M S, Stiroh K J. 2005. Productivity, Volume 3: Information Technology and the American Growth Resurgence. Cambridge: The MIT Press.

Katz M L, Shapiro C. 1985. Network externalities, competition, and compatibility. The American Economic Review, 75(3): 424-440.

Kazunobu, KATO. 2003. On the "theory" of economic geography: reconsideration (toward a new perspective of economic geography on the methodological reflection). Annals of the Association of Economic Geographers, 49(5): 429-444.

Ke S Z, He M, Yuan C H. 2014. Synergy and co-agglomeration of producer services and manufacturing: a panel data analysis of Chinese cities. Regional Studies, 48(11): 1829-1841.

Kline S J, Rosenberg N. 1986. An Overview of Innovation// Landau R, Rosenberg N. The Positive Sum Strategy: Harnessing Technology for Economic Growth. Washington D. C.: National Academy Press: 275-307.

Kok S. 2014. Town and city jobs: how your job is different in another location. Regional Science and Urban Economics, 49: 58-67.

Krugman P. 1991a. Increasing returns and economic geography. Journal of Political Economy, 99 (3): 483-499.

Krugman P. 1991b. History and industry location: the case of the manufacturing belt. American Economic Association, 81 (2): 80-83.

Lal R, Sarvary M. 1999. When and how is the Internet likely to decrease price competition?. Marketing Science, 18(4): 485-503.

Leamer E E, Storper M. 2001. The economic geography of the Internet age. Journal of International Business Studies, 32(4): 641-665.

Lee C I. 2015. Agglomeration, search frictions and growth of cities in developing economies. The Annals of Regional Science, 55: 421-451.

Lee R S, Wu T. 2009. Subsidizing creativity through network design: zero-pricing and net neutrality. The Journal of Economic Perspectives, 23(3): 61-76.

Lucas Jr R E. 1988. On the mechanics of economic development. Journal of Monetary

Economics, 22(1): 3-42.

Lundvall B A. 1992. National Systems of Innovation: Towards a Theory of Innovation and Interactive Learning. London: Pinter.

Malerba F. 1992. Learning by firms and incremental technical change. The Economic Journal, 102(413): 845-859.

Malerba F. 2004. Sectoral Systems of Innovation: Concepts, Issues and Analyses of Six Major Sectors in Europe. Cambridge: Cambridge University Press.

Malmberg A. 1996. Industrial geography: agglomeration and local milieu. Progress in Human Geography, 20(3): 392-403.

Marshall A. 2013. Principles of Economics. New York: Palgrave Macmillan.

Martin P, Ottaviano G I P. 2001. Growth and agglomeration. International Economic Review, 42(4): 947-968.

Martin R. 2010. Roepke lecture in economic geography—rethinking regional path dependence: beyond lock-in to evolution. Economic Geography, 86(1): 1-28.

McCann P, Acs Z J. 2011. Globalization: countries, cities and multinationals. Regional Studies, 45(1): 17-32.

McDonald J F. 2012. A Model of mixed land use in urban areas. Theoretical Economics Letters, 2(1): 94-100.

Meijers E J, Burger M J, Hoogerbrugge M M. 2016. Borrowing size in networks of cities: city size, network connectivity and metropolitan functions in Europe. Papers in Regional Science, 95 (1): 181-198.

Melitz M J. 2003. The impact of trade on intra-industry reallocations and aggregate industry productivity. Econometrica, 71(6): 1695-1725.

Miller E J, Kriger D S, Hunt J D. 1999. Integrated Urban Models for Simulation of Transit and Land Use Policies: Guidelines for Implementation and Use. Washington D. C.: Transportation Research Board.

Mills B F, Whitacre B E. 2003. Understanding the non-metropolitan—metropolitan digital divide. Growth and Change, 34(2): 219-243.

Mills E S. 1967. An aggregative model of resource allocation in a metropolitan Area. The American Economic Review, 57(2): 197-210.

Mills E S, Nijkamp P. 1987. Chapter 17 Advances in Urban Economics. Handbook of Regional and Urban Economics, 2: 703-714.

Moallemi E A, de Haan F J, Hadjikakou M, et al. 2021. Evaluating participatory modeling methods for co-creating pathways to sustainability. Earth's Future, 9(3): e2020EF001843.

Mumford L. 1961. The City in History: Its Origins, Its Transformations, and Its Prospects. San Diego: Harcourt, Brace & World, Inc.

Mumford L. 1970. The Culture of Cities. Pleasanton: Harvest Books.

Mumford L. 2010. Technics and Civilization. Chicago: University of Chicago Press.

Muth R F. 1969. Cities and Housing. Chicago: University of Chicago Press.

National Research Council. 2008. Innovation in Global Industries: U. S. Firms Competing in a New World (Collected Studies). Washington D. C.: National Academies Press.

Nelson R R. 1993. National Systems of Innovation: A Comparative Analysis. New York: Oxford University Press.

Newman P, Kenworthy J. 1999. Sustainability and Cities: Overcoming Automobile Dependence. Washington D. C.: Island Press.

Nordhaus W D. 1991. To slow or not to slow: the economics of the greenhouse effect. The Economic Journal, 101(407): 920-937.

Ogawa H, Fujita M. 1980. Equilibrium land use patterns in a non-monocentric city. Journal of Regional Science, 20(4): 455-475.

OECD. 1995. The knowledge-based economy. Paris: Organization for Economic Co-operation and Development.

OECD. 1997. National innovation systems. Paris: Organization for Economic Co-operation and Development.

Ottaviano G I P. 2011. "New" new economic geography: firm heterogeneity and agglomeration economies. Journal of Economic Geography, 11(2): 231-240.

Oughton C, Landabaso M, Morgan K. 2002. The regional innovation paradox: innovation policy and industrial policy. The Journal of Technology Transfer, 27(1): 97-110.

Overby E, Forman C. 2015. The effect of electronic commerce on geographic purchasing patterns and price dispersion. Management Science, 61(2): 431-453.

Pacione M. 2001. Models of urban land use structure in cities of the developed world. Geography, 86(2): 97-97.

Parés M, Martí-Costa M, Blanco I. 2014. Geographies of governance: how place matters in urban regeneration policies. Urban Studies, 51(15): 3250-3267.

Parr J B. 2002. Agglomeration economies: ambiguities and confusions. Environment and Planning A: Economy and Space, 34(4): 717-731.

Perroux F. 1950. Economic space: theory and applications. The Quarterly Journal of Economics, 64(1): 89-104.

Phelps N A, Fallon R J, Williams C L. 2001. Small firms, borrowed size and the urban-rural shift. Regional Studies, 35 (7): 613-624.

Porter M E. 1990. The competitive advantage of Nations-Harvard business review. Harvard Business Review, 68(2): 73-93.

Potter A, Watts H D. 2011. Evolutionary agglomeration theory: increasing returns, diminishing returns, and the industry life cycle. Journal of Economic Geography, 11(3): 417-455.

Proost S, Thisse J F. 2019. What can be learned from spatial economics?. Journal of Economic Literature, 57(3): 575-643.

Roback J. 1982. Wages, rents, and the quality of life. Journal of Political Economy, 90(6): 1257-1278.

Romer P M. 1986. Increasing returns and long-run growth. Journal of Political Economy, 94(5): 1002-1037.

Romer P M. 1990. Endogenous technological change. Journal of Political Economy, 98(5): S71-S102.

Rosen S. 1979. Wage-based indexes of urban quality of life// Mieszkowski P M, StraszheimM R. Current Issues in Urban Economics. Baltimore: Johns Hopkins University Press: 74-104.

Samuelson P A. 1954. The transfer problem and transport costs, II: analysis of effects of trade impediments. The Economic Journal, 64(254): 264-289.

Schamp E W. 2017. Evolutionary economic geography. International Encyclopedia of

Geography: People, the Earth, Environment and Technology, (6): 1-11.

Scott A J, Storper M. 2003. Regions, globalization, development. Regional Studies, 37(6/7): 579-593.

Scott A J. 2008. World development report 2009: reshaping economic geography. Journal of Economic Geography, 9(4): 583-586.

Shi L, Han L, Yang F, et al. 2019. The evolution of sustainable development theory: types, goals, and research prospects. Sustainability, 11(24): 7158.

Sinai T, Waldfogel J. 2004. Geography and the Internet: Is the Internet a substitute or a complement for cities?. Journal of Urban Economics, 56(1): 1-24.

Starrett D. 1978. Market allocations of location choice in a model with free mobility. Journal of Economic Theory, 17(1): 21-37.

Storper M. 2011. Why do regions develop and change? The challenge for geography and economics. Journal of Economic Geography, 11(2): 333-346.

Strambach S. 2017. Combining knowledge bases in transnational sustainability innovation: microdynamics and institutional change. Economic Geography, 93(5): 500-526.

Thompson L, Hill M, Lecky F, et al. 2021. Defining major trauma: a Delphi study. Scandinavian Journal of Trauma, Resuscitation and Emergency Medicine, 29(1): 63.

Tödtling F, Kaufmann A. 2002. SMEs in regional innovation systems and the role of innovation support—the case of Upper Austria. The Journal of Technology Transfer, 27: 15-26.

Tombe T, Zhu X D. 2019. Trade, migration, and productivity: a quantitative analysis of China. American Economic Review, 109(5): 1843-1872.

Urzúa C M. 2000. A simple and efficient test for Zipf's law. Economics Letters, 66(3): 257-260.

von Ehrlich M, Seidel T. 2013. More similar firms—more similar regions? On the role of firm heterogeneity for agglomeration. Regional Science and Urban Economics, 43(3): 539-548.

von Hippel E. 1998. Economics of product development by users: the impact of "sticky" local information. Management Science, 44(5): 629-644.

Waldfogel J. 2003. Preference externalities: an empirical study of who benefits whom in differentiated-product markets. The Rand Journal of Economics, 34(3): 557-568.

Wang J. 2013. The economic impact of special economic zones: evidence from Chinese municipalities. Journal of Development Economics, 101: 133-147.

Weber A. 1909. Theory of Industrial Location. Chicago: The University of Chicago Press.

Wei Y D. 2002. Multiscale and multimechanisms of regional inequality in China: implications for regional policy. Journal of Contemporary China, 11(30): 109-124.

Zentner A, Smith M, Kaya C. 2013. How video rental patterns change as consumers move online. Management Science, 59(11): 2622-2634.

Zhu S J, Jin W W, He C F. 2019. On evolutionary economic geography: a literature review using bibliometric analysis. European Planning Studies, 27(4): 639-660.

Zipf G K. 1949. Human Behavior and the Principle of Least Effort: An Introduction to Human Ecology. Boston: Addison-Wesley Press.